मेरे संस्मरण

मूल्य : एक सौ पचास रुपये (Rs. 150.00)
संस्करण : 2010
ISBN : 978-81-7028-369-0
MERE SANSMARAN (Reminiscences)
by Vishnu Prabhakar
राजपाल एण्ड सन्ज़, कश्मीरी गेट, दिल्ली-110 006
website : www.rajpalpublishing.com
e-mail : mail@rajpalpublishing.com

मेरे संस्मरण

विष्णु प्रभाकर

राजपाल

दो शब्द

'बड़ी कठिन है डगर पनघट की'—किसी फिल्मी गीत की यह पंक्ति पिछले दिनों बहुत लोकप्रिय हुई थी। सचमुच पनघट की डगर बहुत कठिन है, लेकिन उससे भी कठिन डगर है उस व्यक्ति के पास पहुँचने की जिसके बारे में आप लिखना चाहते हैं।

हम लिखना उसी व्यक्ति के बारे में चाहेंगे, जिसने किसी-न-किसी क्षेत्र में चिरस्मरणीय सफलता प्राप्त कर ली हो, जिसमें कुछ विशेष हो। असाधारण व्यक्ति तो वरेण्य होता ही है, लेकिन जो साधारण होकर भी कुछ ऐसा कर जाता है कि हम उसे असाधारण के समकक्ष मानने को विवश हो जाते हैं, मेरी दृष्टि में वह व्यक्ति असाधारण व्यक्ति से ऊँचा उठ जाता है क्योंकि वह कमजोरियों के साथ ऊपर उठा है।

कमजोरी असाधारण व्यक्ति में भी होती है, कमजोरियों से कटकर कोई महान यानी असाधारण नहीं होता। लेकिन साधारणतया, विशेषकर हमारे देश में, यह मान्यता है कि किसी भी व्यक्ति के सम्बन्ध में लिखते समय उसके सकारात्मक पक्ष को ही उजागर करना चाहिए, नकारात्मक पक्ष को नज़रअन्दाज़ कर देना चाहिए।

यहाँ एक प्रश्न और उठता है कि क्या मुझे यह अधिकार प्राप्त है कि अपने वरेण्य व्यक्ति के सम्बन्ध में लिखते समय उसकी कमजोरियों को अवश्य उजागर करूँ ?

बड़ी उलझन है और यह उलझन ही उस व्यक्ति के पास पहुँचने की डगर को बेहद विकट बना देती है। मैंने इस संग्रह में जिन व्यक्तियों को लिया है, किसी सोची-समझी योजना के आधार पर नहीं लिया है।

इनमें कुछ ऐसे व्यक्ति जिनकी जन्म-शताब्दी या स्वर्ण-जयन्ती के अवसर पर प्रकाशित होने वाले विशेषांकों के लिए मुझसे लिखने का आग्रह

किया गया था।

तब भी मैंने उन्हीं व्यक्तियों के बारे में लिखा जिनके मैं निकट सम्पर्क में आया, जैसे सर्वश्री आचार्य शिवपूजन सहाय, सियारामशरण गुप्त, जैनेन्द्र कुमार, केदारनाथ अग्रवाल आदि। और यह भी कि मैंने इनके अन्तर में पैठकर इनका संस्मरणात्मक अध्ययन प्रस्तुत किया है। ये सब मेरे अग्रज हैं, इसलिए मेरे मन में एक आदर का भाव तो रहा ही है, फिर भी मैं उस आदर-भाव से आक्रान्त नहीं हुआ।

इस संकलन में ऐसे साहित्यकार हैं जिनके देहावसान पर मैंने लिखा, जैसे—प्रफुल्लचन्द्र ओझा 'मुक्त', अमृत राय, विजयेन्द्र स्नातक, लक्ष्मीचन्द्र जैन, विमल मित्र और जवाहर चौधरी। इन सबसे मेरे बहुत पुराने और निकट के सम्बन्ध रहे हैं। जिस रूप में मैंने इनको पाया, उसी रूप में प्रस्तुत किया है—बिना गुण-दोषों की स्पष्ट व्याख्या किए। इनमें जवाहर चौधरी वरेण्य साहित्यकार की सूची में भले ही नहीं आते हैं पर उन्होंने लिखा अवश्य है। प्रकाशक होने के अतिरिक्त व्यक्तिगत रूप से वे मेरे ही नहीं, अनेक प्रसिद्ध लेखकों के एक अन्तरंग मित्र के रूप में, निकट सम्पर्क में रहे हैं। उनका व्यक्तित्व साहित्य से रचा-बसा है, इसीलिए उनको इस संग्रह में लिया है।

इनमें विमल मित्र बंगला के प्रसिद्ध लोकप्रिय उपन्यासकार हैं पर, उनकी अपनी मान्यता के अनुसार उन्हें हिन्दी भाषा-भाषियों से जितना प्यार और यश मिला, उतना मातृभाषा बंगला से नहीं मिला। 'आवारा मसीहा' से पूर्व ही मैं उनके सम्पर्क में आ चुका था, उसके बाद हमारे सम्बन्ध और सघन हो गए। इसमें मेरे कलकत्ता प्रवास के अतिथेय श्री गीतेश शर्मा का बहुत बड़ा हाथ है। उन्हें जानने का मुझे भरपूर अवसर मिला।

ऐसे ही एक और व्यक्ति इस संग्रह में आए हैं—सरदार गुरुदयाल सिंह। पंजाबी लोक जीवन के मार्मिक चितेरे इस सहज-सरल व्यक्ति के साथ रहने का अवसर मुझे तब मिला था जब भारतीय भाषाओं के कुछ लेखकों ने भारत सरकार के आमन्त्रण पर उत्तर प्रदेश, पंजाब, हरियाणा और राजस्थान की यात्रा की थी, यह देखने के लिए कि इन प्रान्तों ने औद्योगिक क्षेत्रों में कितनी और कैसी सफलता प्राप्त की है। उस यात्रा में मैं उनकी स्नेहिल-सादगी और सरलता के साथ-साथ पंजाब के ग्रामीण जीवन में गहरी पैठ से बहुत प्रभावित हुआ। फिर तो हम निरन्तर पास आते रहे। इस संकलन में मैंने उनके उपन्यास के माध्यम से उनको जानने का प्रयत्न किया है। सौभाग्य से वे आज भी हमारे बीच विद्यमान हैं।

जो दूसरा व्यक्ति उन्हीं की तरह हमारे बीच में जीवित जागृत है—वह

है लोक साहित्य के यायावर देवेन्द्र सत्यार्थी। वह पंजाबी के भी लेखक हैं लेकिन हिन्दी में लोक-साहित्य की खोज करते-करते मैं उनके पास कैसे जा पहुँचा, यह इस संग्रह में संकलित लेख को पढ़ने से ही जाना जा सकता है। उनकी प्रतिभा का मैं लोहा मानता हूँ। उनको पास से देखने का बहुत समय मिला है मुझे। बहुत लिख सकता हूँ उनके और उनके साहित्य के बारे में।

बंगाल और पंजाब के अतिरिक्त तेलुगु और मलयालम भाषा-भाषी दो और लेखक इस संग्रह में आए हैं। वे हैं—श्री बालशौरि रेड्डी और श्री पी. जी. वासुदेव। इनमें बालशौरि रेड्डी से मेरी बहुत पुरानी पहचान है और मैं उन्हें हिन्दीतर भाषा-भाषी हिन्दी लेखक नहीं मानता, बल्कि हिन्दी का ही एक सशक्त लेखक मानता हूँ। प्रस्तुत लेख मैंने उनके जन्मदिन पर प्रकाशित एक विशेषांक के लिए लिखा था। मलयालम के श्री पी. जी. वासुदेव उस दृष्टि से बहुत बड़े लेखक नहीं थे लेकिन उन्होंने अपना जीवन हिन्दी के प्रचार-प्रसार के लिए समर्पित कर दिया था। उन्होंने हिन्दी लेखकों की कृतियों का मलयालम भाषा में अनुवाद करके दोनों भाषाओं के बोलने वालों को पास लाने का सफल प्रयत्न किया और जीवन-भर करते रहे।

इनके अतिरिक्त इसमें दो व्यक्ति ऐसे हैं जो राष्ट्रीयता की दृष्टि से विदेशी हैं पर भारत के प्रति उनकी ममता का पार नहीं। रूस के विश्वप्रसिद्ध सर्जक 'महान तालस्ताय' का तो नाम ही उनका परिचय है। वह मेरे जन्म के दस-ग्यारह वर्ष पूर्व ही भौतिक रूप से इस संसार से विदा हो चुके थे, पर मैं दो बार उनके गाँव यास्नाया-पोलियाना हो आया हूँ और वहाँ मैंने उनकी उपस्थिति को हर कहीं महसूस किया। उनकी बातों को सुना। उनको घूमते देखा, खाते-पीते, हँसते, क्रोध करते देखा। काफी लिखा है उन अनुभवों के बारे में, पर इस संग्रह में जो लेख मैंने लिया है, वह उनके और गाँधीजी के बीच सम्बन्धों को लेकर है। गाँधीजी उन्हें अपना गुरु मानते थे—क्यों और कैसे, यही इस लेख का केन्द्रबिन्दु है। अपने ढलते जीवन के रचना संसार में तालस्ताय भारतीय संस्कृति के बहुत पास हैं। इस संग्रह में संकलित अन्तिम व्यक्ति का नाम है—डॉ. मिल्तनेर, वे चैक गणतन्त्र के हिन्दीप्रेमियों में 'एक' नहीं थे, बल्कि उनके अन्तर में भारत के प्रति अद्‌भुत आकर्षण था। उन्होंने हिन्दी का अध्ययन करते समय स्पष्ट शब्दों में कहा था—"मेरी मृत्यु भारत में होगी। मैं उसी मिट्टी से एकाकार हो जाऊँगा।"—और ऐसा ही हुआ भी। मैं कैसे उनके सम्पर्क में आया, कितनी सुन्दर हिन्दी लिखते थे वे, यह सब इस संग्रह के लेख में दिखाया है मैंने। वह कैसे चुपचाप भारत आए और कैसे यहाँ घूमते

हुए मथुरा के पास एक गाँव में उनकी मृत्यु हो गई, यह जानना अत्यन्त रोमांचक है ! अपनी भविष्यवाणी को उन्होंने स्वयं ही सत्य सिद्ध कर दिया। यह भारत और भारतीय संस्कृति के प्रति उनके अनन्य प्रेम का प्रमाण है।

संक्षेप में यह कहानी है इस संग्रह के अस्तित्व में आने की। इसकी गुणवत्ता के सम्बन्ध में कुछ कहने का अधिकार तो उनका है जो इसे पढ़ेंगे। मैंने तो अपने पात्रों के अन्तर में झाँकते हुए जैसा उन्हें पाया, वैसा चित्रित किया है। मेरी सीमाएँ हैं। मुझे आशा है, उन सीमाओं के भीतर ही मेरे पाठक इस संग्रह को स्वीकार करेंगे।

मैं कृतज्ञ हूँ उन सबका जो इस संग्रह के अस्तित्व में आने में और उसे आप सब तक पहुँचाने में सहायक बने।

और अन्त में इस संग्रह में आए उन सब साहित्यकारों से, जो पार्थिव रूप में अब हमारे बीच में नहीं हैं, यही कहना चाहूँगा, यही कहना चाहा है मैंने इस पुस्तक में भी कि—

उजाले अपनी यादों के हमारे साथ रहने दो,
न जाने किस गली में जिन्दगी की शाम हो जाए।

(बशीर बद्र)

19.7.2000 **—विष्णु प्रभाकर**

अनुक्रम

साधना और सादगी का ऐश्वर्य

आचार्य शिवपूजन सहाय

आचार्य शिवपूजन सहाय का स्मरण आते ही जो व्यक्तित्व आँखों में उभरता है, वह एक ऐसे व्यक्ति का रूप है, जो अकिंचनता में से ही शक्ति ग्रहण करता है। उसके चारों ओर एक सुमधुर व्यक्तित्व की सुगन्ध महकती रहती है। उसके सौम्य चरित्र की निर्मल किरणें आसपास के जीवन को न केवल प्रज्वलित करती हैं, बल्कि उसे प्राणों से भी भरती हैं।

संक्षिप्त शरीर, प्रदीप्त मुखमण्डल, बाहरी निरीहता के पीछे से झाँकती हुई तलस्पर्शी दृष्टि–आचार्य शिवपूजन सहाय अपने आसपास वालों के लिए परिवार के उस बुजुर्ग की तरह से थे, जो कृतित्व और अजस्र स्नेह के भीतर से अनुशासन की बागडोर सँभालता है।

उनके निधन के साथ भारतीयता का एक युग जैसे समाप्त हो गया। अहम् को पीछे रखकर जो कृतिकार हुए, ऐसे व्यक्ति एक-एक करके चले जा रहे हैं। श्रद्धेय सियारामशरण गुप्त उसी परम्परा की एक महत्त्वपूर्ण कड़ी थे। गुप्तजी मूलतः कवि थे, लेकिन आचार्य मूलतः भाषा तत्त्वविद् थे। अपनी शैली के लिए हिन्दी-साहित्य में सदा अमर रहेंगे। सत्तर वर्ष के जीवन में जहाँ उन्होंने अपने अस्तित्व के लिए सतत संघर्ष किया वहाँ भाषा-परिष्कार के लिए अनथक परिश्रम भी किया और अन्त तक कृतिकार बने रहे। कितने पत्रों का उन्होंने सम्पादन किया, कितनी पुस्तकों के परिशोधन में उनका हाथ रहा, यह सहज ही बता देना सम्भव नहीं है।

उनकी दृष्टि जहाँ स्नेह से लबालब भरी रहती थी, वहाँ वह अन्तरतम को भेदने की अपूर्व क्षमता भी रखती थी। भाषा की शुद्धता और नए-नए प्रयोगों के प्रति वह अत्यन्त सजग रहते थे। याद आता है कि जब मैंने हिन्दुस्तानी में लिखने का दुस्साहस किया तो उनकी चोट से नहीं बच सका था। उर्दू शब्दों के अनुपयुक्त

प्रयोग को लेकर उन्होंने मेरी एक कहानी की बड़ी कड़ी आलोचना की थी। मैं उसे कभी स्वीकार नहीं कर सका। सदा उनसे मतभेद बना रहा। परन्तु उनकी निष्ठा पर आरोप कर सकूँ, ऐसी कल्पना मेरे मस्तिष्क में भी नहीं आई। यों उनसे प्रशंसा भी कम नहीं पाई है। अपनी कुछ कहानियों पर उनकी राय को मैंने मन-ही-मन सचमुच श्रेष्ठता का प्रमाणपत्र माना है।

वह विनम्रता की प्रतिमूर्ति थे, इतने कि शंका होती थी कि यह निरीह व्यक्ति आखिर किस शक्ति के बल पर प्राणवान है। उन दिनों की बात है, जब वह राजेन्द्र कॉलेज, छपरा में प्राध्यापक थे और बीच में एक साल की छुट्टी लेकर 'हिमालय' नामक मासिक पत्रिका का सम्पादन कर रहे थे। मैंने अपनी एक कहानी छपने के लिए भेजी थी। जैसा कि बहुधा होता है, सम्पादकों का निर्णय लेने में देर हो गई और मैंने इस बात की शिकायत उनको लिख भेजी। उत्तर आया कि कहानी लौटा दी गई है। यह भी लिखा था कि स्थानाभाव के कारण ही ऐसा करना पड़ा है, नहीं तो आपकी रचनाओं की श्रेष्ठता के बारे में दो मत नहीं हो सकते।

दुर्भाग्य से वह पत्र कहीं खो गया है। याद नहीं पड़ता कि इतना शिष्ट और सौम्य शिष्टाचार कहीं और देखा हो। लेकिन कहानी यहीं समाप्त नहीं हो जाती क्योंकि मेरी कहानी वास्तव में लौटाई नहीं गई थी। मैंने उन्हें फिर लिखा और अपने स्वभाव को जानते हुए समझता हूँ कि कुछ क्रोध में ही लिखा होगा। उसके उत्तर में जो पत्र मुझे मिला वह आचार्य शिवपूजन सहाय ही लिख सकते थे।

उन्होंने लिखा था :

मान्यवर,

सादर वन्दे !

आपका कृपापत्र मिला था। मैं खेद एवं लज्जा के वश उत्तर न दे सका। आज पटना के ऑफिस से सूचना आई है कि आपकी एक 'बेबसी' शीर्षक कहानी फाइल में है। मैंने उसे यहाँ माँगा है। उसे पाते ही मैं आपको तुरन्त पत्र लिखूँगा। आशा है, आपकी वही कहानी है जिसके बारे में आपको मैं सूचित कर चुका था कि लौटा दी गई है। ऑफिस से पूछने पर मुझे ऐसा ही पता लगा था। खैर, आपसे करबद्ध क्षमा प्रार्थना करता हूँ। भूल-चूक माफ कीजिए। मुझे बहुत पीड़ा हो रही थी कि मुझसे आपकी रचना भूल गई। अब उसे आपके आदेशानुसार ही काम में लाऊँगा।

ग्यारहवाँ अंक छप चुका और बारहवाँ छपने लगा। मैं कोशिश करूँगा कि इसमें आपकी चीज चली जाए। नहीं तो प्रथमांक में जरूर। किन्तु आपकी आज्ञा की प्रतीक्षा करूँगा।

—शिव

कार्यालय की भूल को सहज भाव से अपने ऊपर ओढ़कर इतनी निरीह विनम्रता से खेद प्रकट करने वाले को आज 'गाँधीवादी गिलगिली विनम्रता' का शिकार ही कहा जाएगा। परन्तु मुझे तो इस पत्र के प्रत्येक शब्द के पीछे उनकी सौम्य, सरल और अकिंचन मूर्ति ही उभरी दिखाई दी। वह इतनी विशाल थी कि उसके उत्तुंग शिखर के सामने मैं क्षुद्रातिक्षुद्र बौना होकर रह गया। मुझे उनके पास रहने का सौभाग्य कभी नहीं मिला। दूर से ही एक बुज़ुर्ग के रूप में उन्हें देखता रहा। लेकिन यह पत्र पाकर तो जैसे मैं लाज से गड़ ही गया। कहाँ मेरा तामसिक अहम् और कहाँ यह सात्त्विक विनम्रता।

लेकिन इसका यह अर्थ कदापि नहीं है कि उनके भीतर उष्णता थी ही नहीं। वह जितने स्नेहिल थे, उतने सजग भी थे। और जो सजग है उसमें निराकरण और निषेध की शक्ति निश्चय ही होती है। अभी उस दिन एक मित्र बता रहे थे कि अयोग्य की स्पर्धा से वह अत्यन्त बेचैन हो उठते थे। ऐसे व्यक्तियों की कभी कमी नहीं रही जो अपने भीतर शून्य होने पर भी सब कुछ का दावा पेश करते हैं और फिर साहित्य के बाजार में अपना सिक्का चलाना भी चाहते हैं। ऐसे ही एक व्यक्ति को लेकर मेरे मित्र ने उन्हें अत्यन्त क्षुब्ध होते देखा। ऊपर के पत्र का जैसे नितान्त विपरीत रूप हो। मित्र के वर्णन पर से मैं उस मूर्तिमान क्षुब्धता की कल्पना कर सकता हूँ। हमारे प्राचीन साहित्य में शिव एक अद्‌भुत देवता के रूप में कल्पित किए गए हैं। वह देवाधिदेव हैं, शिवशंकर है, श्मशानवासी, अत्यन्त अकिंचन और निरीह हैं। भोले इतने कि सहज ही कोई उनको ठग सकता है। लेकिन रुद्र भी वही हैं। उनके मस्तक का तीसरा नेत्र जब खुल जाता है, तो सब कुछ भस्म होकर ही रहता है। वह मरघटवासी, औघड़दानी ताण्डव नृत्य रचाता है, जैसे उसके प्रेम और कल्याण की कोई सीमा नहीं है, वैसे ही उसकी विनाशक शक्ति की कोई थाह नहीं है। निर्माण के लिए विनाश अनिवार्य है।

आचार्य शिवपूजन सहाय उसी देवाधिदेव महादेव भोले बाबा शिवशंकर का प्रतीक हैं। जब पटना में उनके दर्शन किए थे, तो वह बिहार राष्ट्रभाषा परिषद् के भवन के एक बरामदे में एक बहुत बड़ी मेज के सामने ढेरों पुस्तकों और पत्रिकाओं के पीछे धँसे हुए बैठे थे। हमें देखकर दृष्टि उठाई और फिर उस अपार ज्ञान भण्डार के नीचे से ऐसे उठे मानो कह रहे हों, "आप मुझे खोज रहे हैं न, मैं यहाँ हूँ, इस कुर्सी के भीतर।"

लेकिन कुछ क्षण ही बाद उनका अस्तित्व जैसे उस सारे बरामदे में ही नहीं, बल्कि उस सारे भवन के ऊपर छा गया हो। आज भी आँखों में उनका वह रूप उभर-उभर उठता है। उनके पत्र स्मृति-पटल पर अंकित हो जाते हैं। आज के मुखर युग में जहाँ स्पष्टवादिता धृष्टता और तिरस्कार की सीमा तक पहुँच गई है, जहाँ अहम् ही आत्मगौरव का आधार है, उनके लिए सचमुच ही कोई स्थान नहीं रह गया था।

उन्होंने सतत संघर्ष किया। अपने लिए स्वयं स्थान बनाया, सम्मान भी यथेष्ट पाया, यद्यपि उस सम्मान के करने वाले स्वयं ही अधिक सम्मानित हुए। लेकिन इसमें कोई संदेह नहीं कि उन्होंने अपनी सूक्ष्म मतभेद दृष्टि और सजगता से जहाँ साहित्य के निर्माण और सम्पादन में ख्याति अर्जित की, वहाँ अपने सहज सौम्य स्वभाव के कारण असंख्य मित्र और भक्त भी पाए।

उन्होंने अनेकानेक व्यक्तियों का निर्माण किया, उन्होंने संघर्षरत युग की चेतना मूर्त की, वह सचमुच साहित्य में जो कुछ भी सत्य, शिव और सुन्दर है, उसका इतिहास है। वह उस युग के प्रतीक थे जो अब बीत गया है लेकिन एक ऐसे नए युग की नींव डाल गया है जो तनिक सी सजगता से भारत के गौरव को तेज प्रदान कर सकता है।

उनकी रचनाओं की संख्या बहुत अधिक नहीं है। उसका कारण यही है कि उन्होंने अपने लेखन की ओर उतना आग्रह नहीं रखा, जितना दूसरों को लिखने के लिए प्रोत्साहित करना और उनका मार्गदर्शन करना अपना ध्येय बनाया। उनकी रचनाओं में सबसे अधिक चर्चित पुस्तक है उनका उपन्यास 'देहाती दुनिया' जो सम्भवतः हिन्दी भाषा में पहला आंचलिक उपन्यास है और बिहार के भोजपुर (शाहाबाद) के ग्रामीण जीवन पर आधारित है। इसका प्रथम संस्करण 1926 में प्रकाशित हुआ था।

उनका प्रसिद्ध कहानी संग्रह 'विभूति' नाम से दूसरी बार संवत् 1983 में लहेरियासराय से प्रकाशित हुआ था। पहले संस्करण का नाम था–'महिला-महत्त्व'। इसके कई संस्करण प्रकाशित हुए, कहानियों की संख्या भी उसमें बढ़ती रही। इसकी अधिकांश कहानियाँ सच्ची घटनाओं पर आधारित हैं। प्रत्येक कहानी के आरम्भ में उन्होंने संस्कृत, हिन्दी, उर्दू, अंग्रेजी के कवियों की उसी आशय की कविताएँ उद्धृत की हैं।

अपने एक संग्रह को अपने साहित्यिक गुरु पण्डित ईश्वरीप्रसाद शर्मा को समर्पित करते हुए उन्होंने लिखा है–"गुरुवर, आपने मेरे हृदय में आज से दस वर्ष पहले हिन्दी प्रेम का जो शुद्ध बीज वपन किया था, वह आज फल लाया है। फल पका नहीं है, कच्चा ही है। हौसले की आँधी से चू पड़ा है। तो भी यह प्रथम फल आप ही के श्रद्धेय चरणों में भक्तिपूर्वक समर्पित करता हूँ।"

इन पंक्तियों में वही सहज अकिंचनता प्रकट होती है, अहम् नहीं। उनकी एक और पुस्तक है 'बिहार का बिहाड़'। यह बिहार प्रान्त का ऐतिहासिक, प्राकृतिक, भौगोलिक परिचय है। उस समय बिहार के साथ उड़ीसा भी जुड़ा हुआ था। गहन अध्ययन के बाद उन्होंने इसे लिखा था, और यह आज भी अपने विषय की बेजोड़ पुस्तक मानी जाती है।

उन्होंने बच्चों के लिए भी लिखा, ग्राम-सुधार पर कई पुस्तकें लिखीं। महिलाओं

के लिए भी लिखा। लेकिन अन्त में हम उनकी एक और पुस्तक का उल्लेख करना चाहेंगे। वह पुस्तक है 'हिन्दी साहित्य और बिहार'। तीन खण्डों में प्रकाशित यह ग्रन्थ वर्षों के अथक परिश्रम के साथ तैयार हुआ था। इसमें बिहार के अठारहवीं शताब्दी से लेकर उनके जीवन काल तक के कवियों और लेखकों का परिचय दिया गया है। अन्धकार युग में पड़े हुए न जाने कितने लेखकों को उन्होंने हमारे सामने प्रस्तुत किया। आज भले ही हम उनकी रचनाओं की चर्चा करते हुए झिझकें, लेकिन ऐतिहासिक दृष्टि से उनके महत्त्व को कोई नहीं नकार सकता। बहुत कम लोग इस बात को जानते हैं कि भारत के प्रथम राष्ट्रपति डॉ. राजेन्द्र प्रसाद की आत्मकथा का सम्पादन उन्होंने किया था। स्वयं डॉ. राजेन्द्र प्रसाद के शब्दों में, "जेल से निकलने पर इतना समय नहीं मिला कि उसे दोहराऊँ। यह शिवजी की कृपा का फल था कि वह प्रकाश में आ सकी। अत्यन्त अपनेपन से उन्होंने हस्तलिखित प्रति ले ली और बहुत परिश्रम करके आद्योपान्त सब कुछ पढ़ा ही नहीं बल्कि जहाँ-तहाँ लिखने में जो थोड़ी भूलें रह गई थीं उनको भी सुधारा। उनकी इस प्रेमपूर्ण सहायता की जितनी प्रशंसा करूँ, थोड़ी है।"

इसी तरह अगर उनके लिखे हुए पत्रों का अध्ययन किया जाए तो उस समय के साहित्यिक परिदृश्य के साथ-साथ यह भी स्पष्ट हो जाएगा कि उनका हिन्दी के प्रति कैसा और कितना लगाव था। उन्हीं के शब्दों में कहें, "हम सब हिन्दी भक्तों को मिलकर ऐसा प्रयत्न करना चाहिए कि साहित्य के अविकसित अंगों की भली-भाँति पुष्टि हो और अहिन्दी भाषियों की मनोवृत्ति हिन्दी के अनुकूल हो जाए।"

हमने ऊपर इस बात की चर्चा की है कि वह छपरा कॉलेज में प्राध्यापक थे। पर प्राध्यापक होने के लिए जिन डिग्रियों की आवश्यकता होती है, वह उनके पास नहीं थीं, लेकिन उस समय की सरकार उनके कार्यों से खूब परिचित थी इसीलिए उन्होंने साग्रह उनको कॉलेज में प्राध्यापक के पद पर नियुक्त किया।

अन्त में हम उनके अन्तिम क्षणों की चर्चा करना चाहेंगे। उन्होंने 21 जनवरी, 1963 को एकादशी की ब्रह्मवेला में अन्तिम साँस ली। लेकिन 15 जनवरी तक वे परिषद् में कार्य करते रहे। 14 जनवरी को उन्होंने अपने एक सहयोगी को जो कलकत्ता जा रहे थे, कहा था, "शीघ्र लौट आइए। अब साहित्यिक इतिहास की उन्नीसवीं शती वाले खण्ड की भी रूपरेखा बना लेना चाहता हूँ। शरीर श्लथ होता जा रहा है। आँखें भी काम नहीं करतीं। फिर भविष्य का क्या कहना !"

लेकिन भविष्य ही तो उनसे ये पंक्तियाँ लिखवा रहा था। वे गंगा स्नान करने के लिए गए, बहुत ठण्ड थी, उन्हें सर्दी लग गई। उन दिनों पैसों की बहुत तंगी थी। एक प्रकाशक को फोन किया, लेकिन प्रकाशक का उत्तर नकारात्मक ही था। उन्होंने यह कहते हुए फोन रख दिया, "जाने दीजिए, आपकी समझ में जो आए कीजिए।" फिर आकर कलम चलाने लगे। लोगों ने प्रार्थना की, "बहुत ठण्ड है,

आप कुछ दिन इधर न आइए।"

इन शब्दों में भी मानो भविष्य बोल रहा था, वह फिर कभी वहाँ नहीं पहुँच पाए। घर पहुँचते-पहुँचते बुखार तेज हो गया और वह अचेत हो गए। अगले दिन स्थिति और भी बिगड़ गई तो उन्हें अस्पताल ले जाया गया। शहर में बिजली की तरह से यह खबर फैल गई। राजेन्द्र बाबू स्वयं अशक्त थे, उन्होंने अपने सचिव को अस्पताल भेजा, अपने निजी चिकित्सकों को भेजा, पर उन्हें होश नहीं आया। वह कहा करते थे कि जिसकी मृत्यु एकादशी के दिन होती है, वह पुण्यात्मा होती है। उसी एकादशी की प्रतीक्षा में वह 21 जनवरी तक पड़े रहे। उस दिन ब्रह्मवेला में अपने परिवार और असंख्य मित्रों की उपस्थिति में हिन्दी जगत के उस अकिंचन पर महान व्यक्ति ने, जो त्याग और संवेदना की प्रतिमूर्ति था—सत्तर वर्ष की आयु में अपने वक्ष में हिन्दी जगत की आधी शताब्दी का इतिहास छिपाए इस जग से बिदा ली। पर जग ने उनको बिदा कहाँ दी ? उनका पार्थिव शरीर भले ही अग्नि की लपटों में समा गया हो पर वह तो आज भी हमारे बीच में उसी तरह वर्तमान हैं, जिस तरह वह अपने जीवन काल में हमारा मार्गदर्शन किया करते थे। दीपक भले ही बुझ गया हो, पर उसकी ज्योति आज भी हमारे मार्ग को प्रकाशित कर रही है।

रहूँगा जीवित मैं चिरकाल

चिरगाँव के सन्त सियारामशरण गुप्त

अपने जीवन के प्रारम्भिक काल में तीसरी कक्षा में पढ़ते हुए, हम बालकों का हिन्दी के जिन दिग्गज कवियों से परिचय हुआ, उनमें भारतेन्दु हरिश्चंद्र से लेकर रामनरेश त्रिपाठी तक अनेक कवि थे। लेकिन पुस्तक 'भारत-भारती' के कारण, जिस पर तत्कालीन ब्रिटिश सरकार ने कुछ समय के लिए प्रतिबन्ध भी लगा दिया था, हम सभी उसके लेखक मैथिलीशरण गुप्त की ओर विशेष रूप से आकर्षित थे। असहयोग आन्दोलन के यह प्रारम्भिक दिन थे।

कुछ समय बाद विद्यार्थियों को यह भी पता लगा कि मैथिलीशरण गुप्तजी के एक छोटे भाई सियारामशरण गुप्त भी हैं। उनकी कविता तो हमें काफी दिनों बाद पढ़ने को मिली, लेकिन राष्ट्रीय आन्दोलन के समर्थक होने के कारण मैथिलीशरण गुप्त के साथ-साथ सियारामशरण गुप्तजी के प्रति भी हम लोगों के मन में आदर की भावना पैदा हुई।

कुछ बड़े होकर जब मैं अपनी माँ की प्रेरणा से अपने मामाजी के पास हिसार पढ़ने के लिए गया, तब मैं अपने पिता के सनातन धर्म से मुक्ति पाकर मामाजी के आर्यसमाज में दीक्षित हो गया। वहाँ पढ़ने की बहुत सामग्री मिलती थी और आर्यसमाज के सुधारवाद ने भी मुझे बहुत प्रभावित किया। बीतते समय के साथ-साथ पढ़ने में रुचि बढ़ती गई और अनेक आपदाओं-विपदाओं को सहते हुए मैंने लिखना शुरू कर दिया। दर्द सहने की यातना में से ही तो दर्द शब्दों का रूप लेता है। ऐसी ही स्थिति में मुझे सियारामशरणजी की कविताएँ पढ़ने का अवसर मिला और समय बीतते-न-बीतते मैं प्रातः भ्रमण में उन कविताओं को गुनगुनाने लगा।

सन् 1936-37 तक मेरे ज्येष्ठ लेखकों का ध्यान मेरी ओर गया। उनमें श्री सियारामशरण गुप्त भी एक थे। और दूसरे अनेक लोग मुझ पर बड़े कृपालु रहे।

लेकिन मैं इस व्यक्ति की सरलता, सौम्यता और सम्वेदनशीलता से प्रभावित हुआ। अनेक कारणों से एक प्रकार का हीन भाव मेरे अन्तर में पैबस्त हो गया था, इसलिए मैं किसी से मिलने में बहुत झिझकता था। कोई बरबस ही खींच न ले जाए तब तक मैं किसी के पास नहीं जा सकता था।

दिसम्बर, 1937 की बात है। मैं दिल्ली आया हुआ था। तब तक जैनेन्द्रजी से मिलना हो चुका था और उन्हीं के पास मिलना हुआ यशपाल जैन से। एक दिन यशपालजी मुझे बरबस जैनेन्द्रजी के घर ले गए। बोले, ''चलो, आज श्री सियारामशरणजी आए हुए हैं।'' यह सुनकर सहसा मन प्रफुल्लित हो उठा। मेरे बचपन के प्रिय कवि यहाँ हैं और मैं उनसे मिल सकता हूँ। मेरे मन में 'विशाल भारत' में प्रकाशित उनका चित्र उभर आया था। मैंने सोचा, निश्चय ही बड़ा सुन्दर होगा 'मृण्मयी' का कवि। उनके उन्नत ललाट पर रामानन्दी तिलक, सिर पर पतली-सी चोटी, शरीर पर स्वच्छ खद्दर का धोती-कुरता, आँखों में स्नेहिल तरलता..।

तब तक हम जैनेन्द्रजी के कमरे में प्रवेश कर चुके थे। चौंककर मैंने सुना, यशपालजी कह रहे थे, ''देखिए मामाजी, विष्णु आए हैं।''

''आइए, आइए'' की ध्वनि हुई और मैंने देखा कि जैनेन्द्रजी सामने बैठे हैं और उनके पास ही उकड़ूँ से बैठे कोई वृद्ध पुरुष किसी पुस्तक या पत्रिका के पन्ने उलट रहे हैं। आहट पाकर उनकी दृष्टि मेरी ओर उठी और मेरी उनकी ओर कि सहसा जैनेन्द्रजी के स्वर कानों में पड़े, ''देखो विष्णु, यह श्री सियारामशरणजी हैं, तुम्हारे प्रशंसक।''

बिजली कौंधी, मैंने क़िसी तरह से अपने को संयत करके उनको एक बार फिर गौर से देखा, यह सियारामशरण... ! सियारामशरण यह हैं। नहीं। यह तो उस चित्र की छाया भी नहीं है। सिर पर रूखे उलझे बालों का जंगल, मोटे खद्दर का कुरता, वैसी ही घुटनों तक धोती, शरीर जैसे जीवनविहीन, किसी दुर्निवार भार से दबा हुआ।

उनके त्रासद जीवन की कहानी। पत्नी गंगा स्नान करते हुए डूब जाने के कारण फेफड़ों के असाध्य रोग तपेदिक से पीड़ित हो गईं। बहुत सुन्दर और सम्पन्न परिवार की थीं वह, वैसा ही उनका स्नेहिल स्वभाव था। चार पुत्र और एक पुत्री को जन्म दिया उन्होंने। लेकिन भाग्य की विडम्बना देखिए कि चारों पुत्र शैशव में ही चल बसे और पुत्री के दो वर्ष की होते-न-होते स्वयं भी उसी लोक में चली गईं। उनके जाने के एक वर्ष बाद बेटी भी वहीं पहुँच गई और रह गए, ऊपर से शान्त पर अन्तर में व्यथा के सागर की लहरों पर डूबते-उतराते सियारामशरण गुप्त। इसका प्रमाण है उनकी यह पंक्तियाँ :

धधकती रह, जागती रह, हूक तू,
दग्ध इन वक्षस्थलों में रात-दिन,

ले रही है शांति तेरे दाह में,
हाय वह मेरी 'सखी', मेरी रमा।

'सखी' गुड़िया का नाम था। जाते समय बिटिया ने उसे लाने का आग्रह किया था। लेकिन वह किसी कारणवश नहीं ला पाए और इधर उनके आने से पूर्व आग्रह करने वाली वह बिटिया भी चल बसी। उस व्यथा की कल्पना ही की जा सकती है। सब कुछ खोकर सियारामशरण जी उस व्यथा को अपने जी में सँजोए रहे। इसी कारण 'आर्द्रा' में गाँधी नीति का सबसे अधिक पुष्ट रूप इसी छोटे से काव्य में मुखर हुआ है।

इस दारुण व्यथा की पृष्ठभूमि में ही सियारामशरण और उनकी रचनाओं को समझा जा सकता है। वह युग था जब खड़ीबोली कविता की भाषा बन रही थी। भारतेन्दु तो मानते थे कि खड़ी बोली में कविता हो ही नहीं सकती। परन्तु उनके बाद श्रीधर पाठक, अयोध्या सिंह उपाध्याय 'हरिऔध', मैथिलीशरण गुप्त, सियारामशरण गुप्त, रामनरेश त्रिपाठी जैसे अनेक कवियों ने यह प्रमाणित कर दिया कि खड़ी बोली श्रेष्ठ कविता का साधन बन सकती है और तब से लेकर आज तक की उसकी यात्रा इस बात का प्रमाण है। भले ही उस प्रारम्भिक युग की कविताओं की शैली और भाषा में हमें सपाटपन अधिक नजर आए, लेकिन यह तो स्वाभाविक ही है।

सियारामशरण गुप्त मात्र कवि ही नहीं थे, उन्होंने कहानियाँ भी लिखीं और उपन्यास भी। वे चर्चित भी हुए। उनके उपन्यास 'नारी' की जैनेन्द्रजी के प्रसिद्ध उपन्यास 'त्यागपत्र' से तुलना की गई। दोनों एक-दूसरे के बहुत पास थे और दोनों ही गाँधी नीति के प्रबुद्ध समर्थक। परन्तु जैनेन्द्र की भाषा व शैली मौलिक थी और उसमें अन्तरभेदी प्रखरता थी। थोड़े शब्दों में वह बहुत कुछ कह जाते थे। सियारामशरण गुप्त परम आस्थावान् व्यक्ति थे। उन्हें भाषा की इतनी चिन्ता नहीं थी, जितनी अपने अन्तर की भावना को शब्द देने की। उनकी भाषा सपाट हो सकती है, पर उनकी अनुभूति श्रद्धा से आप्लावित थी। गहरे वह भी उतरते थे; पर उनकी गहराई में गाँव की गन्ध बसी रहती थी।

अपने अग्रज मैथिलीशरणजी की छाया में वह पनपे। अनेक कारणों से मैथिलीशरणजी ने इतिहास में अपना स्थान निश्चित कर लिया था। 'भारत-भारती', 'साकेत', 'यशोधरा', 'द्वापर' आदि जैसे महाकाव्य उनकी महानता के साक्षी हैं। फिर भी ऐसे समीक्षक भी हैं जो सियारामशरणजी की काव्य सृष्टि को उनके अग्रज (मैथिलीशरण गुप्त) की काव्य सृष्टि से श्रेष्ठ मानते थे। इनमें ऐसे व्यक्ति भी थे जो बड़े भइया को जिन्हें सब प्यार से 'दद्दा' कहते थे, कवि मानने से इनकार करते हैं और उनके छोटे भाई सियारामशरणजी, जो 'बाबू' के नाम से जाने जाते थे, उन्हें कवि स्वीकार करते हैं। इस समस्या को सुलझांने के प्रयत्न में हमें इनकी मानसिक बुनावट को समझना होगा। लेकिन अभी तो हम सियारामशरणजी की ही चर्चा

करना चाहेंगे।

ऊपर हमने उनके संकोची स्वभाव, उनके जीवन में आई भयंकर त्रासदी और गाँधी नीति में उनकी आस्था से जो व्यक्तित्व निर्मित हुआ और उसकी अभिव्यक्ति जिस प्रकार उनके साहित्य में हुई, उसकी चर्चा की। उसको पूरी संवेदना में भी समझना होगा। प्रथम भेंट के कुछ समय बाद ही जैनेन्द्रजी ने दिल्ली में साहित्य परिषद् का आयोजन किया था। उस समय के हिंदी के लगभग सभी प्रमुख साहित्यकार उसमें भाग लेने आए थे। वहीं मेरा उन दिग्गजों से परिचय हुआ। उन्हें पास से देखा और उन्हें समझने की चेष्टा की।

परिषद् के प्रथम अधिवेशन में सभापति का प्रस्ताव जब आया तो कई मित्रों ने सियारामशरणजी से कहा कि जब यह प्रस्ताव आए तो आप इसका समर्थन करेंगे। लेकिन वह तो यह सुनते ही काँप उठे, "हम... ?"

किसी ने कहा, "आपको केवल समर्थन करना है, भाषण नहीं देना है।"

वह बोले, "हम तो कभी मंच पर आकर बोले ही नहीं, आज कैसे कहेंगे ?"

और यह कहते-कहते वह और भी काँप-काँप आए। तब मैंने आश्चर्य से उनकी ओर देखा। सोचा, विनम्रता की भी एक सीमा होती है।

तब मैंने धीरे से कहा, "आप खड़े होकर केवल इतना कह दीजिए कि मैं सभापति पद के लिए भी मशरूवालाजी के नाम का समर्थन करता हूँ, बस।"

उन्होंने यही किया, पर एक-एक शब्द पर उनकी वाणी काँप उठती थी। इसका एक कारण यह भी था कि उनके चिरसंगी 'दमे' के रोग ने उन्हें बेहद शिथिल कर दिया था। वह स्वयं मानते थे कि 'लोग जन्मजात कवि होते हैं, पर मैं जन्मजात रुग्ण हूँ। इस कारण भी मैं वह नहीं लिख पाता जो लिखना चाहता हूँ।' पर इस विनम्रता को 'आत्म-निषेध' नहीं कहा जा सकता। क्योंकि उन दो-तीन दिनों में मैंने उन्हें बहुत नजदीक से देखा और अनुभव किया कि यह जो व्यक्ति इतना झुका हुआ लगता है, यह निर्बल का झुकना नहीं है; बल्कि यह उस शक्तिशाली व्यक्ति का झुकना है, जो अपनी शक्ति से बराबर इनकार किए जा रहा है, और जो मानता है कि वह इस साहित्य के सागर में एक छोटा-सा नगण्य जीव है, जिसे तैरना अच्छी तरह आता है।

उस सम्मेलन की एक और घटना मुझे याद आती है। श्रीमती सत्यवती मलिक, जो हिन्दी की एक जानी-मानी सुलेखिका थीं और साहित्य तथा कला के क्षेत्र में सदा आगे रहती थीं, उन्होंने उस संगोष्ठी के सभी साहित्यकारों को अपने घर भोजन के लिए आमन्त्रित किया। वात्स्यायनजी उस संगोष्ठी पर एक फिल्म बना रहे थे। भोजन के अवसर पर भी उन्होंने अपना कैमरा साधा। सियारामशरणजी एकदम बोल उठे, 'वात्स्यायनजी, यह क्या कर रहे हैं ? भोजन के समय फोटो नहीं खींचा जाता !' वह उस पुराने विश्वास के अनुयायी थे कि भोजन और भजन एकान्त में ही होता

है। तब हम सबकी दृष्टि उनकी ओर गई, वह सचमुच बड़े निरीह लग रहे थे।

बहन सत्यवतीजी उस समय संयोग से पूरियों का पात्र लिये उनके पीछे खड़ी थीं। मुस्कराकर बोलीं, "बापू, युग बदल गया है, अब एकान्त कहाँ मिलता है ?"

वहाँ से चिरगाँव लौटकर उन्होंने मुझे जो पत्र लिखा वह मेरे जैसे नवोदित लेखक के प्रति उनकी सहज आत्मीयता का प्रमाण है। पत्र का संक्षिप्त मजमून इस प्रकार है :

'...दिल्ली की यात्रा से लौटकर दुबारा रोग से पीड़ित हो गया था, अब सँभल रहा हूँ। दो-चार दिन में ठीक हो जाने की आशा करता हूँ।

'उस रात आप सब स्नेही बन्धुओं के सत्संग में बड़ा आनन्द रहा। मैं अपने को सौभाग्यशाली समझता हूँ कि स्नेह के ऐसे प्रसंग मुझे मिलते हैं।

' 'हंस' में मैंने आपकी कहानी पढ़ी...आलोचक की दृष्टि से तो जैनेन्द्रजी और दूसरे विद्वान् काम की बातें बता सकेंगे। मैं तो यही कह सकता हूँ कि मुझे आपके साहित्यिक भविष्य में प्रकाश प्रतीत हुआ। मेरी कामना है कि आप निरन्तर इस पथ पर आगे बढ़ते रहें और आगे चलकर हिन्दी माता के सुयोग्य पुत्र सिद्ध हों।

'बापू के सम्बन्ध में कोई काव्य लिखने का विचार मेरा नहीं है। हाँ, कुछ छोटी-मोटी कविताएँ लिखी हैं, कुछ और भी लिखना चाहता हूँ। उस दिन मैंने जो कविता सुनाई थी, वह आपको अच्छी लगी, इस बात से मुझे प्रोत्साहन मिला। मैं तो ठीक तौर से पढ़ भी नहीं सका था। आपके मन की अच्छाई ने ही उस रचना में अच्छाई देख ली होगी।'

सियारामशरणजी देखने में बीसवीं सदी में वैदिक युग के मॉडल जान पड़ते थे। उनकी प्रवृत्ति भी धार्मिक थी, जो कि कभी-कभी बड़ी उग्र जान पड़ती थी; पर उग्रता तो उनके स्वभाव में रह ही नहीं सकती थी। इसलिए ऐसे समय पीड़ा उन्हें घेर लेती थी। चिरसंगी दमे की शारीरिक यातना ने उन्हें बरबस तपस्वी बना दिया था। परन्तु इसी व्यथा के भार से दबकर वह इतने प्रेरणा और प्रोत्साहन से भर उठे थे कि उनके अभिशाप जग के लिए वरदान बन गए थे। 'जहाँ पीड़ा है, वहीं पवित्रता है।' यह प्रसिद्ध उक्ति उनकी जीवन रूपी अनुसन्धानशाला में पूरी तरह प्रमाणित हो चुकी थी। दर्द सहने की यातना में से गुजरे बिना, निश्चय ही कोई साहित्यकार नहीं हो सकता। और इतना विनम्र भी। वह मानते थे कि कोई निर्भ्रांत नहीं हैं, वह कहीं भी गलती कर सकता है।

व्यक्ति सियारामशरण जितना झुका हुआ था, कवि उतना ही ऊपर-ही-ऊपर उठता जा रहा था। अपने में डूबकर उन्होंने वेदना की कूँची से वे चित्र उकेरे थे, जिनमें दिन-प्रतिदिन का जीवन था, उपेक्षा थी, पीड़ा थी, वेदना थी, कसक थी; पर आरोप कहीं नहीं था, चेतावनी तक नहीं। मात्र संकेत थे, जो सीधा हृदय में पैवस्त हो जाते थे; क्योंकि उसके पीछे स्वयं का अनुभव मूर्तिमान् हो उठा था। मानो कवि

कहता था कि मुझे देखो और समझो, मेरे मुँह से मेरी कथा सुनने की आशा मत करो। इसी से वह बोलते कम थे, सुनना ज्यादा चाहते थे। जीवन या साहित्य सब जगह वह गाँधी की अहिंसा से प्रभावित मानवतावादी थे। पर गाँधीजी की तरह ही वह जिस बात को अन्याय समझते थे, उसका विरोध करने से नहीं चूकते थे।

सुभाषचन्द्र बोस गाँधीजी के न चाहने पर भी दूसरी बार कांग्रेस के अध्यक्ष चुने गए। तब वह अपनी यात्रा में चिरगाँव भी गए थे। वहाँ उनका उत्साहपूर्वक स्वागत किया गया। स्वागत समिति के अध्यक्ष के नाते उन्होंने स्वयं मान-पत्र लिखा और पढ़ा था और उनकी (बोस की) प्रसन्नता और अप्रसन्नता की चिन्ता किए बिना, बंगाल में गाँधीजी के साथ जो दुर्व्यवहार हुआ, उसकी सहज रूप से निन्दा की थी। इससे स्पष्ट है कि गाँधी की अहिंसा को उन्होंने सही रूप में स्वीकार किया था।

सुभाष बाबू और उनके साथी स्वयं चौंक पड़े थे। बंगाल के समाचार-पत्रों में इसकी आलोचना भी हुई। मैंने भी तब उनको पत्र लिखा था। उसके उत्तर में उन्होंने 13 मार्च, 1940 के पत्र में विस्तार से इस घटना की चर्चा की है। उन्होंने लिखा, '...आपको वह पसन्द आ गया, यह मेरे लिए उत्साह की बात है। गाँव में तो उसके लिए मुझे तिरस्कार मिल रहा है। यदि लोग मुझे ऐसा गैर-जिम्मेदार जानते तो शायद स्वागताध्यक्ष ही न चुनते। एसोसिएटिड प्रेस ने उस समाचार को कुछ दूसरे रूप में समझा और वही रूप उसका प्रेस में चला गया।'

उनके भाषण का मूल रूप किसी ने नहीं छापा। सियारामशरणजी इसकी चर्चा करते हुए लिखते हैं, 'यदि बोस बन्धु श्रीरामपुर स्टेशन की घृणित घटना की निन्दा पहले ही कर चुके होते, जो अब उन्होंने की है, तो शायद मैं भी वैसा भाषण न करता। सुभाष बाबू प्रारम्भ में तो बहुत प्रसन्न हुए थे, पर बाद में उन्होंने एक बात भी नहीं की। वह नाराज बहुत हुए हैं। झाँसी के प्रतिष्ठित कांग्रेसजन तो प्रसन्न हैं...कहते थे, हम क्रियाशील राजनीतिकजन इस तरह का भाषण कर ही नहीं सकते थे, और आवश्यकता थी उसी की।'

'नेशनल हैरॉल्ड' और 'अमृत-बाजार पत्रिका'में लिखी गई टिप्पणियों की चर्चा करते हुए उन्होंने मुझे लिखा, 'अमृत-बाजार पत्रिका'की टिप्पणी में श्री बोस के जिस आश्चर्य का जिक्र है, वह श्री मजुमदार महोदय के अलावा देखनेवाला और कोई नहीं था। मैंने झाँसी के बंगाल एजेंट से 'आनन्द-बाजार पत्रिका'की संख्या लेनी चाही, परन्तु उसने साफ इनकार कर दिया कि गुप्त परिवारवालों को हम उसे नहीं दे सकते।'

इससे स्पष्ट है कि देखने में वह जितने निरीह लगते थे, अपने अन्तर में उतने ही अपनी मान्यता को स्पष्ट शब्दों में व्यक्त भी कर सकते थे। वह एक गाँव में रहते थे और उनकी भाषा पर उसी का प्रभाव था, जो आज के लेखक को सपाट लग सकती है; और फिर वह हिन्दी का प्रारम्भिक युग भी था। यह बात श्री जैनेन्द्र

के उपन्यास 'त्यागपत्र' और उनके उपन्यास 'नारी' की तुलना करने पर भी स्पष्ट हो जाती है।

'मृणाल' और 'जमुना' दोनों के चरित्रांकन में भी वह अन्तर बहुत स्पष्ट है। मृणाल का विद्रोह मनोवैज्ञानिक दृष्टि से बहुत सफल है। जमुना के चरित्र में भी मनोविज्ञान का पुट है, पर वह आस्था के आवरण के नीचे ढका रह जाता है। आत्मसम्मान की भावना उसमें भी है, परन्तु मृणाल एक अद्‌भुत चरित्र है। उसका विद्रोह आस्था की चिन्ता नहीं करता। उसका आक्रमण अहिंसक होकर भी तीव्रता से प्रहार करता है, कचोटता है। कचोट 'जमुना' में भी है, पर वह कहीं-कहीं सियारामशरणजी के आदर्शों का पालन करती चलती है और एक सीधी-सच्ची कहानी बनकर रह जाती है। 'मृणाल' की तरह उसका प्रभाव न प्रखर है, न तीव्र है; पर फिर भी वह अपनी सादगी और विद्रोह से मन को छूता है। जो अन्तर दो गाँधी के भक्तों में है, वही 'मृणाल' और 'जमुना' में है।

'नारी' में जो चिट्ठी का प्रसंग आता है, वह बहुत स्पष्ट नहीं है; उलझन पैदा करता है, यह बात मैंने भी उनको लिखी थी। अपने 1 फरवरी, 1938 के पत्र में उन्होंने उत्तर दिया था, 'चिट्ठीवाली बात जैसा आप कहते हैं, हो सकता है, उलझन में फँस गई हो। पर मेरा ध्यान उस ओर था ही नहीं और कदाचित् आप भी यह अनुचित न समझते हों कि पाठक उलझन में फँसे। उसी उलझन से तो पाठक स्वयं अपने मन में एक तरह का उपन्यासकार बनता है। और जब पाठक स्वयं उपन्यासकार बनता है, तभी पुस्तक के उपन्यासकार से उसकी बराबरी का सौहार्द होगा।

'मैं यह नहीं कहता कि मैं ठीक हूँ। लिखते समय मेरा ध्यान उस ओर था ही नहीं फिर मुझे अधिकारी जनों ने कभी बताया भी नहीं कि उपन्यास का टैक्नीक यह होता है...'

यहाँ फिर सियारामशरणजी अपनी मूल प्रवृत्ति का परिचय देते हैं। सहज आस्था और गाँव की पृष्ठभूमि पर वहीं की भाषा में कही गई एक सहज कहानी। आज का आलोचक भले ही उन्हें महान् साहित्यकार न माने या साहित्यकार ही नहीं माने, लेकिन उस समय भी पंजाब के डॉ. मदान जैसे प्रखर आलोचक थे, जिन्होंने श्रद्धेय मैथिलीशरणजी को स्पष्ट शब्दों में कवि मानने से इनकार कर दिया था, और सियारामशरणजी को कवि स्वीकार किया था। उस युग के प्रतिष्ठित कवि श्री हरिऔधजी को भी उनकी कविताएँ मैथिलीशरण की कविताओं से अधिक अच्छी लगती थीं।

दिनकरजी का मूल्यांकन इस सम्बन्ध में अधिक सटीक प्रतीत होता है, 'उनकी विषय ग्रहण करने की प्रणाली मैथिलीशरणजी की अपेक्षा नवीन थी, परन्तु वे 'भाव' इतिहास से लेते थे और 'शैली' अपने युग से।' अज्ञेय ने तो और भी स्पष्ट शब्दों में कहा है कि 'जो सांस्कृतिक कविता 'प्रसाद' में गूढ़ अध्ययन के सहारे जागी जान

पड़ती है, वह अधिक स्वाभाविक और स्वच्छ रूप में सियारामशरण गुप्त में लक्षित होती है।'

सियारामशरणजी का मूल्यांकन करते समय उनका जीवन व्यथा और वेदना से आप्लावित था पर गाँधी के प्रति अटूट आस्था के कारण उस व्यथा को उन्होंने ग्रामीण जीवन की सहज-सरल संवेदना में बदल दिया था। उसमें चुनौती नहीं थी, स्वीकार था। इसलिए उनके काव्य में, जैसाकि बहुत से आलोचकों ने कहा है, सपाटता थी, सांवेदिक ऊर्जा थी। प्रभाकर श्रोत्रिय के शब्दों में कहें तो, "आन्तरिक विस्फोट, सौन्दर्य और मन को विचलित करने वाली शक्ति कम है। करुण होते हुए वे कई बार अक्सर रोते हैं, रुला नहीं पाते।'

उनका युग, उनका त्रासद जीवन, जो आन्तरिक चोटों और बाहरी रोगों के आक्रमण के कारण इतना कारुणिक हो गया था कि यदि गाँधी की आस्था उनका सम्बल न बनती तो शायद वह जी भी नहीं पाते।

उनको मैंने काफी पास से देखा है। हाँ, दिल्ली में गुप्त बन्धु मेरे घर भी आए हैं। मैं दो बार चिरगाँव भी गया हूँ। उनके पूरे परिवार का संयोजन और विभाजन मैंने देखा है। पहली बार सन् 1940 के अन्त में जोन टिकट लेकर यात्रा करते हुए अपने छोटे भाई के साथ अचानक चिरगाँव में उनके द्वारे जा पहुँचा था। उस समय उनका परिवार एक आदर्श सुगठित संयुक्त परिवार था। कितना प्यार, कितनी चर्चाएँ, कैसा स्नेह-भरा आतिथ्य। एक कमरे में बराबर-बराबर भाइयों के बिस्तर लगे थे। अतिथि निरन्तर आते रहते थे, गाँधीजी से लेकर मेरे जैसे अकिंचन तक। लेकिन एक क्षण को भी हमने यह अनुभव नहीं किया कि हम बाहर के व्यक्ति हैं। मैथिलीशरणजी की कर्मठता, उनकी सादगी, छोटे-से-छोटा काम करने से न झिझकने की प्रवृत्ति और मित्रों का निरन्तर आगमन और वार्त्तालाप, भोजन पर उनका आतिथ्य कभी-कभी तो बड़ी दुविधा में डाल देता था। तब वह एक आधुनिक परिवार नहीं लगता था, बल्कि प्राचीनकाल के एक आश्रम जैसा लगता था।

मुझे याद है, उस समय प्रसिद्ध पुरातत्त्वविद और भारतेन्दुजी के नाती डॉ. मोतीचन्द आए हुए थे। खूब चर्चाएँ होतीं। मुंशी अजमेरी भी उपस्थित रहते। चर्चाएँ साहित्य पर होतीं, पुरातत्त्व पर होतीं। मैं उन दिनों हिसार के पशुपालन फार्म पर काम करता था। वहाँ हम जो नए-नए प्रयोग करते थे, उन पर भी वह उसी उत्सुकता से चर्चा करते थे। उन दो दिनों की छवि आज भी मेरे मन पर अपनी पूरी सात्त्विकता के साथ अंकित है।

लेकिन दूसरी बार सम्भवतः दिसम्बर, 1959 के अन्त में या जनवरी 1960 के प्रथम सप्ताह में वहाँ गया था। तब सब कुछ बदल चुका था। स्नेह, सौहार्द और साहित्य चर्चाओं से गूँजते वातावरण को जैसे ग्रहण लग गया था। जब मैं पहुँचा तो गुप्त बन्धुओं सहित वह कमरे के बाहर खुले आँगन के एक चबूतरे पर विराजमान

थे। हमें देखकर वह बहुत प्रसन्न हुए। सबसे मिलाया, मेरी पत्नी को अन्दर मिलने के लिए भेजा। मेरी बिटिया को बहुत प्यार किया।

इस बार हम केवल कुछ घण्टे ही वहाँ ठहर सके, क्योंकि लौटकर हमें पत्नी को और कई ऐतिहासिक स्थानों से परिचित कराना था। लेकिन जब मैं वहाँ से लौटा तो मन बहुत भारी था। कैसे और कब चुपचाप वह घट जाता है, जिसकी हमें आशा भी नहीं होती। उनका वह आदर्श परिवार बिखर चुका था। लौटने पर उन्होंने मुझे लिखा, 'उस दिन आपको यहाँ पाकर हमें सचमुच बड़ी प्रसन्नता हुई थी। चाहता था कि मैं भी आपके साथ झाँसी और ओरछा जाऊँ; पर कुछ कारणवश उस दिन यह सम्भव नहीं हो सका। इसलिए और भी यह इच्छा थी कि बेटी अर्चना और उसकी माताजी आपके साथ आई थीं। अब फिर कभी के लिए यह सुयोग टल गया।

'बेटी अर्चना को सुन्दर छपी पुस्तक न दे सका, पर जो भी थी उसी से वह सन्तुष्ट हुई, जानकर प्रसन्नता हुई। उसे मेरा प्यार और सबको मेरा स्नेह अभिवादन...'

मेरे पास उनका यह अन्तिम पत्र है। दिल्ली में दद्दा के यहाँ उनसे भेंट होती ही थीं। उन दोनों भाइयों ने मेरे निवास-स्थान पर पधारने की फिर कृपा की थी। भोजन के साथ-साथ साहित्य चर्चा भी हुई थी। दद्दा बड़े प्रखर थे। उनका क्षेत्र बहुत व्यापक था। सियारामशरणजी मानसिक और शारीरिक व्यथा के कारण इतने शिथिल हो गए थे कि बहुत बोल नहीं पाते थे; फिर भी उनकी जिज्ञासा का पार नहीं था। उनकी ज्ञान-पिपासा बड़ी तीव्र थी। वह कोश के सहारे ही अंग्रेजी के बड़े-बड़े कवियों की रचनाएँ आत्मसात् कर लेते थे। मैंने उनको भूदान आन्दोलन के युग में दिल्ली में घण्टों विनोबाजी से विचार विनिमय करते देखा है।

एक बार मैं उनसे कह बैठा, 'आपका रेखाचित्र लिखने की बात मन में उठ रही थी।'

उन्होंने तुरन्त उत्तर दिया, 'बात उठी है, तो दबा न दीजिए। किसी के लिए उसका रेखाचित्र एक दर्पण के समान होता है। व्यक्ति अपना चेहरा देखकर, अपने को सुधारने का अवसर पाता है।'

आत्म-सुधार की इस प्रवृत्तियों ने ही उन्हें ऊपर उठाया था। आज वह प्रवृत्ति कहीं नहीं दिखाई देती। पहले भी बहुत कम लोगों में थी। बहुत से अंग्रेजों की नाराजगी मैंने झेली है। पर सियारामशरण तो सही दृष्टि से की गई आलोचना को मार्गदर्शन के रूप में लेते थे। राजनीति की हलचल में उनका मन नहीं लगता था। धारा-सभा का अधिवेशन या नई दिल्ली की सैर उन्हें अधिक प्रिय थी। कवि जो ठहरे। राष्ट्रीय आन्दोलन में दद्दा के साथ उन्होंने भी जेल की यात्रा की थी। उनकी विनम्रता बहुत से मित्रों को अज्ञानता की सीमा छूती लगती थी। इसी कारण बहुत से मित्र

उन्हें गलत समझते थे और इसी कारण उन्हें बहुत दिनों तक प्रतिष्ठित आलोचकों की उपेक्षा सहनी पड़ी थी।

सम्भवतः वह मूलतः बौद्धिक प्रवृत्ति के व्यक्ति नहीं थे। उनकी मौलिकता संवदेना, स्वाध्याय और गाँधी की अहिंसा के मूल तत्त्वों पर आधारित थी। विनय और श्रद्धा ने उनमें स्वाध्याय की प्रवृत्ति पैदा कर दी थी। उसी के द्वारा उनकी प्रतिभा को बल मिला, बुद्धि से नहीं। बुद्धि के बल पर आत्मनिषेध की भावना को वह आत्मसात् नहीं कर सकते थे। क्योंकि बुद्धि अहम् को अस्वीकार नहीं कर सकती और न इकाई को भूलने देती है।

उनके साहित्य को लेकर बहुत चर्चा हो सकती है। परन्तु मैं वह अधिकार प्राप्त नहीं कर सका कि उनकी रचनाओं का विश्लेषण और मूल्यांकन कर सकूँ। लेकिन उनके जीवन की पृष्ठभूमि में अगर उनको परखा जाए तो बहुत कुछ समझ में आ सकता है। मैंने कई बार उनसे, उनके साहित्य पर चर्चा की है। एक बार उनकी कहानियों को लेकर मैंने लम्बा लेख लिखा था। समीक्षा और आलोचना मेरा विषय नहीं है, लेकिन उनकी कहानियों का उनके जीवन की व्यथा-भरी पृष्ठभूमि में उनको समझने की कोशिश की थी।

इसलिए मुझे लगा था कि उनकी कला में आन्तरिक विश्लेषण और चिन्तन की कमी नहीं है यद्यपि वह प्रायः मौन रहते हैं, उनके पात्र ही बोलते हैं। अन्त होते-होते तो पाठक कलाकार के अस्तित्व को भूल जाता है और पात्रों से तादात्म्य-भाव स्थापित कर लेता है। कलाकार कोई उपदेशात्मक टिप्पणी करने के लिए नहीं रुकता। 'झूठ-सच' उनके इसी नाम के निबन्ध-संग्रह में संकलित है। परन्तु वह निबन्ध न होकर एक अत्यन्त मार्मिक कहानी है। जब उस कहानी के अन्त में इस रहस्य का उद्घाटन होता है कि "रधिया काशीराम की भगाई हुई प्रेमिका न होकर, दुखिया बहन है,' तो कथाकार बस इतना ही कहता है, 'रधिया तुम्हारी बहन है।' और उसकी आँखों में आँसू आ जाते हैं।

पाठक जैसे हठात् चौंक उठता है और उसके अस्तित्व को ये दो शब्द जैसे मथ डालते हैं। उनकी भाषा में भले ही कलात्मक परिष्कार न हो और शब्दों के चयन में उन्होंने पूरी सावधानी न बरती हो, परन्तु फिर भी वह निरन्तर परिष्कृत हुई है। और प्रवाह कहीं अवरुद्ध नहीं हुआ है। 'प्रेत का पलायन' कहानी में विषय के अनुरूप कविता माधुर्य का समावेश भी हुआ है। 'उनके जूड़े की बकुलमाला का यह सौरभ यहाँ रात के अंधकार में महक रहा है।' 'मालूम हुआ, इसका नाम राका है, जिसने उसे यह नाम दिया होगा उसकी प्रशंसा करता हूँ। इसके नाम से सचमुच ही पूरा ग्रह आलोकित हो उठा है।' 'ये फूल किसलिए, राका ? तुम जैसी मंदार-मंजरी के सामने तुम्हारे ये फूल मुझे बहुत दयनीय जान पड़ते हैं। इन्हें चुन लाने में समय का अपव्यय ही हुआ समझो।' 'राका का आगमन दिन में असामयिक

है, रात्रि में ही उसका माधुर्य निखरता है। किन्तु कुछ भी हो, तुम्हारे आने से आज का प्रभात सार्थक हुआ।'

सियारामशरणजी की कला में सरलता है, हार्दिकता है और तन्मयता है। निस्सन्देह ये कहानियाँ मनोरंजन के लिए नहीं लिखी गई हैं। इनमें समस्याएँ हैं, इसलिए इनकी उपादेयता स्पष्ट है। पर साथ ही यह भी सच है कि कलाकार का उद्देश्य प्रचार करना नहीं है, इसलिए उनमें प्रचारक की मुखरता नहीं है, कलाकार का मौन है। उनकी शक्ति क्रान्ति की शक्ति नहीं है, एक विनम्र साधक की शक्ति है। वह आगे बढ़ता है खोजने और पता लगाने के लिए, नाश और निर्माण के लिए नहीं। निर्माण का दावा वे नहीं करते, इसलिए नाश करने की शक्ति भी उनमें नहीं है।

सियारामशरणजी की प्रतिभा निरन्तर विकसित हुई है। उनके शरीर की शक्ति भले ही क्षीण हो, पर कला की शक्ति निरन्तर बढ़ती रही है। उन्होंने वर्ग-संघर्ष को चित्रित नहीं किया, पर पीड़ित मानवता के चितेरे होने के कारण उनके चित्रों में देवासुर-संग्राम का तीखापन अवश्य उभरता है और अटूट आशावादी होने के कारण उनकी कला का प्रभाव सदा स्वास्थ्यप्रद रहा है।

उनकी एक कविता है 'नाम की प्यास'। इसका सार यह है कि यात्रा के लम्बे मार्ग पर यात्रियों की सुविधा के लिए, एक सेठजी एक निर्जन स्थान पर एक धर्मशाला और एक कुएँ का निर्माण करा देते हैं। आते-जाते यात्री ठहरते हैं। एक दिन ऐसा ही एक थका-माँदा यात्री वहाँ पहुँचता है और धर्मशाला को देखकर बहुत प्रसन्न होता है। सामने कुआँ भी है, थोड़ी देर सुस्ताने के बाद वह कुएँ पर जाता है और वहाँ जो डोल रखा था, उसे पानी निकालने के लिए कुएँ में डालता है। डोल जोर से पत्थर के साथ टकराता है। तब यात्री झुककर देखता है कि वहाँ तो केवल पत्थर है, पानी का कहीं नाम भी नहीं।

एक क्षण के लिए तो वह स्तब्ध रह जाता है, फिर अचानक उसकी दृष्टि धर्मशाला के ऊँचे द्वार पर पड़ती है। वहाँ एक पत्थर लगा है, जिस पर लिखा है, अमुक सेठ ने यात्रियों की सुविधा के लिए एक धर्मशाला और कुएँ का निर्माण अमुक संवत् में कराया।

सहसा यात्री क्रोध से पागल हो उठता है और वह उस पत्थर को वहाँ से उखाड़ लेता है तथा बड़े जोर से कुएँ में पड़े पत्थर पर दे मारता है। यह क्या, शिलालेख पत्थर से टकराते ही नीचे का स्रोत फूट पड़ता है। कविता यहीं समाप्त हो जाती है, लेकिन इन शब्दों के पीछे जो ऊर्जा है, वह क्या किसी विद्रोह से कम है। उनके साहित्य में इस तरह के स्थल बहुत मिलते हैं।

अभी तो बहुत कुछ है लिखने के लिए। लेकिन वह पुस्तक का विषय है। अन्त में यही कह सकते हैं कि ऐसे थे श्री सियारामशरणजी, जिन्हें कालपुरुष ने

पीड़ा के पालने में खूब झुलाया था। वह शरीर से जर्जरित और अन्तर् में व्यथा का स्रोत बहता था पर फिर भी वह क्रोध से अछूते थे। वह अखण्ड विद्रोही थे, पर दाहकता से रिक्त थे। रुक-रुककर निकलने वाली साँस के कारण उनकी वाणी गम्भीर थी। वह देखने में निपट ग्रामीण मालूम होते थे, पर उनका हृदय सौजन्य और सौहार्द से परिपूर्ण था। उनके नेत्र पीले पड़ गए थे, पर अनुभूति और अनुराग उनसे बराबर छलकते रहते थे और इसी कारण वह स्वयं एक कुशल कवि, कथाकार, निबन्धकार बन सके थे।

ऐसे व्यक्ति को अपनी अन्तिम यात्रा पर जाते समय काफी कष्ट सहन करना पड़ा, जिसका सबसे बड़ा कारण उनका चिरसंगी दमा था। मृत्यु से दो दिन पूर्व उसका आक्रमण भयंकर रूप से हुआ। इतना भयंकर कि बड़े-से-बड़े डॉक्टर भी उसे रोक नहीं सके और दीप बुझ गया। लेकिन उन्होंने काल को जो चुनौती दी थी, वह भी उतनी ही सच है। उनका मात्र देहावसान हुआ है, वह तो, उन्हीं के शब्दों में :

अमर मैं हूँ ओ काल-कराल,
कर सकेगा तू क्या मेरा,
रहूँगा जीवित मैं चिरकाल,
व्यर्थ यह भ्रू कुंचन तेरा !

अनुपम भाव और भाषा के चितेरे

कथाशिल्पी जैनेन्द्र कुमार

दीपक सोने का हो या मिट्टी का, मूल्य उसका नहीं होता। मूल्य होता है उसकी लौ का, जिसे कोई अँधेरा, अँधेरे के तरकश का कोई तीर ऐसा नहीं, जो बुझा सके।

जैनेन्द्र जी भौतिक रूप में अब हमारे साथ नहीं रहे। पर जो लौ वे प्रज्ज्वलित कर गए हैं, उसे कोई अँधेरा कभी नहीं बुझा सकेगा, क्योंकि उसमें उन्होंने अपने जीवन का सत् उँडेला है। उस लौ का प्रकाश असंख्य पथिकों के पथ को आलोकित करता रहेगा।

उस लौ ने मेरे पथ को कैसे और कितना आलोकित किया, उसका आकलन करना मेरी शक्ति के बाहर है। और उसकी आवश्यकता भी है क्या ? अपनों से कोई हिसाब करता है ? उन्होंने मेरी झोली में बहुत कुछ उँडेला। पर मेरी झोली ही फटी निकली तो वे क्या करते ?

आकाशवाणी ने जब मुझे राजेन्द्र बाबू भाषणमाला के अन्तर्गत भाषण देने के लिए आमन्त्रित किया तो अध्यक्षता के लिए जैनेन्द्र जी से प्रार्थना की। तुरन्त उत्तर आया, 'जहाँ विष्णु हैं, वहाँ मैं अवश्य आऊँगा।' और यह सच है कि मेरे सन्दर्भ में जब भी कोई सभा हुई, तो वे वहाँ थे। 'आवारा मसीहा' का लोकार्पण उन्होंने ही किया था।

पर क्या यह अचरज की बात नहीं है कि मेरे बारे में जब भी और जो कुछ भी उन्होंने कहा, उसका कोई ब्यौरा मेरे पास नहीं है। मुझे कभी सूझा ही नहीं कि उन शब्दों को सुरक्षित रखूँ। मेरी पत्नी के देहावसान के बाद एक छोटा सा लेख उन्होंने लिखा था। वह उनके अनुरूप ही था। उसमें सहज भाव से मेरे बारे में जो दो शब्द वे कह गए वे ही क्या मेरे लिए यथेष्ट नहीं हैं, 'सौ वाट का बल्ब मजलिस को जगमगाहट दे सकता है पर मन्दिर के घी के दीपक की लौ की शुचिता और

भव्यता अलग ही होती है। सुशीला की सादगी भोलेपन की हद तक जा सकती थी, पर वह दिव्य सिद्ध हुई। और विष्णु प्रभाकर जो बने, साहित्य को जो बहुमूल्य दान दे सके, उसमें उस समर्पिता नारी की सहज़ता का बहुत बड़ा योग है।"

मैं चकित था कि मेरी पत्नी को इतना कैसे जान लिया उन्होंने कि वे लिख सके, 'प्रतिभाशालिनी महिलाएँ जीवन में कम नहीं मिलीं। पर उस स्नेहशीला सुशीला की स्मृति की स्निग्धता चित्त को विकल करने की जगह परम स्वस्ति और आश्वस्ति का भाव देती है।'

मेरे प्रति उनके मन में निश्छल स्नेह के अतिरिक्त और कुछ नहीं था। वे जानते थे कि मैं महान साहित्यकार नहीं बन सकता क्योंकि द्वन्द्व मेरे मन में नहीं है। एक दिन वे मेरी कहानी पढ़कर यह लिख सकते थे, 'बहुत-बहुत अच्छी मालूम हुई। मुझे ईर्ष्या होती है। इतनी सूक्ष्मता, हिन्दी में तो देखने को नहीं मिलती। क्या मैं बधाई दूँ ?' तो दूसरे दिन यह भी कह सकते थे, 'विष्णु, मुझे लगता है तुम्हारी जिज्ञासा समाप्त होती जा रही है।' मेरी सर्वाधिक लोकप्रिय कहानी 'धरती अब भी घूम रही है' से 'चाची' कहानी उन्हें कहीं अधिक पसन्द थी। उनकी मान्यता थी कि यथार्थ को पकड़ने में नहीं, बल्कि उसका अतिक्रमण करने में ही रचना महान होती है।

जब मैंने लिखना शुरू किया तब मैं पंजाब में रहता था और मेरी रचनाएँ उसी दायरे में छपकर रह जाती थीं। लेकिन जब मैंने व्यापक संसार में प्रवेश किया तो न जाने कैसे यह धारणा बन गई कि जैनेन्द्र विष्णु प्रभाकर के नाम से लिखते हैं। ढूँढ़ मची कि यह छोटा जैनेन्द्र कौन है ? श्री अज्ञेय ने तब मुझे सावधान रहने के लिए कहा और मैं सचमुच सावधान हो गया।

यह मात्र संयोग ही था या इसके पीछे कोई मनोविज्ञान था, पर यह सच है कि मैं हिन्दी साहित्य के दिग्गजों में से जिस एक व्यक्ति का सचमुच साहचर्य पा सका वह जैनेन्द्र ही थे, और यह साहचर्य मतभेद के बावजूद निरन्तर साधन होता रहा। एक बार तो बहुत नजदीकी रिश्ता जुड़ते-जुड़ते रह गया, पर जो रिश्ता हम दोनों के बीच बना रहा, वह इन दुनियावी रिश्तों से बहुत बड़ा था। वह मन का रिश्ता था।

उनका पहला पत्र मुझे सितम्बर 1937 में मिला था। तब वे प्रेमचंद जी की मृत्यु के बाद 'हंस' का सम्पादन कर रहे थे। मैंने एक कहानी उन्हें भेजी। उसकी स्वीकृति भेजते हुए उन्होंने लिखा, 'कहानी मिली। उसे काशी छपने के लिए भेज रहा हूँ। अपनी कहानी में भावना की मुलामियत थोड़ी कम भी हो जाने दें और उसकी जगह 'परपज़' का काठिन्य आ जाए, तो मुझे कहानी और भी रुचे। लिखते रहिए।'

आज लिखता है कोई ऐसे पत्र किसी नए लेखक को ? मन में उनसे मिलने की चाह बलवती हो उठी। अगले महीने दिल्ली आया और अपने बड़े भाई साहब

के साथ उनके निवास स्थान पर पहुँचा। कई क्षण संकोचवश हम जीने के नीचे खड़े रहे। तभी एक महिला, जो श्रीमती जैनेन्द्र थीं, वहाँ आईं। साहस करके हमने उनसे पूछा, 'जैनेन्द्रजी यहीं रहते हैं ?'

वे बोलीं, 'जी हाँ, ऊपर रहते हैं।'

पर हम आगे कैसे चलें। तब उन्होंने स्वयं आगे बढ़ते हुए कहा, 'आप झिझकते क्यों हैं, निस्संकोच चले आइए।'

इस चुनौती ने हमें बल दिया। ऊपर से कई व्यक्तियों के बोलने की आवाज़ आ रही थी। अन्दर प्रवेश करने पर मैंने देखा, एक बहुत छोटा सा कमरा है, जिसके एक कोने में एक मेज़-कुर्सी पड़ी है। चटाई पर कई व्यक्ति बैठे हैं और बीच में टहल रहा है एक इकहरे बदन और मँझले कद का व्यक्ति, जिसने केवल बनियान और पाजामा पहना है, और कन्धे पर डाला है तौलिया। यही जैनेन्द्रजी थे। मैंने प्रणाम किया, और उन्होंने बैठने का संकेत। साथ ही पूछ लिया, 'कहाँ से आना हुआ ?'

परिचय दिया मेरे भाई साहब ने। नाम सुनते ही जैनेन्द्रजी बोल उठे, "यू राइट रिमार्केबली वैल !"

एक नए लेखक से इस प्रकार का व्यवहार निस्सन्देह अकल्पनीय लगेगा। उनसे मेरा यह पहला परिचय था। उनका व्यक्तित्व प्रथम दृष्टि में प्रभावशाली नहीं कहा जा सकता था, पर उन्नत ललाट की छाया में श्येन नासिका के आस-पास अन्दर को दबे से दो नयन दिखाई देते थे और जो कहीं दूर झाँकते से पड़ते थे, किसी को भी पकड़ लेने की उनमें अद्भुत क्षमता थी।

उसके बाद जो अलगाव मेरे मन में था, उसे न रखने का निमन्त्रण लेकर मैं लौटा। लेकिन इससे पहले मैं कुछ करने का साहस बटोर सकूँ, उन्होंने और भी गहरी आत्मीयता से उस निमन्त्रण को दोहराया। नवम्बर '37 के अन्तिम सप्ताह की बात है। शरत्कालीन रात्रि के गहरे सन्नाटे और घने कुहरे से आच्छादित अपने छोटे से नगर की एक सुनसान गली में, मैं टिमटिमाती लालटेन के सामने बैठा लिख रहा था। तभी सहसा उस सन्नाटे को आन्दोलित करता हुआ एक स्वर वहाँ गूँज उठा, 'विष्णु जी कहाँ रहते हैं ?' मैं कुछ चौंका। पहली पुकार मैंने अनसुनी कर दी पर दूसरे ही क्षण वह स्वर फिर उठा मुझे भी उठना पड़ा। अन्धकार में से झाँककर मैंने पूछा, 'कौन है ?'

सन्नाटे में वही स्वर गूँजा, 'जैनेन्द्र।'

सुनते ही मेरे शरीर में ऊपर से नीचे तक सिहरन व्याप्त हो गई। किसी तरह अपने को सँभालकर नीचे दौड़ा। किवाड़ खोलकर फुसफुसाया, 'नमस्ते ! आप, इस

समय ?'

जवाब दिया, 'हाँ, इधर आना हुआ। सोचा तुमसे मिलता चलूँ। कहानी पर से तुम्हारी गली का नाम पढ़ा था।'

फिर ऊपर चढ़ते-चढ़ते पूछा, 'बड़ा सन्नाटा है।'

'जी, छोटा सा शहर है। सर्दियों में रात जल्दी आ जाती है। फिर यहाँ तो बिजली भी नहीं है।'

वे वहीं मेरे पास फर्श पर बैठ गए। कितनी बातें मुझे भी आज पूरी तरह याद नहीं। लेकिन मैंने देखा, मेरा पेन जो खुला रह गया था, उसे उन्होंने बन्द करके रख दिया। सामने की दीवार पर स्वामी दयानन्द और महात्मा गाँधी के चित्र टँगे थे। उनकी ओर एकटक देखते हुए बोले, ''सफलता तब है, जब लेखनी की शक्ति वाणी में आ जाए। लिखी हुई बात में जितनी आन्तरिकता है, उतनी ही बोली हुई बात में हो। तब सन्तोष हो।'

बाद में उनमें जो प्रवचन देने की या प्रश्नोत्तर पद्धति को प्रोत्साहन देने की प्रवृत्ति पनपी, उसके मूल में महत्त्वाकांक्षा की यही भावना रही थी।

जैसे-जैसे हम पास आते रहे, हम दोनों के अन्तर्विरोध भी स्पष्ट होते रहे। मैं अच्छी तरह जानता था कि मैं उनके प्रखर चिन्तन के छोर को भी नहीं छू सकता। फिर भी उनके प्रति मेरी जिज्ञासा का पार नहीं था। पत्र लिखना, प्रश्न पर प्रश्न करना। पत्नी-बच्चों को उनके हाल पर छोड़ देने के प्रश्न के उत्तर में उन्होंने लिखा, 'क्या मैं समझूँ कि अब अपना अथवा स्त्री-पुत्र का भरण-पोषण मैं कर रहा हूँ, ईश्वर नहीं कर रहा है। मैं अपने आप में जैसे कुछ भी अर्थ रखता हूँ। अब भी मुझको सबको स्वतन्त्र समझना चाहिए। इसे ईश्वर के भरोसे पत्नी और बच्चों को स्वतन्त्र छोड़ने का धर्म माने तब इसमें हिचक न हो सकेगी। यह तात्त्विक बात है। लेकिन इन सब बातों का मौका तो तब हो जब मैं छोड़ने को तुल ही पड़ा होऊँ। अभी तो उतनी ऊँची स्थिति मेरी नहीं है।'' (9 जनवरी, 1938 का पत्र)

सन् 1939 में उन्होंने दिल्ली में हिन्दी परिषद का आयोजन किया था। एक बन्धु, जो हृदय रोग से पीड़ित थे, अचानक अस्वस्थ हो गए। उस समय केवल मैं ही उनके पास था। मैंने तुरन्त जैनेन्द्रजी को सूचना भेजी, पर वे नहीं आए। सौभाग्य से आक्रमण साधारण था। वे बन्धु इस योग्य हो गए कि मैं उन्हें उनके घर छोड़ आ सकता था। लौटकर मैं तुरन्त जैनेन्द्रजी के घर गया और किंचित् आवेश में पूछा, ''आप क्यों नहीं आए ?''

वे बोले, ''मैं आता तो क्या करता। करने वाला तो भगवान था। फिर तुम तो थे ही।''

तर्क अपने स्थान पर ठीक हो सकता है, पर दुनिया क्या इस तर्क से आश्वस्त हो सकती है ? आदर्श की ऊँचाई के पीछे छिपकर छुट्टी नहीं पाई जा सकती। इसीलिए

सब गड़बड़झाला है। व्यवहार और आदर्श में अन्तर है, पर इसके लिए क्या उन्हें दोष देना होगा। उन्होंने मुझसे कहा था, "मनुष्य को दोष देने का नहीं दोष स्वीकार करने का अधिकार है।" असाध्य आदर्श की साधना तपस्या है और तपस्या में पतन की गुंजाइश अधिक रहती है। पर इसी कारण जो तपस्या से डरकर बैठा रह जाए उस अभागे से तो गिरने वाला बहुत बड़ा है।

आवश्यक नहीं कि हम सदा उनसे सहमत हों पर जब बातें शुरू होती थीं तो जैसे समय रुक जाता था। एक दिन शीत ऋतु में मैं अपने बड़े भाई के साथ सवेरे 8 बजे उनके घर गया और सन्ध्या के 8 बजे तक हम सब फर्श पर दीवार से पीठ टिकाए बातें ही करते रहे। मामा जी (हम लोग जैनेन्द्रजी को मामाजी और भगवती देवी को मामीजी कहते थे) पहले चाय रख गईं। दोपहर को भोजन और 5 बजे फिर चाय। मन ही मन खीजी होंगी, ये कैसे लोग हैं। बातें ही बातें, "ठहाके और कहकहे। और कोई काम नहीं...।" मैं कम बोलता था, सोचता अधिक था।

जैनेन्द्र की कलम में जो तथाकथित जटिलता दिखती है वह तो इसी दुनिया की गड़बड़ है। सब गड़बड़ ही गड़बड़ है। सृष्टि गलत, समाज गलत, जीवन ही हमारा गलत। सारा चक्कर ऊटपटाँग। बेचारा साधारण पाठक तभी उलझकर रह जाता है। मुझे लगा, जैनेन्द्र को समझने के लिए शब्दों की कारा से मुक्त होना होगा।

वे बातें करते ही नहीं, बनाते भी खूब थे। हिन्दू कॉलेज की सभा में मैं उपस्थित था। वे सभापति थे। वे भाषण देने खड़े हुए। माँग हुई, भाषण नहीं, कहानी सुनाइए।

जवाब मिला, "कहानी सुनोगे तो सुनो।"

और उन्होंने सचमुच कहानी सुनाई पुरानी किस्सागोई शैली में। उनका और मामीजी का कोई झगड़ा था। देर से आने और समय पर भोजन न करने का झगड़ा। अपनी अकर्मण्यता का रस ले-लेकर वह वर्णन किया कि सारी सभा देर तक अट्टहासों से गूँजती रही।

पात्रों के उत्तर भी वे उसी सहज भाव से देते रहे हैं। मेरे एक प्रश्न के उत्तर में उन्होंने लिखा, "मैं मानता हूँ कि यदि व्यक्ति खाना खाता है तो शारीरिक श्रम उसके लिए जरूरी है। यह ईश्वरीय कानून समझिए। ईश्वरीय से अर्थ यह है कि इसके प्रयोग से आदमी बच नहीं सकता। खाना बे-मेहनत मिल जाता है और इसलिए कोई श्रम से बच जाने की सोचे तो भूल है। इसका दुष्परिणाम उसके जीवन में जरूर दिखाई दे जाएगा।"

उन पर हमला होता था, पर वे उग्र नहीं होते थे। बदला वे लेते थे, पर प्रत्याक्रमण की मुद्रा में नहीं। शनिवार समाज की एक बैठक में उन पर एक लेख पढ़ा गया।

काफी आक्रामक था। बहुत आग्रह करने पर उन्होंने इतना ही कहा, "इस लेख में मैंने अपने चेहरे को तो देखा ही, पर साथ ही आलोचक का भी।" उसके बाद बेचारे आलोचक की जो दशा हुई उसकी कल्पना ही की जा सकती है।

लेकिन क्या जैनेन्द्र मात्र भाषा और विचार ही थे ? वे साधारण मनुष्य भी थे। ऐसे साधारण कि जिनके भीतर सदा एक किशोर बैठा रहता है। सन् 1938 में मेरा विवाह हुआ था। बारात में प्रभाकर माचवे, नेमिचन्द्र जैन, यशपाल जैन आदि के साथ जैनेन्द्रजी भी थे। मार्ग में रुड़की के पास नहर के किनारे रुकने की व्यवस्था थी। मस्ती का आलम था। उसी मस्ती में उस पार पत्थर फेंकने की प्रतियोगिता शुरू हो गई। देखता हूँ कि जैनेन्द्र सबसे आगे हैं। यही नहीं वे सिद्धहस्त तैराक भी थे और उतनी ही तेजी से साइकिल भी चला लेते थे। उनकी दार्शनिकता और सादगी के पीछे झाँकने पर ही उन्हें पहचाना जा सकता था। एक वार एक बन्धु ने किसी का शाल ओढ़ लिया, तुरन्त बोले, "आपको यह शाल खूब सजता है, खरीद लो न।"

दूसरी बार एक मित्र उनके पास आए कि वे उनके साथ चन्दे के लिए चलें। पूछा, "कितने चन्दे की बात है ?"

रकम कुछ बहुत नहीं थी। वे बोले, "मुझसे दस-बीस की क्या बात करते हो। हजार-दस हजार की करिए। तब मैं चल सकता हूँ।"

ऐसे ही एक बार मेरे सामने किसी प्रसंग में उन्होंने कहा, "क्या बताऊँ सेकण्ड क्लास में यात्रा करने की आदत पड़ गई है।" यह तब की सेकण्ड क्लास थी। बाद में तो वे वायुयान की बातें करते थे। यह अस्वाभाविक नहीं है। उनकी सादगी के पीछे जो महत्त्वाकांक्षा छिपी थी, उसी की झलक दे जाती थीं ये घटनाएँ। लेकिन वैसे वे जीवन-भर दो कमरों के उसी मकान में रहते रहे और उनकी शक्ति बनी रहीं उनकी पत्नी। वे न होतीं तो जैनेद्र जैनेन्द्र न होते। कितना प्यार करती थीं वे हम सबको। सभी को परिवार का सदस्य मानती थीं। कितना काम करती थीं। बरतन माँजती, चक्की पीसतीं। लेकिन सवेरे सैर करना कभी नहीं भूलतीं। जैनेन्द्रजी अनियमित थे, पर वे घड़ी की सुइयों की तरह नियमित थीं, कभी अकेली, कभी सहेलियों के साथ। कई संस्थाओं से जुड़ी थीं। जैनेन्द्रजी की बात चलाते तो हँस पड़तीं, "अपने मामाजी को तो तुम जानते ही हो, जैसे हैं...।"

मेरी पत्नी भी मेरे साथ रहती। दो-चार दिन नहीं दिखी तो बोलीं, "सुशीला कहाँ है ?"

मैंने कहा, "अब वह कहती है कि उमर बढ़ रही है, चला नहीं जाता।"

"कल साथ लेकर आना, अच्छा।"

वह आई तो अपना झण्डा उठाकर कहा, "क्या कहा तूने ? तू बूढ़ी हो रही है ? मेरे सामने तो कह। कल से जरूर आना।"

और फिर दोनों घर-गृहस्थी की दुनिया में डूब गईं। अचानक हृदय गति बन्द हो जाने से उनका देहावसान हो गया। मैं तब दिल्ली में नहीं था। लौटा तो तुरन्त जैनेन्द्र के पास गया। उन्होंने मुझे देखा तो तुरन्त छाती से चिपका लिया। एक शब्द नहीं बोले हम। उस मौन आलिंगन ने कितना कुछ कह दिया। उसे मैं अनुभव ही कर सकता था...। उनकी कहानी 'पत्नी' का केन्द्रबिन्दु वे ही तो हैं।

उनकी माताजी का परिचय न दिया जाए तो उनकी पहचान अधूरी रहेगी। उनके प्रारम्भिक जीवन के संघर्ष में वे और उनके भाई सुप्रसिद्ध चिन्तक और स्वतन्त्रता सेनानी महात्मा भगवानदीन ही तो उनके सम्बल रहे थे। बात सम्भवतः 1930 की है। मैं तब हिसार में रहता था। छुट्टी का दिन था, आराम से बैठक में बैठा एक उपन्यास पढ़ रहा था कि एक प्रौढ़ महिला ने बिना किसी संकोच के वहाँ प्रवेश किया। लंबा कद, धवल वस्त्र, गौर वर्ण और मुख पर मृदु मुस्कान। किसी उद्देश्य के लिए अपने को अर्पण कर देने वाली भिक्षुणी की तरह वे मुझे लगीं। उनके व्यक्तित्व में जो माधुर्य छिपा हुआ था, उसने मेरे किशोर मन को दुलारा। उनके हाथ में एक रसीद बुक थी। किसी महिला संस्था के लिए चन्दा माँगने आई थीं। जब तक गृहस्वामी अन्दर से पैसे लेकर आए, तब तक वे मुझसे बातें करती रहीं। उन्होंने पूछा, "क्या पढ़ रहे हो ?"

मैंने उपन्यास का नाम बता दिया। चतुरसेन शास्त्री का उपन्यास 'हृदय की परख' था वह। वे बोलीं, 'परख' पढ़ा है तुमने ?"

"जी नहीं, किसने लिखा है ?"

"जैनेन्द्र कुमार ने।"

"अच्छी पुस्तक है ?"

"उस पर हिन्दी अकादमी से पाँच सौ रुपए का पुरस्कार मिला है।

मैंने सोचा, जिस पुस्तक को पुरस्कार मिला है, वह अवश्य अच्छी होगी। मैंने कहा, "आप मुझे उस पुस्तक के मिलने का पता बता दीजिए। मैं जरूर पढ़ूँगा।"

पता तो उन्होंने बताया ही, लेकिन यह भी बताया, "जैनेन्द्र मेरा बेटा है।"

ये शब्द कहते हुए उनका सारा अस्तित्व उल्लास से भर उठा। उनके नेत्रों से झरते हुए वात्सल्य ने मुझे पुलकित कर दिए। मुझे खूब याद है कि तब मेरे मन में एक विचार उठा था, "क्या मैं भी जैनेन्द्र जैसा बन सकता हूँ ?" लेकिन तब मैं यह कल्पना भी नहीं कर सकता था कि एक दिन मुझे इन्हीं जैनेन्द्र के इतने पास आने का सौभाग्य प्राप्त होगा।

जीवन के उन यातना-भरे अन्तिम दिनों में कई बार उनको देखने गया। उनकी दृष्टि से साक्षात्कार हुआ, जो ऊपर से अबूझ पर अन्दर से हृदय को चीर देने वाली

थी। उनकी वाणी भी सुनी, जिसमें शोर था, पर आवाज़ नहीं थी। हाँ, एक अव्यक्त पुकार थी। एक दर्द भरी पुकार, जिसे सहना कठिन हो जाता था।

अन्ततः उस पुकार को मनुष्य की सबसे प्रिय मित्र मृत्यु ने ही सुना और उन्हें यातना से मुक्त कर दिया। कहते हैं कि जो व्यक्ति अपने अन्तिम दिनों में इस संसार में बहुत कष्ट पाते हैं वे अपने पापों का दण्ड यहीं भोग लेते हैं, उस लोक में वे आनन्द में ही रहते हैं।

मैं उस लोक के बारे में कुछ नहीं जानता। मन को समझाने के लिए न जाने कितने शास्त्र रच डाले हैं। धर्मभीरु मनुष्य मैं तो तब उनकी शवयात्रा में जाने वाले सभी मित्रों के साथ यही देख रहा था कि ठीक समय पर विद्युत शवदाह गृह की भट्टी का द्वार ऊपर उठा और अन्दर उठती रक्त वर्ण लपटों ने उनके भौतिक शरीर को अपने में समेट लिया। द्वार फिर बन्द हो गया। एक कहानी समाप्त हो गई।

पर कहानी क्या कभी समाप्त होती है ? एक में से एक कहानी निकलती है, पर यह क्रम कभी टूटता नहीं। लौटते समय ऐसे ही अटपटे-अनगढ़ विचार मस्तिक में उठ रहे थे, बीच-बीच में उस व्यक्ति का चित्र आँखों में उभर आता था, जो संघर्षों में पनपा, जिसने कभी तूफानों की चिन्ता नहीं की। जो सदा विवादास्पद बना रहा, लेकिन जिसे कोई भी आक्रमण विचलित न कर सका। अपने सारे पाप-पुण्यों के साथ उसने अपना सिर सदा ऊँचा रखा। जाने वाले लौटकर नहीं आते, उनकी याद आती है। याद दर्द भी देती है और पवित्र भी करती है।

लेकिन अपने पीछे जैनेन्द्र जो विपुल साहित्य छोड़ गए हैं, वह हमें मात्र दर्द और पवित्रता तक ही सीमित नहीं रखेगा, हमारे चिन्तन को धार भी देगा, और यह सीख भी कि जो हमारा निजी है, वही अमर हो सकता है। इसीलिए अपनी सभी विसंगतियों और असंगतियों के साथ वे अमर हैं।

चिर मौन से पहले मौन होने की यन्त्रणा क्या होती है, यह मैं उस दिन अनुभव कर सका, जिस दिन भारतीय आयुर्विज्ञान संस्थान की तीसरी मंजिल के कमरे में श्रद्धेय जैनेन्द्र कुमार की शय्या के पास बैठा था। वे पनीली आँखों से मुझे देखते हुए मेरे हाथ को अपने बाएँ हाथ की मुट्ठी में भींच रहे थे। कैसा-कैसा हो आया था मन। रुलाई को रोकना कठिन हो रहा था। जो व्यक्ति जीवन-भर बोलता ही रहा, उसके साथ यह कैसा मौन शब्दहीन सम्भाषण।

याद आती है पचास वर्ष पूर्व की एक घटना। नवम्बर, 1937 के गुनगुने जाड़ों के दिन थे वे। एक दिन मुझे खोजते-खोजते हिसार में मेरे कमरे में आ पहुँचे थे। फर्श पर बैठे-बैठे बातें करते हुए उन्होंने दीवार पर लगे स्वामी दयानन्द और महात्मा गाँधी के चित्रों को देखा। कई क्षण देखते रहे, फिर बोले, "सफलता तब है, जब

लेखनी की शक्ति वाणी में आ जाए। लिखी हुई बात में जितनी आन्तरिकता है, उतनी ही बोली हुई बात में हो, तब सन्तोष हो।"

इसी सन्तोष के लिए वे मौन होने तक वाणी की आराधना करते रहे। जिस क्षण पक्षाघात ने उन पर आक्रमण किया, वे गुड़गावाँ के एक कॉलेज में भाषण दे कर कार में बैठ रहे थे। दाहिना अंग पूरी तरह पक्षाघात की जकड़ में था। उस ओर के सभी अवयव प्राणहीन हो गए थे। क्या प्रतिक्रिया हुई होगी उन पर ! कभी बता सकेंगे वे ! अब तो अबोध, निरीह शिशु जैसी उनकी दृष्टि अन्तर को चीर-चीर जाती है। सब कुछ समझते हैं, पर व्यक्त नहीं कर पाते। यही छटपटाहट उन्हें मथती रहती है। मैं जब विदा लेने को उठा तो सहसा जोर-जोर से गूँगे व्यक्ति की तरह चीखने लगे। मैं भौंचक, उनकी पुत्रवधू दौड़ती हुई आई, "क्या हुआ बाबूजी ? क्या बात है..."

उन्होंने गों-गों करके कुछ कहा, पुत्रवधू ने स्वस्ति की साँस लेकर कहा, "मैं अभी भाई साहब को लड्डू खिलाती हूँ।"

और वे मिठाई का डिब्बा ले आईं। मैं भी तब तक सँभल गया था। वे कह रहे थे, "ये जा रहे हैं—किसी ने इन्हें कुछ खिलाया नहीं।"

लड्डू खाते-खाते न जाने क्या-क्या याद आने लगा। तब भी शीत ऋतु थी। मैं अपने बड़े भाई के साथ सवेरे-सवेरे उनके पास पहुँचा। 9 बजे होंगे। हम तीनों उसी दरियागंज वाले छोटे से मकान की बैठक में फर्श पर बैठकर बातें करने लगे। जब होश आया तो 6 बज चुके थे। मामी जी सवेरे चाय रख गईं। दोपहर का खाना वहीं बैठे-बैठे खाया, संध्या को चाय भी वहीं पी। फिर भी बातें थीं कि समाप्त ही नहीं हो रही थीं। नीचे उतरने तक दोनों अग्रज उद्वेलित, उत्तेजित बातें ही करते रहे। उत्तेजित विरोध के लिए नहीं, बल्कि अपनी ही प्रतिभा के विस्फोट की खुशी में।

उन्होंने एक बार मुझसे कहा था, "प्रश्नों के उत्तर देने में मुझे जितना आनन्द आता है, उतना भाषण देने में नहीं आता।" यों तो उन्होंने प्रायः अपनी सभी कृतियाँ बोल-बोलकर लिखाई हैं, पर उनका चिन्तक विशेष रूप से प्राचीन गुरु-शिष्य संवाद की परिपाटी में खुलता रहा है। सर्वश्री प्रभाकर माचवे, वीरेन्द्र कुमार गुप्त और सुशीला अग्रवाल आदि के प्रश्नों के उत्तर देते हुए उन्होंने हमें 'कहानी : अनुशीलन और शिल्प', 'जैनेन्द्र के विचार', 'काम', 'प्रेम', 'परिवार', 'प्रस्तुत प्रश्न' तथा 'समय और हम' जैसी प्रखर रचनाएँ दी हैं।

उनके शरीर में मस्तिष्क का आधिपत्य है इसलिए उनमें प्रखरता रही है। उत्तर देने में सहज सिद्धहस्त हैं। उनके शब्दों में दीखने वाले अर्थ के पीछे जो तीखा सत्य रहता है, वह सुनने वाले को निरुत्तर ही नहीं करता, प्रभावित भी करता है। न जाने कैसे एक बार रेडियो स्टेशन पर उनकी नियुक्ति की चर्चा चल पड़ी। मैंने पूछा, "क्या सचमुच आपकी नियुक्ति हो रही है ?"

वे बोले, "ऐसा हो ही नहीं सकता।"

"क्यों ?"

"क्योंकि हम रेडियो में जाएँगे ही नहीं। रेडियो पर हमें कोई बुलाएगा नहीं, क्योंकि रेडियो रेडियो है, हम हम हैं।"

एक बार कुछ मनचले मित्रों ने भरी सभा में उनसे पूछा, "आप शराब क्यों नहीं पीते ? क्या दोष है इसमें ?"

सभा सभ्य लोगों की थी और सभ्यता प्राचीन न थी। जैनेन्द्रजी ने बिना झिझके, सहज भाव से कहा, "दोष शायद यही है कि उसका नशा उतर जाता है।"

किसी व्यक्ति की चर्चा चल रही थी। मैं थोड़ा परेशान था। वे बहुत जल्दी अपना आपा खो बैठते थे। जैनेन्द्रजी ने एक वाक्य से मुझे चुप कर दिया, "तुम ठीक कहते हो, वे बहुत जल्दी सतह पर आ जाते हैं।"

साहित्य की चर्चा करते हुए उन्होंने मुझसे कहा था, "धर्म-विचार में मैं सेक्स और अर्थ, इन दोनों को ही मनन और अन्वेषण का विषय मानता हूँ। पौधे के दो भागों की तरह सेक्स जड़ की भाँति धरती के नीचे फैलता है और अर्थ पत्र-पुष्प के समान धरती के ऊपर फैलता है।" उनके जीवन में जो जटिलता दिखाई देती है उसका कारण इन शब्दों में निहित है। जैनेन्द्रजी मन, वचन और कर्म से अहिंसक हैं और महत्त्वाकांक्षी भी हैं। दोनों को साधना असम्भव सा लगता है। पर जो साध सकता है, उसके कोश में असम्भव शब्द नहीं होता। इसीलिए वे युद्ध में सदा निडर और तूफान में सदा शान्त रहने का प्रयत्न करते हैं। एक आलोचक द्वारा अपनी, तीखी आलोचना सुनने के बाद उन्होंने कहा :

"आलोचक यदि अपने लेख में रह जाता है तो उसका अध्ययन विषयगत न रहकर आत्मगत हो जाता है। उसे यह अधिकार नहीं है।" खूब याद है। यह सुनकर पूरी सभा की दृष्टि आलोचक के चेहरे पर स्थिर हो गई थी और वे अपना बचाव करने में असमर्थ बुरी तरह छटपटा रहे थे।

यही अर्थगर्भित, प्रांजल भाषा उनके साहित्य का प्राण है। यही प्रखरता की कुंजी है। पर यह प्रखरता असिधारा व्रत के समान है। सन्तुलन बिगड़ा नहीं कि गड़बड़ ही गड़बड़।

जैनेन्द्र के सब दोषों का स्रोत इस बात में है कि वे जो नहीं हैं, वह बनना चाहते हैं, पर उसके लिए जो शक्ति चाहिए, वह उनके पास नहीं है। शक्ति से अधिक प्रकृति का अभाव है। उनके जीवन में यही उलझन है। लेकिन व्यक्ति जैनेन्द्र की इस उलझन को आलोचक बन्धु लेखक जैनेन्द्र की सफलता मानते हैं। उनके साहित्य में असाध्य को साधने का प्रयत्न है। अगर वे इसे पूरी तरह साध सकते तो उनका

साहित्य कालजयी हो सकता था, पर अब आलोचकों का एक दल ऐसा भी है, जो कहता है कि उन्होंने अपनी प्रारम्भिक कृतियों 'सुनीता' और 'त्यागपत्र' में जिस विदग्धता, मुखरता और मानवीय सम्बन्धों की रागात्मकता के साथ जो परिचय दिया है, वह और जिस प्रकार मानव मन के भीतर उतरकर उसमें उठने वाले द्वन्द्व का मार्मिक चित्रण किया है, वैसा वे अपनी परवर्ती रचनाओं में नहीं कर पाए। हृदय और मस्तिष्क का सन्तुलन गड़बड़ा गया।

निस्सन्देह वे प्रतिभाशाली लेखक हैं। उनकी 'जयवर्धन' जैसी विचारोत्तेजक कृतियों का सम्यक अध्ययन होना अभी शेष है। इसका एक कारण यह भी हो सकता है कि उनकी प्रतिभा में एक दार्शनिक जैसी अजीब सी उलझन है। कभी-कभी यह इतनी जटिल हो उठती है कि पाठक उसे भेद नहीं पाता। उन्हीं के शब्दों में, "कहीं पार नहीं, कहीं किनारा नहीं। आँख के ठहरने का कोई सहारा नहीं।" लेकिन यह जटिलता केवल उनकी कलम में है, यह वे स्वीकार नहीं करते। यह तो इसी दुनिया की गड़बड़ है, "सब गड़बड़ ही गड़बड़ है। सृष्टि गलत, समाज गलत। जीवन ही हमारा गलत, सारा चक्र यह ऊटपटाँग।"

पर पाठक की आँखें इसे कहाँ देख पाती हैं ! उनके जीवन में इतना संघर्ष कहाँ है जो वे साहित्यिक जैनेन्द्र को पा सकें ! इसलिए पाठक उनमें श्रद्धा उतनी नहीं रखता, जितना आदर रखता है। साथ ही यह भी सच है, जहाँ भी वे मस्तिष्क और हृदय में सन्तुलन बनाए रख सके हैं, वे कृतियाँ अत्यन्त मार्मिक और सशक्त हो गई हैं। उनकी अधिकांश कहानियाँ ऐसी ही हैं। उनको समझने के लिए उनकी भाषा के व्यूह को चीरकर अन्दर पैठना पड़ता है। जो पैठ जाता है, वह शान्ति पाता है, शेष उनके कटु आलोचक ही हो सकते हैं। उनके उपन्यास 'सुनीता' में एक घटना आती है, जहाँ सुनीता निर्जन वन में अर्धरात्रि के समय हरिप्रसन्न के सामने निर्वसन हो जाती है। कथा के मर्म को समझे बिना नैतिकतावादियों ने उन पर अश्लीलता के आरोप लगाए, लेकिन जो सचमुच धर्म और अध्यात्म में रुचि रखते थे, वे इस दृश्य पर मुग्ध थे।

लेकिन यह ऊहापोह क्यों ? जैनेन्द्र को जैनेन्द्र क्यों न रहने दें ? शब्द, वाक्य, भाव, भाषा और शैली सब उनकी अपनी है। उनके भीतर शक्ति का स्रोत है, पर स्वयं ही वे उसका पूरा प्रयोग नहीं कर पाते। उनकी दृष्टि पैनी और बुद्धि नया सृजन करने वाली है। वे निर्विवाद रूप से मौलिक कलाकार हैं। उन्होंने साहित्य में एक मौलिक शैली की संरचना की है। उनके द्वारा किए गए अनुवाद भी मौलिक कृति का रूप ले लेते हैं।

उन पर लगाए गए अनेक आरोपों में एक आरोप यह भी है कि उन्होंने विकृत सेक्स का प्रचार किया है, लेकिन जिन्होंने उनके अन्तिम उपन्यास 'दशार्क' को पढ़ा है, वे निश्चय ही इस बात से सहमत होंगे कि वे नर-नारी के रागात्मक सम्बन्धों

को सही परिप्रेक्ष्य में समझने और उनके मनोवैज्ञानिक आधार की तलाश में व्यग्र हैं।

उनके बारे में लिखते हुए बहुत पहले मैंने कहा था कि जैनेन्द्र के विचारों में वह आग है जिस पर राख पड़ती जा रही है, पर वह झाड़ी भी तो जा सकती है। वह झाड़ी गई। उसके बाद काफी लिखवाया गया उनसे, विशेषकर चिन्तन के क्षेत्र में। 'समय और हम' जैसी कृति दी उन्होंने। 'दशार्क' भी इसी दिशा में एक सार्थक प्रयत्न है।

प्रतिभाशाली व्यक्तियों की यह पहचान उनके अपने समकालीन नवोदित लेखकों से उनके सम्बन्धों से भी की जा सकती है। जैनेन्द्र ने जो नए हैं उनको सदा मुक्त मन से अपनाया है। उनकी कथनी और करनी में कभी अन्तर नहीं हुआ। एक परिवार के अंग हो गए थे हम। कैंसर से पीड़ित मेरी पत्नी के महाप्रयाण के दो दिन पूर्व जब वे और मामीजी उन्हें देखने आए, तो उन्होंने पूछा, "हमें पहचानती हो, सुशीला ?"

तुरन्त चहक उठी मेरी पत्नी, "मामाजी, मामीजी को कैसे नहीं पहचानूँगी ?"

पहले बड़े पुत्र की मृत्यु हुई और फिर वृद्धावस्था में जीवन-संगिनी भी सहसा चली गई। जैनेन्द्र निस्संग बने रहे। पर मैं जानता हूँ, मामीजी की मृत्यु के बाद जब मैं उनसे मिलने गया, तो उन्होंने मुझे छाती में भर लिया था। उसका अर्थ मैं समझ रहा था।

उनके चिन्तन में मस्तिष्क रह सकता है, पर उनके व्यवहार में हृदय ही प्रधान रहा है। मैथिलीशरण गुप्त ने तभी तो उनमें रवीन्द्र और शरत् को एक साथ देखा था। इसीलिए तो यह पीड़ा है। पर हर चीज का अर्थ होता है। यह पीड़ा व्यर्थ नहीं है। कोई गहरा अर्थ निहित है इसमें।

वैसे तो आजकल किसी भी समय किसी भी व्यक्ति के लिए कुछ भी कहा जा सकता है पर जैनेन्द्र को लेकर समय-समय पर जो वितण्डावाद उठा है वह अपने आप में अभूतपूर्व रहा है। किसी के लिए वे शलाका पुरुष थे, किसी के लिए दिल्ली की पहचान तो किसी के लिए वे विशुद्ध व्यापारी, ढोंगी और दम्भी थे। न जाने कितनों के लिए वे प्रेरणा पुरुष रहे तो कितनों के लिए घृणा के पात्र भी। ऐसे पुरुष को क्या कहेंगे, इसका निर्णय करने का समय अभी नहीं आया।

वे द्वन्द्वातीत नहीं थे, दोषरहित भी नहीं थे, मनुष्य थे पर जो उन पर आक्रमण करते नहीं थकते, भाषा का सौजन्य तक नहीं बरतते, वे क्या स्वयं द्वन्द्वातीत और दोष रहित हैं ? तब क्या उनके जीवन में कभी वे क्षण नहीं आते जब वे सोचते हों कि ऐसा होता क्यों है ? क्या लुई चौदहवें ने अपने देश के सुप्रसिद्ध कवि को दो बार फाँसी के दण्ड से यह कहकर क्षमा नहीं कर दिया था कि फाँसी पर चढ़ाने

के लिए तो न जाने कितने अपराधी मिल जाएँगे पर इतना बड़ा कवि कहाँ से लाऊँगा।

आलोचक अब भी कहेंगे कि लुई तो साम्राज्यवादी था और साम्राज्यवादी तो पाप के पोषक होते ही हैं। तर्क अकाट्य नहीं है। गाँधी को कोयले से काला प्रमाणित करने के लिए प्रतिभाशालियों ने ग्रन्थ पर ग्रन्थ लिख डाले। शरतचन्द्र को अन्तिम क्षण तक चरित्रहीनता की सलीब ढोनी पड़ी। फिर भी वे जिन्दा हैं और जिन्दा रहेंगे भी। क्यों !

नए-नए प्रयोग करने का उन्हें शौक था। वे एक आदर्श आश्रम की स्थापना करना चाहते थे जहाँ मनुष्य अपने श्रम से सब कुछ प्राप्त करे। सेवा ले नहीं, सेवा करे। दोष दे नहीं, दोष स्वीकार करे। मुझे भी उन्होंने आमन्त्रित किया। आश्चर्य, मैंने इनकार कर दिया। मैं जो उनके पास पूरी श्रद्धा से आया था और आज भी उनके प्रति आस्थावान हूँ। क्योंकि शरत ने कहा था कि मैंने जीवन में सब कुछ किया, वह सब कुछ किया जिसे पाप की संज्ञा दी जाती है, पर नहीं किया तो छोटा काम नहीं किया।

क्या है यह छोटा काम ? जो आप हैं नहीं वह होने का दम्भ रखना छोटा काम है। उस दिन यही हुआ था। मैंने इनकार कर दिया तो वे बोले, "तुम्हारे न आने का कारण क्या है ?"

मैंने स्पष्ट उत्तर दिया था, "मुझे आप पर विश्वास नहीं है। आप योजना बना सकते हैं, पूरी नहीं कर सकते। आप विचारों की दुनिया में रम सकते हैं, कर्म की नहीं।"

कुछ और भी कह गया था मैं पर वे तनिक भी विचलित नहीं हुए। उसी सहज भाव से बोले, "मेरे बारे में तुम ठीक कहते हो पर आश्रम में महात्मा भगवानदीन भी तो हैं। उन पर विश्वास नहीं तुम्हें ?"

मैंने कहा, "उन पर विश्वास मैं कर सकता हूँ पर आश्रम की प्रेरक शक्ति तो आप हैं और महात्मा जी आपके मामा हैं..."

वह आश्रम नहीं चला। कारण कुछ और भी थे पर मेरे लिए इस घटना का महत्त्व इतना ही है कि जीवन-भर हमारे सम्बन्धों में यह घटना कभी बाधक नहीं बनी। वे मुझको जानते थे, मैं उनको जानता था। दोष मैं भी गिन सकता हूँ पर यह अधिकार मुझे तभी मिलता है जब अपने को दोषमुक्त कर लूँ। संसार में सबसे सरल काम दोषारोपण है...

मैं यह नहीं कहता कि दोष लगाने का अधिकार किसी को नहीं है। इतना ही कहता हूँ कि किसी पर विचार करना ही हो तो वह समग्रता में हो सकता है, टुकड़ों में नहीं। फिर जब द्वन्द्व है तो दोष से बचना व्यर्थ की चेष्टा है। किसी प्रसंग में स्वयं उन्होंने लिखा है, "तो नानारूपिणी माया जब व्यक्ति को अन्य सबके प्रति एक प्रकार के विरोध से उकसाकर उसे अहम भाव में रूढ़ रखने का आयोजन करती

है तब उसके भीतर का गुप्त सच्चिदानन्द इस आयोजन को तोड़-फोड़कर स्वयं प्रतिष्ठित होने को सतत उत्सुक रहता है। यह द्वन्द्वावस्था ही जीवन की चेष्टा का और उपन्यास का मूल है। यही साहित्य का क्षेत्र है।''

साहित्य की बात अभी रहने दें। अभी एक महिला ने मुझसे प्रश्न किया कि जैनेन्द्रजी पत्नी के अतिरिक्त प्रेमिका की आवश्यकता पर जोर देते थे, क्या यह उचित है। इस प्रश्न का उत्तर 'हाँ' या 'ना' नहीं दिया जा सकता है। वैसे किसी भी प्रकार का उत्तर 'हाँ' या 'ना' नहीं होता पर इसका तो और भी नहीं। जैनेन्द्र स्वयं सभी उपन्यासों में इस प्रश्न से जूझे हैं। विशेष रूप से अन्तिम उपन्यास 'दशार्क' में। उसके निष्कर्ष से सहमत होना एकदम आवश्यक नहीं। निष्कर्ष कभी कुछ होता भी नहीं। वह सतत खोज है। जैनेन्द्र 'दशार्क' में अपनी ही मान्यता के औचित्य-अनौचित्य के रू-ब-रू हुए हैं। यह रू-ब-रू होना ही साहित्य का श्रेय और प्रेय है। मंजिल नहीं होती, मंजिल की तलाश होती है, यही सृष्टि का रहस्य है। जो मंजिल पर पहुँचने का दावा करते हैं, वे सिद्धान्तवादी मत-मतान्तरों की सीमा में बँधकर रह जाते हैं और आक्रमण-प्रत्याक्रमण का खेल खेलते रहते हैं। फिराक़ गोरखपुरी ने मोहब्बत के बारे में कहा है :

न मंजिल है, न मंजिल का पता है।
मोहब्बत रास्ता ही रास्ता है।।

मोहब्बत ही तो मूल है इस सृष्टि का और मोहब्बत कभी अपवित्र नहीं होती। जैनेन्द्रजी ने लिखा है, ''कलुषित-कुत्सित प्रेम कुछ नहीं होता। विस्तृत ऐक्य के जिस तल तक मनुष्य उठ आया है उस तल के नीचे की चेष्टाएँ जब किसी में देखता है तो उसे कुत्सित आदि कहने लगता है।''

प्रेम या मोहब्बत मात्र वायवी नहीं होते। दुनिया में रहते हैं तो उससे कोई कैसे बच सकता है ? धर्म, अर्थ, काम और मोक्ष सभी स्थितियों में से गुजरना अनिवार्य है। कोई द्वन्द्वावस्था को सूक्ष्म दृष्टि से देखते और चित्रित करते हैं, कुछ सरल दृष्टि और सहानुभूति के साथ।

प्रेमचन्द के सन्दर्भ में जैनेन्द्र अपना मन्तव्य व्यक्त करते हुए इसी निबन्ध में लिखते हैं, ''इस द्वन्द्व में वह जिस निर्मल प्रेमभाव की प्रतिष्ठा करते हैं वह देहातीत होता है—यह बीतते हुए क्षण के साथ मिटता नहीं। वह सेवामय प्रेम दुनियादारी की, गलतफहमियों की, अज्ञानता की, विफलता की, हीनता की कितनी ही कठिनाइयों के साथ लड़ता-झगड़ता हुआ भी क्षुण्ण और उत्सर्ग-तत्पर रहता और रह सकता है। इस आत्मयुद्ध, धर्मयुद्ध का चित्र प्रेमचन्दजी सजीव बना पाते हैं। वही सजीव प्रेम अर्थात सत्य जो स्वयं टिकाऊ है, चलते समय के साथ मरने नहीं देता। मैं कहता हूँ कि प्रेमचन्दजी ने अपनी कृति में जो चिरस्थायी और व्यथाशील प्रेम का वीज

रख दिया है, वह निरा सामयिक नहीं है, उसमें स्थायित्व है।''

प्रेमचन्दजी की कृतियों के सम्बन्ध में उनकी राय है कि वे सामयिकता की परिधि को लाँघकर और हिन्दी भाषा की परिधि को बाँधकर किसी-न-किसी हद तक अनागत व्याप्ति की ओर बढ़ेंगीं। उनकी मान्यता है कि ''सामयिकता को लाँघकर मानों सामयिकता का आधार थाम गहरे उतरकर जो कृति जितनी सत्य के अनुरूप होकर चलती है वह उतने ही अंश में सर्वकालीन और सर्वदेशीय होती है। वह उतने ही अंश में अनायास काल को चुनौती देती हुई चिरंजीवी और देश और भाषा की परिधियों को फाँदती हुई विश्वव्यापी हो जाती है।''

मैंने कहा था कि साहित्य की बात अभी रहने दें पर वह मेरे न चाहने पर भी वह आ गई। इसलिए आ गई कि उन महिला का दूसरा प्रश्न यह था कि यथार्थ के अतिक्रमण का अर्थ क्या है ? इन दो प्रश्नों के माध्यम से मैंने जैनेन्द्र को यत्किंचित् समझने की चेष्टा की है। वैसे उनको समझने के लिए बहुत गहरे पैठना होता है। दीख पड़ने वाली दार्शनिक भंगिमा कभी-कभी भरमाती अवश्य है पर जैसे शरत को समझने के लिए ऊपरी भावुकता को भेदकर ही सत्य पाया जा सकता है, वैसे ही जैनेन्द्र को जानने-समझने के लिए तथाकथित दार्शनिकता के भ्रम से अपने को मुक्त करना होता है। सतह पर कुछ नहीं मिलता, गहरे डुबकी लगानी होती है :

जिन खोजा तिन पाइया गहरे पानी पैठ,
मैं बौरी बूड़न डरी रही किनारे बैठ।

जैनेन्द्र से आप असहमत हो सकते हैं, व्यक्ति जैनेन्द्र को दोषों का पुलिन्दा प्रमाणित कर सकते हैं पर उनके मौलिक चिन्तन के आगे प्रश्न चिह्न लगाने से पूर्व आपको आलोचक की कुर्सी से नीचे उतर आदमी के तल पर आना होगा। स्वयं अपने को शब्दों की कारा से मुक्त करना होगा। तभी उन्हें समझा जा सकेगा। फिर उन्हीं के शब्दों का प्रयोग करूँ, वे अपने आलोचक से मानो प्रार्थना करते हैं, ''आप उस कुर्सी पर मुझसे इतनी दूर, इतने ऊँचे हो जाते हैं कि मैं संकुचित होता हूँ। आप जरा नीचे आकर हाथ पकड़कर मुझे ऊपर तो उठाएँ और फिर चाहे भले ही दो-चार झिड़कियाँ ही मुझे दें। क्योंकि तभी मेरे मन का संकोच दूर होकर मुझे हर्ष होगा और तब आप पाएँगे कि और कुछ भी हो, मैं आपका अनन्य ऋणी बना हूँ।''

अन्त में मैं कृतज्ञ हूँ उन महिला का जिन्होंने वे प्रश्न पूछकर मुझे भी जैनेन्द्रजी को समझने का अवसर दिया। वे भले ही देहमुक्त हुए हों पर हमारे मन प्राण पर उनकी जकड़ युग-युग तक बनी रहेगी।

कहे केदार खरी-खरी

प्रगतिशील विचाराधारा के मूर्धन्य कवियों में श्री केदारनाथ अग्रवाल का विशिष्ट स्थान है, विशिष्ट इसलिए कि वे अपने विश्वास को जीना जानते हैं। मार्क्सवाद के प्रति उनकी आस्था अडिग है। उन्हीं के शब्दों में, "मुझे द्वन्द्वात्मक भौतिकवाद का जीवन दर्शन ही सर्वोत्तम मानवीय बोध का दर्शन लगा। मेरी समस्त भ्रान्त धारणाएँ समाप्त हो गईं...प्राचीन समस्त जीवनदर्शन सिद्धान्त अर्थहीन लगे। यही कारण है कि मैं न तो किसी परमेश्वर या ईश्वर में विश्वास करता हूँ, न ही देव या दानव को मानता हूँ। मनुष्य, उसकी चेतना सृष्टि है। दूसरी एक सृष्टि प्रकृति है, वह चेतन नहीं है। चेतना ने श्रम करते-करते चेतना अर्जित की और अपने से स्वयं को, देश को, विश्व को, मानवीय सम्बन्धों को बनाने का द्वन्द्व और संघर्ष करने लगी। यही सत्य है, चिर सत्य है।"

इस बात को और स्पष्ट करते हुए उन्होंने सर्वश्री अजय तिवारी, अशोक त्रिपाठी और विनयशील से बातचीत करते हुए कहा था, "ये ध्रुव सत्य है कि मार्क्सवादी हुए बिना आप आदमी नहीं हो सकते और आदमी नहीं हो सकते तो अच्छी कविता नहीं लिख सकते। आदमी होने के लिए जरूरी है कि ये जीवन दर्शन समझिए और जीवन को समझिए, 'काग्निशन' की थ्यौरी को समझिए।"

इसी सम्बन्ध में उन्होंने अपने लेख 'सही बयानी और सम्बद्धता' में लेनिन के इस कथन को उद्धृत किया है—'संज्ञान के द्वारा ही आदमी अपने विचार को वस्तु का नैकट्य प्रदान करता है। यह काम वह शताब्दियों से करता चला आ रहा है। इस काम का कोई अन्त नहीं है। इसीलिए आदमी के विचार को जीवनहीनता से नहीं, अमूर्तन से नहीं, न गतिहीनता से, न अन्तरविरोधहीनता से बल्कि गति की शाश्वत प्रक्रिया में अन्तर्विरोधों के प्रगतिकरण और उनके समाधान में समझना चाहिए।' लेनिन का यह कथन इतना सम्मत है। मानव जीवन की समग्रता को समाए हुए है। आर्थिक, सामाजिक, राजनीतिक क्रिया-कलापों से घनिष्ठ रूप में सम्बद्ध

है। वस्तुपरकता और आत्मपरकता की द्वन्द्वात्मकता से निरूपित है। सभ्यता और संस्कृति की सूक्ष्म और जटिल भंगिमाओं से आपूरित है।

'लेनिन के ये वाक्य मानव जीवन को सही वैज्ञानिक और समाजवादी दृष्टि और दिशा देते हैं।

इसके बाद उन्हें समझने के लिए और कुछ नहीं रह जाता। वह जनवादी चेतना के प्रहरी हैं। अपनी इस मान्यता से वह रंचमात्र भी इधर-उधर होना नहीं चाहते, हुए भी नहीं हैं।

मैं यहाँ स्वीकार करूँगा कि मैं उनको समझने के लिए जितनी सघनता की जरूरत है, उतनी सघनता मेरे और उनके बीच में नहीं रही।

मैं उनसे जीवन में केवल तीन बार मिला हूँ। एक बार मद्रास में जब वह अपने पुत्र के पास रह रहे थे। दो बार दिल्ली में—एक बार डॉ. रामविलास शर्मा के छोटे भाई श्री रामशरण शर्मा मुंशी के घर पर, दूसरी बार तब जब वह साहित्य अकादमी का पुरस्कार लेने आए थे। साहित्य अकादमी में भाषण देते हुए उन्होंने दृढ़ स्वर में मार्क्सवाद में अपनी आस्था प्रकट की थी।

इसी पृष्ठभूमि में उनको समझा जा सकता है, लेकिन इसका यह अर्थ नहीं है कि मार्क्सवाद में इतनी कट्टर आस्था रखने के कारण वह सौन्दर्य और हृदयपक्ष में विश्वास नहीं रखते।

वे सबसे पहले मनुष्य हैं, और मनुष्य होने का सबसे बड़ा प्रमाण है—संवेदनशील होना। मेरे पास उनके दस पत्र होंगे, उनमें बहुत साधारण बातों की चर्चा है। मैंने उनको अपनी पुस्तकें भेजी थीं। तब तक वह काफी कमजोर हो गए थे, और दृष्टि भी क्षीण हो गई थी। इसलिए वे स्वयं मेरा उपन्यास तुरन्त नहीं पढ़ सके। उसे उन्होंने अपने मित्र श्री आर.पी. राम को पढ़ने के लिए दिया और उनकी प्रतिक्रिया मुझे भेजी।

वह आयु में मुझसे एक वर्ष बड़े हैं लेकिन उनकी विनम्रता देखिए कि मैंने जब इस बात की ओर संकेत किया तो उन्होंने उत्तर दिया, "आप मुझसे बहुत बड़े हैं अपने कृतित्व के कारण। 'आवारा मसीहा' लिखकर आपने यह सिद्ध कर दिया कि आप कुशल चिन्तक और कृतिकार हैं और जीवन को उसके परिप्रेक्ष्य में सही तौर पर पकड़ते है।"

मैं मार्क्सवादी नहीं हूँ इसलिए मेरे प्रति उनके ये उद्गार बहुत महत्त्वपूर्ण हैं।

थोड़ा पीछे लौटें। उनका जन्म पहली अप्रैल 1911 को बाँदा जिले के कमसिन ग्राम के एक जमींदार परिवार में हुआ था। वहाँ से बाँदा आकर वकालत करने तक उन्होंने जीवन में बहुत उतार-चढ़ाव देखे। वह जिला अदालत में गवर्नमेंट काउंसल भी रहे और वहाँ से अवकाश प्राप्त करने के बाद निजी वकालत करते रहे।

शुरू से ही उनका सम्बन्ध मार्क्सवादी विचारधारा से ही रहा और उन्होंने जो

देखा जो अनुभव किया, वही लिखा। 'कहे केदार खरी-खरी' इस लेख का शीर्षक हमने ऐसे ही नहीं रखा है। उन्होंने अपने विचारों को प्रकट करने में कभी दुविधा अनुभव नहीं की। सहज सरल भाषा में उन्होंने अपने मन की भावना को शब्द दिए। उनके मन की भावना जनता के मन की भावना थी। 15 सितम्बर, 1946 को उन्होंने यह कविता लिखी :

आज भी आई
कल भी आई
रेल बराबर सब दिन आई
लेकिन दिल्ली से आजादी
अब तक, अब तक हाय न
आई—हाय न आई।

लेकिन जब आजादी आ गई तो उन्होंने उसकी वास्तविकता को प्रकट करते हुए 26 अप्रैल, 1954 को ये पंक्तियाँ लिखीं :

पंचवर्षी योजना की रीढ़ ऋण की श्रृंखला है,
पेट भारतवर्ष का है और चाकू डालरी है।
सन्ध्या व्यापार की अपमान की कटु ग्रन्थियाँ हैं
हाथ युग के सारथी हैं, भाग्य रेखा चाकरी है।

इसी तरह की कविताएँ है इस संकलन में। एक अगस्त 1976 को आजादी की वास्तविकता को और स्पष्ट करते हुए उन्होंने लिखा है :

सत्ताईस साल में तुम
न रह गये तुम
न हम रह गये हम
तुम हो गये खुंखार
हम हो गये बीमार
अभावग्रस्त लाचार।

और युग के कर्णधारों की वास्तविकता को स्पष्ट करते हुए 'ये साधक' कविता में उन्होंने सन् 1976 में लिखा :

ठाट-बाट की सुविधा भोगी
ये साधक आराधक धन के
निहित स्वार्थ में लीन निरन्तर
बने हुए हैं बाधक जन के

केन्द्र बिन्दु पर बैठे ठहरे
चक्र चलाते हैं शोषण के।

अपनी कविताओं की प्रेरणा का श्रेय वे सबसे अधिक डॉ. रामविलास शर्मा को देते हैं। इस सम्बन्ध में उन्होंने बहुत कुछ लिखा है। एक बार एक कवि सम्मेलन का रोचक संस्मरण रामविलास जी को सुना रहे थे तब उन्होंने कहा कि अच्छा एक कविता सुनाओ। उन्हीं के शब्दों में तब एक कविता सुनाई :

फूलों की बौछार से
रंग बिरंगे प्यार से
हार गया करतार कलाकार, अपने ही दरबार में
अपना मुकुट उतार के
मुक्त हुआ भवभार से।

"उनको कविता याद हो ही गई। दूसरे दिन जब उनके दोस्त चतुर्वेदी आए तो उन्होंने उसको रिपीट किया। और हम यहाँ आए तो लगे हमको कहने कि यार, ये कविता कुछ सीधी-सादी बहुत है, इसमें कुछ और होना चाहिए। तो हमने एकाध ा लाइन में जोड़ा-जाड़ा कुछ, जरा और अलंकृत किया, फिर हमने लिखकर भेजा कि यार, ये कविता इस तरह की है, तुम्हारी क्या राय है ? उन्होंने लिखा कि भाई, मुझे पहली वाली अच्छी लगती है, ये नहीं अच्छी लगती; वैसे तुम जानो। तो मैंने पढ़ा, मैंने कहा, ठीक लिखा तुमने।"

अपनी रचना प्रक्रिया की चर्चा करते हुए श्री अजय तिवारी के इस प्रश्न के उत्तर में, "कविता आप मूलतः देखकर लिखते हैं, उसमें चुनाव अपने आप हो जाता है ?" वह कहते हैं, ज्यादातर यही होता है यदि उसका इफेक्ट हमारे ऊपर होता है तो हमको सहज लिखने में कोई दिक्कत नहीं होती। और अच्छी कविता में ज्यादातर यही हुआ है। इस तरह की कविताएँ अपने आप आती हैं। इनको हम गुनते नहीं।

उनको पहाड़ से ज्यादा समुद्र प्यारा लगता है। "पानी का यह हिलता हुआ प्रकम्पित दृश्य मुझे ज्यादा अच्छा लगता है। न जाने क्यों समुद्र को देखकर कल्पना करता हूँ कि अगर कहीं यह चेतन होता तो इतनी बड़ी शक्ति इसमें है, क्या गजब होता ! और मैं देखता हूँ तो बार-बार मेरी यही हालत होती है। वो आ रहा है इतनी जोर से, फ्यूरियसली, यों आया और किनारे में बिल्कुल धीरे से मुर्दा ऐसे आता है। एक कविता भी मैंने 'लवर्स वीच' पर लिखी थी, कि ये मुझे लगता है कि रह-रह कर ये इतना शक्तिशाली है और कैसा निर्बल हो जाता है। यह भावना मेरे मन में बार-बार उभरती है।"

इस तरह से अपने कवि मित्रों से बातचीत करते हुए उन्होंने अपनी रचना-प्रक्रिया और अपने ऊपर पड़ने वाले प्रभावों को स्पष्ट किया है। प्रकृति को लेकर

उन्होंने काफी लिखा है, और सौन्दर्य की चर्चा करते हुए वह अपने लेख 'प्रगतिशील साहित्यकारों से' में कहते हैं :

"साहित्य में सौन्दर्य की अभिव्यक्ति अब तो उपलब्ध ही नहीं होती। राजनीति और अहंभाव बुद्धिवाद से लैस होकर साहित्य से सौन्दर्य को निकाल ही दिया है। साहित्य में सौन्दर्य जैसा कोई तत्त्व ही नहीं रह गया है ये कहना कि सौन्दर्य कलाबाजी है, उसका जीवन से कोई सम्बन्ध आज के युग में नहीं है, यह बेहद गलत है। सौन्दर्य न हो तो मानवीय गुणों को देखने की क्षमता ही विनष्ट हो जाएगी। सौन्दर्य कोई बाहरी अजूबी तत्त्व नहीं है। प्रकृति व जीवन से उद्भूत हुआ करता है सौन्दर्य, श्रम से सौन्दर्य का स्वरूप उजागर होता है।...सौन्दर्य से मनुष्य की चेतना का सृजनात्मक परिवर्तन होता है और वह किसी एक की न होकर सबकी अपनी चेतना बन जाती है। सौन्दर्य चेतना साहित्यकार मानवीय चेतना को देश और काल के असंख्य रूपों में समृद्ध करता है। और तभी तो भावों और विचारों को स्थायी स्थायित्व प्राप्त होता है।"

मार्क्सवाद के प्रति सम्पूर्ण निष्ठा रखने वाले कवि के ये विचार उसकी अन्तर्दृष्टि को स्पष्ट करते हैं।

ये सब हमने इसलिए लिखा है कि खरी-खरी कहने वाले मार्क्सवादी को गलत न समझ लिया जाए। मार्क्सवादी होते हुए भी वह अपने को इमोशनल कहते हैं। वह स्वीकार करते हैं कि प्रकृति पर जो कविताएँ उन्होंने लिखी हैं उनमें प्रेम का भाव या नारी सौन्दर्य एक दूसरे से घनिष्ठ रूप से जुड़ गए हैं। एक प्रश्न के उत्तर में कि "उन्होंने पुरुष के सौन्दर्य का वर्णन क्यों नहीं किया" वे कहते हैं कि "पुरुष जितने भी मिलें चाहे वे यहाँ के हों या गाँव के हों, या कचहरी के वकील या विद्वान हों, मुझे कुछ जंचे नहीं। सही बात तो यह है कि वास्तविकता का मेरा जो धरातल था छल-कपट आदि से दूर रहने का था यह भी नहीं मिला।"

इस पर उन्हें याद दिलाया गया कि निराला जी उन्हें बहुत प्रिय थे। उन्होंने उत्तर दिया, "वह मुझे इसलिए प्रिय थे कि ये जो उनका वैरागी रूप है। पैसा-वैसा कुछ नहीं कमाया-धमाया, एक निश्छल काव्य प्रेम, ये मुझे बहुत प्रभावित करता है।"

रामविलास जी की याद दिलाने पर उन्होंने बड़े जोर से ठहाका लगाया कि "रामविलास पर तो कविता लिखी है भाई। निराला जी पर भी लिखी है भाई।"

रामविलास और निराला ही क्यों, उन्हें बच्चन भी बहुत प्रिय थे, नरोत्तम नागर भी उनके मित्र थे। और नागार्जुन तो उनके सबसे अधिक पास थे। इसके विपरीत वे अज्ञेय और निर्मल वर्मा को बिल्कुल पसन्द नहीं करते थे। इसका मूल कारण यह है कि ये दोनों मार्क्सवाद में विश्वास नहीं रखते। अज्ञेय के बारे में उन्होंने स्पष्ट रूप से पूरे लेख में अपने विचार प्रकट किए हैं। जब अज्ञेय ने नागार्जुन और त्रिलोचन शास्त्री के साथ उनको भी लेना चाहा तो उन्होंने स्पष्ट इनकार कर दिया। उसका

कारण था कि अज्ञेय ने उनकी जो कविताएँ लेनी चाही थीं, वे उनके स्वर और स्वभाव को अर्थात् मानसिकता को व्यक्त करने वाली नहीं थीं। इसलिए उन्होंने अनुमति देने से इनकार कर दिया और कहा कि अगर वे मेरे मन की चुनी कविताएँ ले सकें तो मैं भेज दूँगा। वह कविता थी 'एक सौ दस का अभियुक्त'। वह उस संकलन में नहीं जा सकती थी इसलिए बात समाप्त हो गई। उनके शब्दों में, मैं सप्तक का कवि नहीं हो सका और न उसका कवि होकर अपनी कविता की धारा को बदल सका।''

अज्ञेय द्वन्द्वात्मक भौतिकवाद को नहीं मानते थे लेकिन फिर भी उन्होंने अपने एक महत्त्वपूर्ण संकलन 'रूपाम्बरा' में शमशेर, मुक्तिबोध, केदारनाथ अग्रवाल, नागार्जुन, त्रिलोचन आदि से लेकर नामवर सिंह आदि की कविताएँ तक शामिल की हैं।

यह सब लिखने का हमारा केवल यही आशय है कि विचारधारा और मान्यताओं को लेकर मतभेद होने पर भी जो कवि है वह तो कवि ही रहता है। इसलिए श्री केदारनाथ अग्रवाल की उपेक्षा करना हर किसी के लिए सम्भव नहीं था, हुआ भी नहीं।

मैंने जैनेन्द्रजी को लेकर संस्मरणों के तीन खण्डों का सम्पादन किया था। उसके लिए मैंने केदारनाथजी से भी संस्मरण भेजने के लिए कहा—उन्होंने अपने 11 जून, 88 के पत्र में लिखा—''मैं उनके सम्पर्क में कभी नहीं आया, और न उनसे मेरा पत्र व्यवहार था। जब मैं बी.ए. का 33-34 में प्रयाग विश्वविद्यालय का छात्र था, तब एक बार जैनेन्द्रजी इलाहाबाद आए। वह सभा में बोलने जा रहे थे। नरेन्द्र शर्मा थे, मैं था...उस समय उनके बन्द गले के कोट वाली छवि याद है। हाथ में छड़ी थी कभी-कभी गर्दन से लटक जाती थी। बात ही बात करते चलते चले जाते थे। हम सब सुन रहे थे। नरेन्द्र शर्मा की समझ में अवश्य ही उनकी बातें आती रही होंगी तभी वह बीच-बीच में हुंकारा भरते और प्रश्न उछालते थे। कथा साहित्य से मुझे दिली लगाव न था, न किसी नामधारी को जानता था, न पीछे-पीछे भागता था। तभी देखा-सुना था जैनेन्द्रजी को। इससे अधिक कुछ नहीं जानता जैनेन्द्रजी को। उन पर लिखे कुछ लेख पढ़े। मुझे लगा वह मेरे काम के नहीं हैं।'' स्पष्ट है कि वह बात को घुमा-फिरा कर नहीं कहते। मन के भावों को सहज रूप से व्यक्त कर देते हैं, लेकिन इससे इतना तो स्पष्ट है कि उनकी रुचि और अरुचि का मापदण्ड मार्क्सवाद की विचारधारा ही थी। प्रगतिशील आन्दोलन को लेकर भी उन्होंने जिस तरह अपने विचार प्रकट किए उससे भी यही परिलक्षित होता है कि उन्हें तथाकथित बुद्धिजीवियों में (नए कवियों में) विश्वास नहीं होता। उन्हें वे धोखेबाज और बेईमान समझते थे। उनकी भाषा से आप असहमत हो सकते हैं पर उनकी इस बात में सार है, ''यहाँ के लोग इस योग्य नहीं हैं कि इनका साहित्य, सोल्जर

जो लड़ रहा है तिब्बत में, बर्फ में बिचारा गल रहा है, देश के लिए या पाकिस्तान के बार्डर में, वह इनका साहित्य पढ़े। क्या लिखते हैं ? बताइए आप किसी के दिल में है प्रेम, सही-सही देखिए आप, टटोलकर देखिए आप। अपने भाई से प्रेम नहीं, पिता से प्रेम नहीं, बहनों से प्रेम नहीं, पत्नी से प्रेम नहीं, समाज से प्रेम नहीं, सिवाय अपने खाने और दारू पीने के किसी चीज की फुर्सत नहीं। कचहरी में देखिए, कोई सत्य उनके पास नहीं है। क्या जीवन का सत्य देखिए। कभी सोचा, चढ़ाएँ तो चले आते हैं लडुआ लिये, धोखा देते हैं उसको।''

यहाँ उनका आशय बाँदा कचहरी में हनुमानजी के मन्दिर से है, वहाँ जज, वकील, मुवक्किल सब लड्डू चढ़ाते हैं।''

इस आक्रोश के पीछे उनकी वही जन चेतना काम कर रही है जिसकी प्रेरणा उन्हें मार्क्स के दर्शन से मिली। वे अवसरवाद और भ्रष्टाचार पर निरन्तर चोट करने से कभी नहीं चूकते।

उनका यह आक्रोश मार्क्सवादियों और गैर मार्क्सवादियों और जनवादियों के बीच एकता की जरूरत को लेकर भी प्रकट होता है, ''ये तो वही हुआ, हम मुजरा करावें और सब लेखकों को बुला लें कि देखो भाई कितना अच्छा गाती है और हम अपना संघ मजबूत कर लें। ये व्यापकता हमको कभी नहीं जँचती। हम चाहते हैं कि ठोस हो और ठोस कार्य के लिए जब तक अन्तर्दृष्टि आप नहीं पैदा कर लेंगे... ।''

लेकिन इसका यह अर्थ नहीं है कि उनके अन्तर में मैत्री या प्यार की धारा नहीं प्रवाहित होती। 'अपूर्वा' की कविताओं में जहाँ वे प्रशासन की अक्षमता पर चोट करते हैं वहीं दूसरी ओर प्रकृति प्रेम के चितेरे भी हैं वह। चोट की कविता देखिए :

समाधान खोजते हैं
और टटोलते हैं
मन बहलाऊ नरक के नायक
फाइलों में
प्रचारित विज्ञप्तियों की रोशनी जलाएँ
कुर्सियों पर आसन जमाए
अघो से न अघाये
चातुरी का चन्द्रोदय खाएँ।
बचे लोग
अब शासन और संविधान से परेशान
जी जान से बहुत घबराएँ।
चलते आदमी अब नहीं चलते।

सिर्फ चप्पल जूते
और कपड़े चलते हैं।
आदमी होने के अहसास से वंचित रहते हैं।

और अब देखिए प्रकृति का चित्रण :

मुग्ध
ठगा का ठगा खड़ा, मैं
चाँद देखता रहा हृदय की
आँखें खोले बँधा बिंधा प्राकृत प्रकाश के
अपनाये प्रिय को अपनाए
जैसे पहली बार
और
रुका का रुका रहा शशि
मुझे देखता हुआ मण्डलाकार
प्रदीपित बँधा-बिंधा भू की प्रतिमा के अनपाए कवि को अपनाएँ
जैसे पहली बार

इतना ही नहीं, नारी का सौन्दर्य भी उनको आकर्षित करता है। अपने भेंट-कर्त्ताओं को ऐसी ही अपनी एक कविता की पृष्ठभूमि बताते हुए वह कहते हैं, "सोवियत थियेटर के 1985 के पहले अंक में उसके पीछे वाले पृष्ठ पर ऐलेना प्रोकलोवा की एक फोटो छपी है, मैंने ऐसे देखा तो मुझे बहुत अच्छी लगी और उसने मुझे एक कविता दी :

तुम हो
एक मौन
लावण्य में लीन
लावण्य से उद्भूत
स्वर और व्यंजनों का
अभूतपूर्व संगम।
तुम हो रूपोल्लास
वाक्मुखी आतुरता की अरदासित अवहेलना
निसर्ग की निरुपम सर्जना
धीर है तुम्हारे शरीर का अधीर आकर्षण
अनालापित देता दुर्लभ आमंत्रण।

जैसा कि पहले भी कहा है, हम किसी भी दृष्टि से उनका मूल्यांकन करने

के अधिकारी नहीं हैं, मात्र एक पाठक की प्रतिक्रिया है यह ? इस प्रतिक्रिया का अन्त हम उनके और उनकी पत्नी के सम्बन्धों को लेकर करना चाहते हैं। हर महापुरुष के पीछे एक नारी होती है। उनकी सफलता के रहस्य के पीछे भी उनकी पत्नी दिखाई देती है। मित्रों से बातचीत करते हुए उन्होंने अपनी पत्नी की मृत्यु पर कहा था, "प्रॉबलम हमारी यह थी कि जब पत्नी मरी तब हमें अपने आपको सँभालना था। (बीच-बीच में अवरुद्ध कंठ को सँभालते हुए) वहाँ बच्चे और बहू थे तो अपने को हमने सँभाला। सँभालना कैसे कि सोचते रहे कि आखिर यह मर गई कि नहीं मर गई। उनको जीवित समझें कि न जीवित समझें। कैसे समझें अपने को, कैसे ढाढ़स दें। तो हमने कहा, हमारी इनकी चेतना एक थी, जब बीमार थी तो हमसे कहा एक दफा 'कि बाबूजी हमको छिपा लो। हम अपनी कविता का घेरा डालते थे। (फिर भरे हुए गले के कुछ शब्द एकदम अस्पष्ट) तब हमने यह डेवलप किया कि वाइफ हमारी चेतना में है, जैसे होता है, स्वप्न में आ गई, पैठ गई, बार-बार देख रही है। इस तरह की कुछ फीलिंग्स आईं तो उस सिलसिले में हमने उनको उसी तरह लिया :

भीतर रोता
बाहर हँसता
व्यथा सूर्य-सी
मुखर पर खिलती
जीने की एक ऐसी क्षमता
मुझको मिलती
योगी होकर मैं साधे हूँ
सम्भोगी मन
रह रह कँपता!

न होकर भी तुम हो मेरे पास। लबालब प्यार से आकंठ डुबाए देखता हूँ तुम्हें दिल और दिमाग में। अव्यवस्थित होता हूँ। आज की भोर नहीं हैं मेरे सुख का ओर छोर। कुसुमित हुए हैं अब मेरे पोर-पोर। तुम्हारे संस्पर्श तुम्हारी दीप्ति से

मैं हूँ
तुम हो यहाँ
अकेले में एकमेक
बुझ गई
आग के ऊपर
याद की गर्म राख में
सुन्दर सजीव

स्वप्न की तरह
अनुराग में

अन्त में जैसे उनको विदा देते हुए वह आत्मलीन हो जाते हैं और उनके अन्तर का स्वर गूँज उठता है आकाश में, स्मृति के आकाश में :

जाओ
लेकिन आत्मबंध दे जाओ
जाते-जाते फिर मुसकाओ, कुन्द हास का सुख दे जाओ
— — — —
जाओ लेकिन व्याप्ति बोध दे जाओ
जाते-जाते मृत्यु-विजेता चुम्बन देकर लेकर जाओ

हमने कवि केदारनाथ अग्रवाल के जीवन के कुछ चित्र उकेरे हैं। सफलता-असफलता की हमें चिन्ता नहीं। वह बड़े कवि हैं लेकिन सबसे पहले वह मनुष्य हैं। उनके आसपास जो व्यक्ति थे, उनमें सभी वर्ग के लोग थे। उनके बारे में उनके जो उद्‌गार 'कवि मित्रों से दूर' पुस्तक के लेखकों ने संकलित किए हैं वे अत्यन्त मार्मिक हैं। एक मित्र के पूछने पर बुद्धू यानी बुद्ध प्रकाश यादव ने उत्तर दिया, "बदमासी का किहें, दिन मैं तो स्कूल जाए, जब गाँव में रहे, तब साम को का बदमासी करें। शराब कभी नहीं पिया, और कोई ऐब नहीं रहा।"

कॉलेज के दिनों के बारे में श्री शंकरलाल दिविया के ये शब्द अत्यन्त महत्त्वपूर्ण हैं :

"खास बात तो यही है कि आज तक बाबूजी के विषय में यह नहीं कहा कि बाबूजी कोई गलत काम करते हैं। हमारे पूरे बाँदा जिले में बाबूजी को सब मानवीय समझते हैं।" उनकी पत्नी के बारे में उन्होंने कहा, "बाबूजी के बारे में यह है कि अगर कोई आ जाए तो उनके सामने इतनी दयावान थीं कि हमसे खुद कहा करती थीं, शंकर, मुंशी को खाना दे दो, चाय दे दो, पानी दे दो। उनके दिमाग में सबके लिए समभाव है।"

"उनकी हँसी मजाक, होली खेलने की बात का कहें, नन्हे देवर लगत हो, हमहु रंग लगाय दियौ। तो कहन लगी बुद्धू तुमहु ? हँसती रहीं। अरे कबहु डाँटत नहीं रहीं।

एहसान साहब केदार बाबू के बहुत निकट के व्यक्ति थे, अच्छे कवि और समीक्षक भी थे। उन्होंने कहा, "मेरा यह कहना है कि मैंने अब तक जो देखा है वो ये है कि बाबूजी के साथ बड़े सहज भाव से बातचीत होती है। चाहे बुद्धू हो, चाहे शंकर हो, चाहे मैं हूँ, पोस्टमैन साहब हों, चाहे और लोग हों। बाबूजी को पूछना है, कहना है। सहजभाव से कह दिया।"

उनकी पत्नी के निधन के बाद उनकी मनोदशा की ओर संकेत करते हुए उन्होंने कहा, "हालाँकि हम यह महसूस करते हैं कि बाबूजी जितना ज्यादा बातचीत करेंगे उतना ही उनको सेटिस्फेक्शन रहेगा। उतनी ही तन्हाई का एहसास जो है उतना दुनिया से कटने का जो एहसास है, कम होगा।"

उनके आसपास के व्यक्तियों ने और भी उनके संस्मरण सुनाएँ। निपट मानव केदार बाबू के मित्रों के आने के। हिन्दी के साहित्यकार श्री नरेन्द्र पुण्डरीक बहुत नजदीक हैं। उन्होंने भी उनके बारे में और उनकी वकालत के बारे में बहुत कुछ कहा है, "एक बार नागार्जुन जी आए थे। बाबूजी की आदत यह है कि जब सबेरे नींद खुल जाती है तो ये झाड़ू लेकर कमरा साफ करते हैं, लाइब्रेरी साफ करते हैं, बाहर बरामदा साफ करते हैं। सुबह जब बाबूजी बाहर निकले तो नागार्जुन जी यहाँ बरामदे में लेटे हुए थे। बाबूजी ने सोचा कोई मुवक्किल लेटा हुआ है। उसे उठाने के लिए बेंच हिलाई तो बाबा उठकर खड़े हो गए। बाबूजी एकदम बाबा से लिपट गए। जब हम सुनते हैं तो हमारी आँखें नम हो जाती हैं।"

उनके मुंशी ने उनके साथ हुए अपने अनुभव की चर्चा करते हुए उनकी दयानतदारी और ईमानदारी की बड़े मार्मिक शब्दों में चर्चा की और कहा, "मेरी हर तरह से इमदाद करते रहे और यही 70 से 86 तक बराबर वदस्तूर रहा। माताजी बराबर मेरी हर तरह से इमदाद और हमेशा दौरान मोहरी सँभाले रहीं।...

"इनकी कोर्ट की जिन्दगी निहायत ही अच्छी रही। डी.सी.जी. रहे। 70 में रिटायर हुए। जब उसके बाद भी साफ-सुथरी जिन्दगी ईमानदारी से...हाँ एक बेल थी वह दो-तीन जगह से खारिज हुई। हमने उसे ग्रांट कराया।"

मुंशी जी केदार बाबू से इतने जुड़े हुए थे कि जब उन्होंने कोर्ट जाना छोड़ दिया तो मुंशी जी ने भी किसी दूसरे का मुंशी बनना पसन्द नहीं किया। कहा, "अब कोई इस तरह का दौरानहाल है ही नहीं कोई जो खिदमत करे, सराहे या कबूल करे और अब हम इतना कर भी नहीं सकते क्योंकि वो है बाबूजी वाले इकबाल को उनके जलाल को कोई नहीं छूता।"

तो यह है चित्र उस व्यक्ति का जो समाज और सत्ता की विसंगतियों पर गहरे प्रहार करता है। लेकिन अन्तर में वह है निपट मानव, प्रेमी, संवेदनशील और हर किसी के दुःखदर्द में सहभागी। आज वह आयु की उस सीमा पर आ गए हैं जहाँ शरीर की शक्ति क्षीण हो जाती है पर मन बार-बार अतीत में लौटता है और मन्थन करता है। हमें विश्वास है कि यह मन्थन उन्हें हमारे बीच में अभी और बनाए रखेगा। वे खरी-खरी बातें इसलिए कह सके कि उनका अन्तर राग द्वेष से दूर, निर्मल है। भले ही हमारा उनसे मतभेद हो, पर हम उनकी ईमानदारी और इंसानियत पर कभी उँगली नहीं उठा सकते।

लोक-साहित्य के यायावर

देवेन्द्र सत्यार्थी

एक बार कथा-शिल्पी शरच्चन्द्र चट्टोपाध्याय किसी साहित्य-सम्मेलन के अध्यक्ष चुने गए। तब विश्वकवि रवीन्द्रनाथ ठाकुर ने उनसे कहा, ''अध्यक्षीय भाषण के स्थान पर तुम वहाँ जाकर कोई कहानी पढ़ सको तो अच्छा होगा।''

सुना है, शरत बाबू यह सुनकर नाराज हो गए थे। हो गए होंगे, पर अगर बोरुन्दा आने से पहले कोई मुझे ऐसी सलाह देता तो मैं निश्चय ही मान लेता और आपको एक नहीं दो-दो लोक-कथाएँ सुनाकर छुट्टी पा लेता। क्योंकि मैक्समूलर की तरह मैं भी दावे के साथ कह सकता हूँ कि जो कुछ भी अच्छा-बुरा आज मैं हूँ, वह कभी न होता यदि मैंने अपने बचपन में ये लोक-कथाएँ न सुनी होतीं। एक अर्थ में तो मैक्समूलर से भी भाग्यशाली हूँ कि मैंने अपनी पड़दादी से भी ये लोक-कथाएँ सुनी थीं। उनसे सुनी एक लोक-कथा तो जैसे मेरे बाल-मन पर ऐसे अंकित हो गई कि आज भी मैं उससे आक्रान्त हूँ। मेरे शब्दों में उसका अनुवाद इस प्रकार है :

एक था राजा। शायद बहुत बड़ा राजा था। कहानी के राजा बड़े ही होते हैं। एक दिन उसके दरबार में बहुत दूर से दो दोस्त आए। एक था लुहार, दूसरा था बढ़ई। इन्हें इस बात का बड़ा गर्व था कि उन्होंने जो चीजें बनाई हैं, वे दुनिया में पहले न तो कभी बनी थीं, न आगे कभी बन पाएँगीं।

राजा चकित भी हुआ और खुश भी। उसने बढ़ई से पूछा, ''बताओ तो तुमने क्या बनाया है ?''

बढ़ई ने आगे बढ़कर अदब से कहा, ''महाराज, मैंने लकड़ी का एक घोड़ा बनाया है। वह घोड़ा उड़ता है।''

सुनकर सब चकित रह गए। राजा ने विस्मय से भर कर कहा, ''तुम्हारा घोड़ा उड़ता है ?''

बढ़ई ने उत्तर दिया, ''परीक्षण कर देख लीजिए।''

राजा बोले, ''घोड़ा हमारे सामने लाया जाए।''

घोड़ा बाहर ही खड़ा था। थोड़ी ही देर में राजा ने उसे देखा। वह काठ का बना हुआ एक सुन्दर घोड़ा था। उसके पंख लगे थे। उस पर दो आदमी बड़े आराम से बैठ सकते थे। 'कल' घुमाने पर वह आसमान में उड़ जाता था। राजा ने सबकी ओर देखा, पूछा, ''कोई परीक्षा लेगा इस घोड़े की ?''

राजकुमार वहीं पर था। वह तुरन्त आगे आया। राजा को उसने नमस्कार किया। कहा, ''आप आज्ञा दें तो मैं परीक्षा लेने को तैयार हूँ।''

राजा सुनकर खुश भी हुआ और दुःखी भी। खुश इसलिए कि सबसे पहले राजकुमार उठा। लेकिन उसे इस बात का डर भी था कि कहीं यह जादू का खेल न हो और राजकुमार किसी संकट में न पड़ जाए। उसने कहा, ''क्या तुम सचमुच इस घोड़े की परीक्षा लेना चाहते हो।''

राजकुमार ने उसी निडरता से उत्तर दिया, ''राजपुत्र दो बार नहीं सोचा करते, महाराज ! मैं परीक्षा लेने के लिए ही आगे आया हूँ।''

राजा एक क्षण के लिए फिर झिझके, लेकिन दूसरे ही क्षण उन्होंने गम्भीर स्वर में कहा, ''हमारी आज्ञा है।''

राजकुमार घोड़े के पास आ गया। बढ़ई ने उसे समझाया कि 'कल' को किस प्रकार घुमाया जाना चाहिए। राजकुमार ने बड़े ध्यान से सब कुछ सुना और फिर घोड़े पर बैठ गया। बैठने से पहले उसने महाराज को प्रणाम किया। कुल-पुरोहित से आशीर्वाद लिया। सभी व्यक्तियों के हृदय बड़े जोर से धक्-धक् कर रहे थे, लेकिन राजकुमार ने मुस्कराते हुए 'कल' को घुमाया। घोड़े में जैसे जान पड़ गई। वह हिला और फिर ऊपर उठता चला गया। ऊपर, और ऊपर और ऊपर। नीचे से सबकी निगाह भी ऊपर की ओर उठी हुई थी। सहसा सबने देखा कि घोड़ा दक्षिण दिशा की ओर मुड़ गया और फिर देखते-देखते छोटा होते-होते, धब्बा बनते-बनते आँखों से ओझल हो गया।

राजकुमार घोड़े पर बैठा चला जा रहा था, चला जा रहा था। चला चल, चला चल, उसने शहर को पार किया। उसने वन-जंगल को पार किया। एक के बाद एक न जाने कितने गाँव, कस्बे, नगर, नदियाँ, वन, जंगल आए और गए। यहाँ तक कि वह समन्दर के किनारे पहुँच गया। अब उसे नीचे कोई बस्ती दिखाई दे रही थी। वह उससे थोड़ी दूर पर उतरा, जहाँ उसे कोई नहीं देख सकता था। वह थक गया था। उसने वहाँ आराम किया। खाना-पीना किया। फिर सो गया। घोड़े को उसने पेड़ों के झुण्ड के पीछे छिपा दिया था।

दूसरे दिन सबेरे नित्यकर्म से छुट्टी पाकर वह फिर चल पड़ा। फिर वन-जंगल, पहाड़-पर्वत, नदी-नाले, गाँव-कस्बे, नगर पार करता हुआ दूसरे समन्दर के किनारे

पहुँच गया। फिर तीसरे समन्दर के किनारे पहुँच गया। फिर चौथे समन्दर के किनारे, फिर पाँचवें, छठे सभी समन्दरों को उसने पार किया।

जब वह सातवें समन्दर को पार कर चुका तो उसने एक घने जंगल में एक बहुत बड़ा किला देखा। किले में एक बहुत बड़ा महल था, बहुत सुन्दर महल। उसे बड़ा अचरज हुआ। ऐसे वीराने में यह महल किसका है। वह जरा नीचे आया। महल में एक स्त्री दिखाई दी। वह और नीचे आया। वह एक युवती थी, सुन्दर युवती। सिंहल द्वीप की पद्मिनी से भी सुन्दर। हँसती तो मुँह से फूल झड़ते। बोलती तो जैसे मुँह में शहद घुल जाता। वह मन्त्रमुग्ध-सा महल की छत पर आकर उतर गया। फिर नीचे आकर राजकुमारी के सामने खड़ा हो गया। उसे इतना आश्चर्य हो रहा था कि वह बोल नहीं सका। बस एकटक राजकुमारी को देखता रहा।

राजकुमारी ने भी उस राजकुमार को देखा। वह भी सुन्दर सजीला जवान था। दोनों पहली ही दृष्टि में एक-दूसरे पर मुग्ध हो गए। कोमल स्वर में राजकुमारी ने पूछा, "आप कहाँ से आए हैं ?"

राजकुमार ने उत्तर दिया, "सात समन्दर पार एक राजा का राज्य है। वहीं का मैं राजकुमार हूँ। उड़ने वाले घोड़े की परीक्षा लेने के लिए निकला था, कि यहाँ पहुँच गया। लेकिन तुम कौन हो ? इस वीराने में अकेली क्यों रहती हो ?"

राजकुमार का यह प्रश्न सुनकर राजकुमारी का चेहरा उतर गया। उसने कहा, "यहाँ मेरे पिता का राज्य है। वह एक बहुत बड़ा दानव है। वह सबको खा जाता है। बस मुझको नहीं खाता।"

राजकुमार ने पूछा, "तुम यहाँ से भाग क्यों नहीं जातीं ?"

राजकुमारी ने उत्तर दिया, "भागने का कोई रास्ता नहीं है। वह तुरन्त समझ जाता है। मेरे पास कोई रह भी नहीं सकता; क्योंकि उसे मानस गन्ध आती है।"

"तो क्या वह मुझे भी खा जाएगा ?"

"देखेगा तो जरूर खा जाएगा, लेकिन तुम इतने अच्छे और इतने सुन्दर हो कि मैं तुमको जाने नहीं दूँगी। अपने पिता से भी तुम्हारी रक्षा करूँगी। जब उसके आने का वक्त होगा तो मैं तुम्हें मक्खी बनाकर कहीं छुपा दूँगी। मैं जादू जानती हूँ।"

और उसने यही किया। दिन-भर वह राजकुमार के साथ बातें करती रही; खेलती रही। शाम पड़ते ही उसने राजकुमार को मक्खी बनाया और छिपा दिया। कुछ देर बाद उसका पिता आया। वह बार-बार इधर-उधर सूँघता था और कहता था, "यहाँ कहीं कोई मनुष्य छिपा हुआ है, मुझे उसकी गन्ध आ रही है।"

राजकुमारी ने उत्तर दिया, "मनुष्य यहाँ कहाँ से आएगा। मैं हूँ, मेरी गन्ध आती होगी, मुझे खा लो।"

दानव प्यार से राजकुमारी को चपत लगाकर बोला, "हाँ-हाँ, तुझे ही खाऊँगा।"

अगले दिन वह चला गया। राजकुमारी ने राजकुमार को फिर मक्खी से मनुष्य बना दिया। फिर दिन बीतते गए। दानव आता और जाता रहा। राजकुमार भी राजकुमारी पर जादू डालता रहा। आखिर उसने राजकुमारी को वश में कर ही लिया, और पता लगा लिया कि उस किले के एक कोने में सात कोठरियाँ हैं। सातवीं कोठरी में एक पिंजरा है। पिंजरे में तोता है और तोते में दानव के प्राण हैं।

आखिर एक दिन उसने वे कोठरियाँ ढूँढ़ निकालीं। फिर पहली कोठरी का ताला तोड़ा। इधर ताला टूटा, उधर दानव चौंका। दूसरी कोठरी का ताला टूटा तो दानव भागा। तीसरी का टूटा, चौथी का टूटा, पाँचवीं का टूटा। दानव भागता-भागता किले में आ पहुँचा। छठी की टूटा तो वह अन्दर आ गया था। सातवीं का टूटा तो वह महल को पार करके पहली कोठरी के पास आ पहुँचा था।

तब तक राजकुमार पिंजरे को देख चुका था। उसमें बैठे तोते को देख चुका था। वह दानव को भी देख चुका था। उसने झट पिंजरे का द्वार खोला और तोते को निकाल लिया। दानव अब भागता हुआ दूसरी कोठरी तक पहुँच गया था। राजकुमार ने तोते की एक टाँग तोड़ डाली। फिर दूसरी तोड़ डाली। अब दानव घिसट रहा था। राजकुमार ने तोते की गर्दन तोड़ दी। दानव बड़े जोर से दहाड़ा और फिर ढेर हो गया। उसके मरते ही जादू का अन्त हो गया। राजकुमारी दौड़ी-दौड़ी आई। वह बहुत प्रसन्न थी। वह राजकुमार के गले से लिपट गई।

उधर राजसभा में राजा ने बहुत देर तक इन्तजार की, लेकिन राजकुमार नहीं लौटा। राजा ने बढ़ई को बन्दीगृह में बन्द कर दिया। बढ़ई का कहना था कि राजकुमार जरूर लौटेगा। घोड़ा उसे धोखा नहीं देगा। पर दिनों के बीतने के साथ-साथ राजा का गुस्सा बढ़ता रहा, लेकिन बढ़ई उसी तरह शान्त था। आखिर एक दिन उन्हें आसमान में वह घोड़ा आता हुआ दिखाई दिया। सब खुशी से चिल्ला उठे, "वह देखो, वह रहा घोड़ा। वह नीचे उतर रहा है। राजकुमार बिल्कुल ठीक है। लेकिन उसके पीछे वह दूसरा कौन बैठा है...अरे वह तो कोई युवती है। इतनी सुन्दर युवती ! किसी बड़े देश की राजकुमारी लगती है।"

घोड़ा नीचे उतर आया था। सचमुच राजकुमार एक अत्यन्त सुन्दरी राजकुमारी को लेकर आया था। महाराज गद्‌गद हो उठे। सारी कहानी सुनी। उनकी खुशी का ठिकाना नहीं था। उन्होंने राजकोष के द्वार खोल दिए। खूब धन लुटाया। बढ़ई को मालामाल कर दिया। जैसे उसके दिन बहुरे वैसे ही सबके बहुरें।

कब सुनी थी यह कहानी, शायद 1918 में। फिर इसे दादी और माँ से दूसरे रूपों में सुना : पूरब जाना, पश्चिम जाना, उत्तर जाना पर दक्खन न जाना, और राजकुमार दक्खन ही जाता था। मार्ग में अलंघनीय बाधाएँ आती थीं पर वह उन्हें

लाँघता था। कभी पशु, पक्षी, सरीसृप मदद करते कभी पेड़-पौधे, नदी-नाले। पर जब राजकुमार लौटता तो एक सुन्दर राजकुमारी उसके साथ अवश्य होती।

यही कहानी मेरे मन-मस्तिष्क पर आज भी छाई हुई है। मैं राजकुमार नहीं हूँ। मुझे काठ का 'कल' वाला घोड़ा भी नहीं मिला, लेकिन उड़ने वाला जहाज तो मिल ही गया। सात समन्दर पार भी हो आया हूँ। लेकिन अभी तक मन नहीं भरा। बार-बार जाने को मचल उठता है। राजकुमारी जो नहीं मिली। किसी दिन किसी अज्ञात किले में मिलेगी जरूर और तब तक यह कहानी मुझे पागल बनाए रहेगी।

इसी पागलपन से तो विश्व साहित्य उद्भूत हुआ है, यह तलाश, यह खोज, यह जिज्ञासा, यही तो साहित्य का मूल है, यही अनुभूति को जन्म देती है। लोक-साहित्य इसी कुँवारी अटपटी अनुभूति से ओत-प्रोत है। वहाँ ज्ञान पर जोर नहीं है। है भी तो उसका अर्थ जानना नहीं है, जिज्ञासा है। जैसे शिक्षा का अर्थ कुछ देना नहीं, जो है उसे जगाना है। जैसे बीज की परिणति फल नहीं, बीज है, ऐसे ही ज्ञान की परिणति जानने में, जिज्ञासा में है। जान लेना तो अन्त है और लोकमानस अन्त में नहीं निरन्तरता में विश्वास करता है। जानने के अर्थ वाला ज्ञान तो अलौकिक को अस्वीकार कर देगा। न पशु-पक्षी बोलेंगे, न नदी-नाले सहायक बनेंगे। जिज्ञासा इनके सही अर्थ को जानने की प्रेरणा देगी। और सही अर्थ कोश में नहीं, जीवन की पाठशाला में मिलते हैं, कल्पना-लोक में मिलते हैं। यथार्थ का अतिक्रमण किए बिना सत्य मिलता है क्या ? रामायण, महाभारत और जातक कथाएँ मूलतः लोक-कथाओं पर ही आधारित हैं, पर उनका जो रूप आज हमें मिलता है वह महान् कवियों और लेखकों की कलम का चमत्कार है। नागरिक सभ्यता और शिक्षा के प्रभाव से युक्त लोक-मानस तो उस बच्चे की तरह है, जिसके लिए शायद निदा फाजली ने कहा है :

बच्चों के छोटे हाथों को चाँद-सितारे छूने दो,
चार किताबें पढ़कर ये भी हम जैसे हो जाएँगे।

किताबों से ज्ञान मिलता है, अनुभूति जीवन को जीने से। कल्पना उसका एक बड़ा उपादान है। किसी भी आविष्कार से पहले वह कल्पना का ही रूप लेता है और कल्पना उसकी की जा सकती है जो कभी था या कभी होगा। लोक-साहित्य ज्ञान का बोझ लादना नहीं वरन् वह जिज्ञासा और कल्पना को धार देता है। वह प्रतिबिम्ब है—मनुष्य के अनुभूत सत्य का, आरोपित का नहीं। इसलिए उसमें कुँवारी छुवन और माटी की गन्ध है।

अनेक देशों की अनेक लोक-कथाएँ इस बात का प्रमाण हैं। अलौकिकता को लेकर एक और कथा ने मुझे परेशान किया, जिसमें राजकुमार सोने की तख्ती, चाँदी की कलम और हीरे की दवात लेकर पाठशाला जाता है।

हमने यह कहानी सुनी तो पाठशाला जाने की माँग को लेकर सत्याग्रह शुरू कर दिया। एक दिन आज के शासकों की तरह पिताजी ने हमारी माँग मान ली लेकिन पूजा समाप्त होने पर हमने फिर सत्याग्रह कर दिया। हुआ यह कि जब शाला जाने का समय आया तो माँ ने सरकण्डे की कलम, काठ की तख्ती और मिट्टी की दवात हमारे सामने रख दी। उन्हें देखते ही हमारी सारी आशाओं पर तुषारापात हो गया...।

तब पिताजी हमें लेकर बाजार गए पर वे चीजें नहीं मिलनी थीं, नहीं मिलीं। हमें सरकण्डे की कलम, काठ की तख्ती और मिट्टी की दवात से सन्तोष करना पड़ा। पता नहीं तब हमें किसी ने यह ज्ञान दिया था या नहीं कि स्वप्न से बढ़कर जागरण में अधिक सच्चाई होती है। लेकिन यह सच है कि इस ज्ञान को स्वीकार कर लें तो संसार स्थिर हो जाए और आगे बढ़े ही नहीं।

इसीलिए शायद हमारे वांग्मय में जिन चार सहोदर ऋषियों—सनक, सुनंदन, सनातन, सनत्कुमार ने जब सब कुछ जानने योग्य जान लिया था तब उन्होंने प्रभु से यही वरदान माँगा था कि हमारी आयु सदा पाँच वर्ष की रहे। तार्किक तर्क करेगा, "समय रुकता है क्या ? तब वे आजन्म पाँच वर्ष के कैसे रहेंगे ?"

बेचारा तार्किक ! यथार्थ का अतिक्रमण करना जानता ही नहीं। नहीं जानता कि आस्था और विश्वास के बिना तर्क अन्धा है। तभी तो सत्य उसे दीखता तक नहीं। वे ऋषि जानते थे, जो सब कुछ जानता है वह पाँच वर्ष के शिशु जैसा सरल-पवित्र ही रहता है। वह कल्पना के सहारे काठ के घोड़े पर उड़ सकता है। सात समन्दर पार कर सकता है। तोते में दानव के प्राण खोज ले सकता है। बहती नदी, झूमते वृक्षों, साँप, बिल्ली, शेर, हाथी सबसे दोस्ती कर सकता है, और बेधड़क होकर दक्षिण दिशा में राजकुमारी की तलाश में निकल सकत्ता है। वह इस बात की चिन्ता नहीं करता कि दक्खन दिशा का मालिक यम है। यानी मृत्यु से साक्षात्कार किए बिना सफलता मिली है किसी को ?

लोक-साहित्य को जो साहित्य मानने से इनकार करते हैं उन्हें बायरन के ये शब्द नहीं भूलने चाहिए कि जब फिलॉसफी और पैशन एक हो जाते हैं, तभी बड़े कवि का जन्म होता है (कवि को यहाँ सर्जक के अर्थ में लेना चाहिए)। तत्त्वनिष्ठा और अपने देखे-सुने, सहे-झेले, भोगे-अभोगे के प्रति रागात्मक आसक्ति, लेखन के प्रत्येक क्षेत्र में आवश्यक है।

लोक-मानस इन मूलभूत मूल्यों को अपने-आप पहचानता है और अपने पूरे अनुभव संसार के साथ उनकी खोज में निकल पड़ता है। कबीर के 'जिन खोजा तिन पाइयाँ, गहरे पानी पैठ' की तरह उसकी कल्पना उसे किनारे बैठने ही नहीं देती। उसे तो चलते चलना है, चलते चलना है, चरैवेति चरैवेति। जो चलता है, उसकी जंघाओं में फूल खिलते हैं। सचमुच खिलते हैं। आप उन्हें देख सकते हैं, यथार्थ

का अतिक्रमण करके। व्यंजना और लक्षणा के बिना शिक्षा पूरी हुई है किसी की ?

मूल्यों की बात को थोड़ा और जाँचें-परखें। शिकायत है, लोक-कथाओं में राजाओं और सामन्तों का यशोगान ही अधिक हुआ है। हुआ है, पर तभी क्यों, आज नहीं होता क्या ? हमारा चुँधियाता लँगड़ा प्रजातन्त्र आज भी सामन्तवाद के कन्धे पर हाथ रखकर चल रहा है। राजा है तो रंक होगा ही, पर ध्यान से देखें तो लोक-साहित्य में रंक की भी बार-बार विजय हुई है। बहुत बार ऐसा हुआ कि राजा को कोई स्वप्न आया लेकिन उसका अर्थ न तो वह स्वयं जान पाया, न उसका मन्त्रिमण्डल और न राज-पण्डित। राजा की निराशा की सीमा नहीं। राज्य-भर में डोंडी पिटवाई गई। घोषणा की गई, जो भी इस सपने का अर्थ बताएगा, उसे मुँह-माँगा इनाम मिलेगा। तब एक दिन एक साधारण जन आता है और स्वप्न का अर्थ बता देता है। राजा उसे अपना राज बख्श देते हैं।

इतना ही नहीं, लोक-साहित्य के शिल्पियों ने उन मूल्यों की तभी कल्पना कर ली थी जिनको, बीसवीं सदी में, गाँधीजी ने हमारे सामने, निर्भय होने की दीक्षा देते हुए, रखा था। बहुत सम्भव है, गाँधीजी के सामने यह लोक-कथा पंख पसारकर आ खड़ी हुई हो।

उदाहरण के तौर पर, मैं फिर एक लोक-कथा का अनुवाद अपने शब्दों में रखना चाहूँगा।

एक नगर में एक घसियारिन रहती थी। वह अपने काले-कलूटे बच्चे को छाती में भरकर कहती, "मेरा लाल राजा से भी बड़ा।"

"हाय राम ! राजा जो परमेश्वर का रूप है, उससे बड़ा तेरा काला-कलूटा बच्चा कैसे हुआ ? अकल्पनीय ! मूर्खा ! चुप कर। राजा ने सुन लिया तो कोल्हू में पिसवा देंग तेरी सात पीढ़ियों को। तेरी जात-बिरादरी भी तेरे साथ सूली चढ़ेगी।"

घसियारिन सुनकर डरती नहीं, हँस पड़ती और कहती रहती," मेरा लाल राजा से भी बड़ा।"

आखिर एक दिन राजा ने सुन ही लिया। तुरन्त पकड़ मँगवाया राजदरबार में और कहा, "साबित करो कि तुम्हारा काला-कलूटा बच्चा, राजा जो परमेश्वर है, उससे भी बड़ा है।"

घसियारिन काँप अवश्य रही थी, पर उसने हाथ जोड़कर दृढ़ स्वर में कहा, "राजराजेश्वर की जय हो। एक विषधर नाग मँगा दीजिए।"

थोड़ी ही देर में एक फुंकारते हुए नागराज वहाँ लाए गए। घसियारिन बोली, "राजराजेश्वर, मैं प्रार्थना करती हूँ कि आपकी सभा में जो मनुष्य इस नाग को पकड़ सके वह आगे आ जाए।"

एक मौत-से सन्नाटे के सिवा कोई आगे नहीं आया। अब वह नारी मुस्कराई, "राजन ! जो काल के प्रेम को जीत सके ऐसा कोई व्यक्ति यहाँ नहीं। आप भी नहीं।"

"नहीं," राजा बोले।

"है," नारी ने शान्त मृदुल स्वर में कहा और अपने बच्चे को नागराज की पिटारी के पास बैठा दिया। सभा जैसे भूचाल के झटके से हिल-हिल उठी। राजा उस क्षण देख भी नहीं सके, पर जब स्थिर होकर सबने देखा तो वह काला-कलूटा बच्चा किलकारी मार-मार का हँस रहा था और नागराज परम स्नेही बन्धु की तरह जैसे उसके हाथों को चूम रहे थे।

तब उस स्त्री ने गर्व से गद्‌गद् होकर कहा, "मेरा लाल राजा से भी बड़ा।"

इस सत्य की अनुभूति उस लोक-कथा के लेखक को पुस्तकें पढ़कर थोड़े ही न हुई होगी। तब शायद पुस्तकें हों भी न। यह वाचिक साहित्य मानव के संचित अनुभव की देन है।

लोक-साहित्य के सम्बन्ध में मैं सुधीजनों का ध्यान एक और तथ्य की ओर दिलाना चाहूँगा। हिमालय में हजारों फुट की ऊँचाई पर नाना रूप पुष्प देखे जाते हैं। उनका सौन्दर्य और उनकी सुगन्ध अनुपमेय है। कौन डालता है उनके बीज, कौन लगाता है उनकी कलम ? कौन देता है उन्हें पानी ? वे तो स्वतः ही उग आते हैं हमारा मन मोहने को। उनमें नाना रूप औषधियाँ भी होती हैं।

क्या लोक-साहित्य इसी रूप में जल के मनपटल पर नहीं फूट पड़ता अपने सहज सौन्दर्य, सहज अनुभव के साथ !

लोक-साहित्य में यदि राजा और सामन्तों का गुणगान है तो शोषित जनता की आशाएँ-आकांक्षाएँ भी मुखर हुई हैं। उसके लिए मात्र विद्रोह ही एक मार्ग नहीं है। जनपक्षीय मूल्यों को रेखांकित करना भी राजसत्ता की अहम्मन्यता को चुनौती देना है। 'मेरा लाल राजा से बड़ा' एक ऐसी सशक्त अहिंसक चुनौती है जो जनमानस के चिन्तन की धारा को रेखांकित करती है।

लोक-साहित्य में मात्र इतना कुछ ही नहीं, समग्र जीवन की व्यथा और वेदना, आनन्द और उल्लास, विरह और प्यार, शक्ति और दुर्बलता, सम्पन्नता और विपन्नता, ऐश्वर्य और जिज्ञासा, इतिहास और समाजविज्ञान सभी कुछ रूपायित हुआ है। यहाँ तक नैतिक-अनैतिक और पंचायत राज की अवधारणा, और हरिजन समस्या भी लोक-साहित्य में चित्रित हुई है।

न जाने किस भाषा की लोक-कथा है यह। कहीं पढ़ा था इसे। एक हरिजन था। बेचारा। इच्छुक था, मन्दिर में प्रभु के दर्शन को। पर सब कुलीन वर्ण के लोग उसे घृणा से दुरदुरा देते थे। उनमें एक उदार पुजारी भी था, बोला, "मैं तुम्हें दर्शन करवा सकता हूँ, पर पहले तुम दो वर्ष तप करो। प्रभु का स्मरण कर अपनी आत्मा को शुद्ध करो। तब आना मेरे पास।"

वह सिर झुकाकर जुहार करता हुआ चला गया पर फिर लौटकर नहीं आया। तीन वर्ष बाद अचानक उन पुजारी ने उसे कहीं देखा तो पहचान लिया, पूछा, "तुमने तप किया था ?"

वह बोला, "जी किया। दो वर्ष घोर तप किया।"

"तब क्या हुआ ?"

वह बोला, "तब प्रभु प्रकट हो गए।" बोले, "हम तुम्हारे तप से प्रसन्न हैं, वर माँगो।"

"तुमने क्या माँगा ?"

मैंने कहा, "प्रभु ! मैं मन्दिर में आपके दर्शन करना चाहता हूँ।"

"फिर ?"

"फिर प्रभु जोर से हँसे, बोले, 'भोले पंछी ! मन्दिर में तो मुझे गए हजारों साल बीत गए। किसके दर्शन करेगा वहाँ जाकर ?' "

किसी एक देश के सम्पूर्ण लोक-साहित्य का संग्रह किया जाए तो अतीत से लेकर आज तक की बौद्धिक, नैतिक, धार्मिक एवं सामाजिक अवस्था का एक समग्र रूप हमारे सामने उभर उठेगा। लोक-साहित्य स्थिर भी नहीं रहता। वैरियर एलविन ने कहा था, "लोक-गीत अथवा लोक-कथा केवल अजायबघर की वस्तु नहीं। नई पीढ़ियों के साथ-साथ नए परिवेश और नए संघर्ष जुड़ते रहते हैं।"

इस पर टिप्पणी करते हुए देवेन्द्र सत्यार्थी ने लिखा, "ऋषि का वरदान हो अथवा शिलालेख का गुणगान, परम्परा ही लोकयान का आधार है और उसकी जड़ें हमारी धरती में गहरी चली गई हैं। न धरती बाँझ हो सकती है और न लोकयान के प्रेरणा-स्रोत सूख सकते हैं।"

लोक-साहित्य को उन्होंने लोकयान कहा और उसकी व्याख्या यूँ की, " 'लोक' शब्द की व्युत्पत्ति 'लो' और 'क' से मिलकर हुई। 'लो' अर्थात् पुरुष, वस्तु अथवा देश। 'क' अर्थात् कमनीयता एवं सौन्दर्य। 'यान' वाहन को कहते हैं। लोकयान अर्थात् देश के सौन्दर्य एवं ज्ञान का वाहन, जो सत्य, शील और कल्याण को पीढ़ियों के अन्तर्गत युग-युगान्तर तक अग्रसर करते रहते हैं। लोकयान कभी असम्बद्ध नहीं होता, न सन्दर्भहीन क्योंकि वह देश के उतार-चढ़ाव से प्रभावित होता रहता है।"

उन्होंने इस प्रसंग में किसी से सुनी एक लोक-कथा की चर्चा की है :

एक था राजा। एक भविष्यवक्ता उसके मन के तार को छू गया।

"पानी दूषित हो जाएगा, और राज-परिवार के लोग पागल हो जाएँगे।"

यह थी भविष्यवाणी।

राजा ने राजमहल में शुद्ध जल के भरे हजारों घड़े जुटा लिये। राजा और महामन्त्री सुरक्षित रहे लेकिन प्रजा·पागल हो गई। एक-दूसरे की हत्या में लोग बढ़-चढ़कर हिस्सा लेने लगे। फिर एक दिन राजमहल के द्वार तोड़कर पागलों की भारी संख्या महल के भीतर आ गई। अब वह घड़ी दूर न थी, जब राजा और महामन्त्री की हत्या कर दी जाती। महामन्त्री ने राजा से कहा—आओ, हम भी दूषित जल पी लें। वैसा ही किया गया। राजा और महामन्त्री भी पागल हो गए, और राजतन्त्र बच गया।

हमने लोक-साहित्य के प्रसंग में अभी तक लोक-कथा की बात की। लोक-गीत, लोक-नाटक, लोक-गाथा, लोक-कला, मोटिफ-मिथिक, लोकोक्तियों और बुझावलों का नाम तक नहीं लिया। लेकिन लोक-साहित्य में सभी कुछ तो गर्भित है और फिर सीमित समय में असीम की चर्चा कैसे सम्भव हो सकती है।

लोक-कथाओं की तरह लोक-गीतों का स्पर्श भी हमें बचपन से स्पन्दित करता रहा है। शादी-विवाह, जन्म-मरण, मेले-ठेले, रतजगे-महफिलें, सुदूर भूत से आते वे उल्लास, ज्ञान, भक्ति और व्यथा भरे स्वर आज भी रोमांचित कर जाते हैं। देवेन्द्र सत्यार्थी ने ठीक ही लिखा है कि "लोक-गीतों ने बार-बार पृथ्वी-पुत्रों को गुदगुदाया है।" गाँव का कवि हमेशा अपनी राय देता आया है—

कल्ली होवे न वणां विच्च टाहली
कल्ला न होवे, पुत्त जट्ट दा।

शीशम भी जंगल में अकेला न हो। न इकलौता बेटा ही किसी किसान के घर में।

लोक-गीत गाँव के वातावरण में गूँजते रहते हैं—पृथ्वी के गीत, वृक्षों के गीत :

'बिरछा-बिरछा', तोता बोलया
'इक्के तेरी जिमीं भैड़ी
इक्के तेरा मुड्ढ पुराणा।'
'न मेरी जिमीं भैड़ी

न मेरा मुड्ढ पुराणा
इक्के खाधा नवाब दीयाँ डाचियाँ
इक्के शतीर कप्प खड़े-तरखाणाँ
तरखाणाँ दे भरण बच्चड़े
आवण ढुक्क ढुक्क मकाणाँ,
मरण नवाब ढीयाँ डाचियाँ
नाले मरे नवाब सियाणा।

"वृक्ष, ओ वृक्ष !"—तोता बोला। "या तो तेरी धरती खराब है, या तेरा तना पुराना हो गया है।" "न मेरी धरती खराब है, न मेरा तना पुराना है। एक तो मुझे नवाब की ऊँटनियाँ खा गईं। दूसरे, तरखान शहतीर काट ले गए। तरखानों के बच्चे मर जाएँ, उनके सम्बन्धी मातम-पुर्सी को आएँ। नवाब स्वयं भी चल बसें।"

विश्वकवि ने बच्चों को बहलाने वाले लोक-गीतों का विशद वर्णन करते हुए एक अत्यन्त मार्मिक विदागीत को विशेष रूप से रेखांकित किया है :

आज दुर्गार अभिवास कल दुर्गार विचे दुर्गा जाबेन श्वसुर बाड़ि
संसार कांदाये, आदि-आदि।

दुर्गा का आज अभिवास है, कल उसका विवाह है। दुर्गा सारे घर-भर को रुलाकर ससुराल जाएगी। माँ धूलि में लोटकर रो रही है, वही जिन्होंने गले में गहने सजाकर दिए थे। पिता बाहर सभा में बैठकर रो रहे हैं, वही पिता जिसने सन्दूक भरकर रुपए दिए थे। मौसी चौके में बैठकर रो रही है, वही मौसी जिसने कटोरी भर-भर दूध पिलाया था। भाई आँचल पकड़कर रो रहे हैं, वे ही भाई जिन्होंने ढेरों कपड़े दिए थे। बहन खटिया पकड़कर रो रही है, वही बहन जो...

बोन काँदेन बोन काँदेन
खाटेर खुरो धेर सेइ जो बोन।

लोक-गीत यहाँ आकर मौन हो जाता है। उसका मौन हो जाना अर्थ रखता है। विश्वकवि उसे पूरा करते हुए लिखते हैं, "लेकिन बहन जो हमेशा झगड़ा किया करती थी। एक अकथनीय गाली दिया करती थी। विदा के समय उसी का रोना सर्वाधिक करुण है। आज अचानक यह प्रकट हो गया कि समस्त द्वन्द्व-कलह के साथ गुप्त रूप से बहन के प्रति सुकोमल स्नेह भी संचित हो रहा था। वह अलक्षित स्नेह तीव्र अनुशोचना के साथ उसे आज आघात करने लगा...आज विच्छेद के समय इस शयनागार में खाट को पकड़ सबसे छिपकर व्यथित बालिका ने जो अश्रुपात किया, उस स्नेह-गम्भीर निर्मल जलधारा में उसका समस्त दोष-अपराध धुलकर बह गया। इस गीत की एक पंक्ति में एक-एक शब्द में सुख-दुःख के बड़े-बड़े अध्याय

घुलकर रह गए हैं।"

लोक-साहित्य हमने अभी कहा कि निरन्तर विकसित हुआ है। यहाँ तक कि आजादी की लड़ाई से भी विरक्त नहीं रहा बल्कि उसकी शक्ति बन गया। लोगों को मर-मिटने की प्रेरणा देने वाला। 'पगड़ी सम्हाल जट्टा' यह लोकगीत ही तो था। पश्चिमी उत्तर प्रदेश की नारी अपने प्रियतम से कहती है :

मैं भी तेरे साथ चलूँगी, गाँधी के जलसे में
यू खरा रुपइया चाँदी का
यू राज महात्मा गाँधी का
खद्दर की पहनी तेहल, सुनहले गहने।

गाँधी ही नहीं, दूसरे क्रान्तिकारी भी लोक-गीतकारों के हीरो हैं। सत्यार्थी जी ने लिखा है, "एक बार मैं गाँधीजी से दिसम्बर, 1936 में फैजपुर कांग्रेस में मिला था। एक पंजाबी लोकगीत उन्हें बेहद पसन्द आया :

रब्ब मोया, देवता भज्ज गए
राज फिरंगिया दा।

भगवान् मर गया और देवता भाग गए। फिरंगी का राज है। महात्मा जी बोले, "मेरे और जवाहरलाल के सारे भाषण एक पलड़े में और अकेला यह लोक-गीत भारी है, क्योंकि इसमें जनता बोल उठी है।" वे लोकगीत को संस्कृति का पहरेदार कहते थे।

विद्वान् लोक-साहित्य का नाना रूपों में अध्ययन करते हैं। पर जिस साहित्य का आधुनिक दृष्टि से कोई व्याकरण नहीं, कोई शास्त्र नहीं, आज तक कोई विद्वान उसकी सही-सही परिभाषा तक नहीं कर सका, उसके बारे में श्री कृष्णानन्द गुप्त ने ठीक ही कहा है :

"डार्विन के विकासवाद के सिद्धान्त ने केवल प्राणिजगत के विशेष क्षेत्र को ही नहीं बल्कि अन्य क्षेत्रों को भी गहराई से प्रभावित किया। लोगों ने सोचा कि मानव जैसे एक जटिल जीव का विकास जब एक सूक्ष्म जीव से हुआ है तब निस्सन्देह मानव के रीति-रिवाज, विश्वास, धर्म, साहित्य और कला इन सबके क्रमिक विकास का इतिहास हमें मिलना चाहिए। इसके लिए उन्होंने संसार में जहाँ-जहाँ असभ्य और पिछड़ी जातियाँ विकास कर रही थीं, उनके रीति-रिवाजों और धार्मिक अनुष्ठानों का अध्ययन शुरू किया। साथ ही इस विषय पर उन्होंने कुछ ऐसी पुस्तकें भी लिखीं, जिनसे इस विषय में रुचि रखने वाले जिज्ञासु पाठकों को स्वयं अध्ययन में सहायता मिल सके। शुरू-शुरू में ये सब पुस्तकें हिन्दी में लोक-साहित्य प्रेमियों और अध्येताओं के हाथ लगीं। उनके आधार पर ही उन सबने लोक-साहित्य की परिभाषाएँ ही स्थापित

नहीं कीं, अपितु पाश्चात्य विद्वानों द्वारा निर्देशित अध्ययन की दिशाओं को भी, जो अधिकांश स्थलों पर बड़ी भ्रामक थीं, ज्यों-का-त्यों अपना लिया। उसका परिणाम यह हुआ कि हम अपने देश में अब भी लोक-साहित्य के अध्ययन और अनुसंधान का स्वतन्त्र मार्ग नहीं खोज सके हैं।"

इसलिए आपका अध्ययन तभी सफल हो सकता है जब आप इसे मात्र मनोरंजन का साधन न समझकर समग्र संस्कृति की पहचान के रूप में, उसके दस्तावेज के रूप में देखने का मानस बना सकें। आप ऐसा कर भी रहे हैं, यही शुभ है और आशाप्रद भी।

एक बार फिर मैं सत्यार्थी जी को उद्धृत करूँ। एक शादी का गीत है जो मुसलमान दूल्हे के स्वागत में गाते हैं—"अल्लाह मोरे आवेंगे, मुहम्मद मोरे आवेंगे..." अब मुसलमान अगर इस्लाम की धारणा लेकर चलें तो दूल्हे को मुहम्मद के रूप में कभी नहीं देख सकते। परन्तु हिन्दू दूल्हे को ईश्वर का रूप मानते हैं। भारतवर्ष की लोक-संस्कृति में आकर जब इस्लाम बस गया तो खुद-ब-खुद यह गीत उभरकर सामने आया। यह गीत महज एक गीत नहीं, एक दस्तावेज है, एक वसीयत है जिसके द्वारा हम स्पष्ट रूप से यह समझ सकते हैं कि दो धर्मों के अनुयायियों का हमारा संस्कृति में कैसा सम्मिश्रण हुआ।

निश्चय ही सामयिक विकास के एक महान सम्पर्क-सूत्र के रूप में लोक-साहित्य ने हर देश और युग में महत्त्वपूर्ण भूमिका निभाई है। और उसके स्रष्टा ने सहज को साधकर जटिल ने जटिल शास्त्रीय व्याख्या को लोक-कथाओं और लोक-गीतों में उसी सहज भाव से रूपायित कर दिया है। शरच्चन्द्र रवीन्द्रनाथ की बात तुरन्त मान लेते यदि वह रूसी लोक-कथा पढ़ चुके होते। मेरे शब्दों में उसका अनुवाद इस प्रकार हो सकता है :

"रूस देश के किसी गाँव में एक गिटारवादक रहता था। वह प्रतिदिन अपना गिटार लेकर गाँव के चौराहे पर खड़ा हो जाता और गाँव वालों को पुकारकर कहता, 'तुम सब मेरा संगीत सुनो। मैं कितना सुन्दर बजाता हूँ।' '''

लेकिन कोई भी उसका संगीत नहीं सुनता। उसके गिटार से बहुत भौंड़े सुर निकलते थे। सब उसे मूर्ख समझते थे और उसकी हरकतों से परेशान रहते थे।

गिटारवादक भी इस बात से बहुत दुःखी था कि गाँव वाले उसका संगीत सुनने नहीं आते। क्यों नहीं आते ? क्या उन्हें संगीत की समझ नहीं है या कहीं मेरे संगीत में ही कुछ कमी है। हो सकता है गिटार ठीक न हो। इसमें जो लकड़ी लगी है, वह खराब हो।

कुछ दिन बाद उसका यह विश्वास पक्का हो गया कि गिटार में जिस लकड़ी

का उपयोग हुआ है, वही खराब है।

बस, एक दिन अच्छी लकड़ी की तलाश में वह जंगल में जा पहुँचा। जब वह चला जा रहा था तब अचानक एक घटना घटी। उसके देखते-देखते आकाश में उड़ता एक पक्षी धम्म से धरती पर आ गिरा। तब उसके कंठ से जो चीख निकली, उसे सुनकर वह गिटारवादक घबरा गया। दौड़कर वह पक्षी के पास पहुँचा। उसे उठाया। देखा, पक्षी बुरी तरह घायल हो गया है। घावों से खून बह रहा है। उसका मन पक्षी के प्रति करुणा से भर उठा। उसने पूछा, "ए आकाश में उड़ने वाले पक्षी ! तुम कैसे गिर गए ?"

पक्षी ने कराहते हुए उत्तर दिया, "मैं आज उड़ते-उड़ते बहुत ऊपर चला गया था, इतने ऊपर कि नीचे उतरने की शक्ति नहीं रही। इसलिए गिर पड़ा।"

गिटारवादक लकड़ी की बात भूल गया। पक्षी को लेकर सीधा घर आया। उसने जख्म साफ किया, फिर उस पर मरहम लगाया। उसके बाद कुछ खिला-पिला कर उसे नरम बिस्तर पर सुला दिया।

अब नियम से रोज वह ऐसा ही करने लगा। उधर गाँव वालों ने एक-दो दिन तो चिन्ता नहीं की, पर अब कई दिन हो गए तो वे परेशान हो उठे—"कहाँ गया वह मूर्ख गिटारवादक !"

एक पड़ोसी ने खिड़की से झाँककर देखा तो पाया कि गिटारवादक बड़े प्यार के पक्षी के घाव धोकर दवा लगा रहा है। "तो यह बात है," पड़ोसी ने सोचा, "चलो, किसी तरह भी हो, अब इस मूर्ख की बकवास तो नहीं सुननी पड़ेगी।"

लेकिन दूसरे ही क्षण वह चिहुँक उठा, "यह पक्षी तो दो-चार दिन में ठीक हो जाएगा और यह मूर्ख हमें फिर तंग करेगा। तो क्या किया जाए ? हाँ, यही ठीक रहेगा।" उसने सोच-विचार कर निर्णय किया।

अब थोड़ी देर बाद फिर गिटारवादक दवा लेने बाजार गया, पड़ोसी ने अपनी योजना के अनुसार पक्षी को उठाया और कहीं दूर वन में छोड़ आया।

उधर जब गिटारवादक घर लौटा तो पक्षी को वहाँ न पाकर परेशान हो उठा। कहाँ चला गया ? अभी तो उसके परों में उड़ने की शक्ति नहीं आई थी। घाव भी पूरी तरह नहीं भरे थे। इधर-उधर लुढ़का भी दिखाई नहीं देता। कहीं बिल्ली तो नहीं ले गई, लेकिन तब तो वह चीखा होगा, फड़फड़ाया होगा, लेकिन कहीं भी तो पर नहीं गिरे हैं।

सोचते-सोचते उसने सारा घर ढूँढ़ मारा। फिर पड़ोस में गया। सबने अनभिज्ञता प्रकट की। जो पड़ोसी सचमुच पक्षी को उठा ले गया था, उसने तो बड़ी दृढ़ता से कहा, "जरूर तुम्हारे पक्षी को कोई जंगली बाज उठा ले गया है। वह अब कहाँ मिलेगा। चच्च...चच्च...बेचारा पक्षी।"

गिटारवादक का दिल टूटने लगा। उसकी आँखों के सामने पक्षी के घाव उभर

आए। उसके कानों में पक्षी की दर्दनाक चीख गूँजने लगी। एक अनोखा दर्द उसके दिल को मथने लगा। वह गाँव-भर में पूछता घूमा। दर्द बराबर बढ़ता रहा। वह आसपास के गाँवों में भी गया, पर पक्षी को नहीं मिलना था तो नहीं ही मिला। मिला बस दर्द जिसे सहना अब उसके लिए मुश्किल हो रहा था।

आखिर टूटा दिल और शरीर लिये वह घर लौटा और धम्म से चारपाई पर गिर पड़ा। उसे तब न खाने-पीने की सुध थी, न घर का दरवाजा बन्द करने की। वह बहुत देर तक बेहोश-सा लेटा रहा। फिर धीरे-धीरे आँखें खोलीं। कमरे में चारों ओर देखा। पाया एक कोने में उसका तिरस्कृत गिटार पड़ा है।

कई क्षण वह उसे देखता रहा। फिर न जाने क्या हुआ, उसने गिटार को उठा लिया और जैसा उसका स्वभाव था, वह उसे बजाने लगा।

बस, बजाता रहा, बजाता रहा। घण्टे बीते, दिन बीता, रात भी बीत गई, लेकिन उसे कुछ पता नहीं था। उसके दिल में दर्द था और हाथ में गिटार।

जब उसे होश आया, तो उसने देखा कि न केवल उसके गाँव के लोग बल्कि दूर-दूर के गाँवों के लोग उसके घर के बाहर खड़े तन्मय-विभोर उसका गिटार-वादन सुन रहे हैं, और उनकी आँखों से आँसू बह रहे हैं।

यह लोक-कथा किसी टिप्पणी की मोहताज नहीं है। सहज को साधा लोक-साहित्य के सर्जकों ने ही है। यह कथा उसी सहज अनुभूति का, उसी संस्कृति की आत्मा का दस्तावेज है।

ऐसे दस्तावेजों पर कोई भी साहित्य गर्व कर सकता है। अन्त में ऐसे लोक-साहित्य को विकृत न करने की प्रार्थना करते हुए हम विश्व कवि के साथ यही कहेंगे :

लौट चल मिट्टी की ओर;
जो मिट्टी आँचल फैलाकर देख रही है (तेरे) मुख की ओर
जिसकी छाती से फटकर यह प्राण (लहरा) उठा है।
जिसकी हँसी से फूल खिल पड़े हैं।
जो संगीत (के प्रत्येक तान पर) पुकार रही है।
इस छोर से उस छोर तक
जिसकी गोद फैली हुई है।
जन्म और मरण उसी के हाथ के
अलख सूत्र में ग्रथित हैं।
उसका हृदय ही गलकर जल की धारा बन रही है
जो समुद्र की ओर आत्महारा होकर (दौड़ रही है)

(ऐ भाई)
उसकी मिट्टी की ओर तू लौट चल।

मानो कवि के इसी आह्वान पर श्री झवेरचन्द मेघाणी जैसी साहित्यिक विभूतियों ने भारतीय भाषाओं के लोक-साहित्य का अवगाहन किया। यों तो युगों से लोक-साहित्य नाना रूपों में जनमानस को प्रभावित करता आ रहा था। लोक-नाट्य की लोकप्रियता सारे भारत में समान रूप से रही है; पर वह मात्र मनोरंजन का साधन होती चली गई। गहन अध्ययन बहुत कम हुआ। हिन्दी में श्री रामनरेश त्रिपाठी लोक-गीतों का वैज्ञानिक दृष्टि से अध्ययन-संकलन करने वाले सम्भवतः पहले व्यक्ति थे। उनके बाद और भी पुस्तकें सामने आईं पर वे संकलन की संज्ञा पा सकती हैं, वैज्ञानिक अध्ययन की नहीं। लोक-साहित्य की आत्मा ज्ञान नहीं, अनुभूति है। उसकी भाषा अन्तर् की भाषा है। इस दृष्टि से उसका अवगाहन करने वालों में त्रिपाठी जी के बाद सम्भवतः श्री देवेन्द्र सत्यार्थी का नाम ही उभरकर सामने आता है। वे यायावर बनकर दूर-दराज के नाना स्थानों में भटके और एक अन्वेषक की भाँति हर दृष्टि से समृद्ध लोक-साहित्य का परिचय हमसे कराया। उन्होंने व्यापक फलक पर उस साहित्य का अध्ययन ही नहीं किया, उसकी भाषा और शैली को आत्मसात् भी कर लिया।

एक फक्कड़ की जिन्दगी बिताते हुए, यहाँ तक कि कभी-कभी घर-परिवार से भी नाता तोड़कर नाना प्रवादों के बीच अपनी यात्रा जारी रखी, उस बिन्दु की खोज में जहाँ लोक-साहित्य का स्रोत है। उनके द्वारा सृजित साहित्य को पढ़ते समय ऐसा लगता है जैसे लोक-साहित्य से प्रसूत एक नए ही प्राणवन्त साहित्य से साक्षात्कार कर रहे हैं। लोक अंचल की पथरीली, सँकरी काँटेदार पगडण्डियों पर चलते हुए और अपने घायल तन-मन की चिन्ता न करते हुए हिन्दी साहित्य को एक नई भाषा, एक नई शैली दी। उसमें माटी की गन्ध के साथ-साथ ग्रामीण अंचल के अटपटे रोमांस की महक भी है।

रवि बाबू ने उनकी सराहना की। गाँधीजी के मन का तो यह काम ही था। उन्होंने सत्यार्थीजी की पुस्तक 'धरती गाती है' की भूमिका इसीलिए तो लिखनी स्वीकार की थी, पर उनका समय अपना समय कहाँ रह गया था। पाण्डुलिपि बहुत दिनों तक उनके पास पड़ी रही। मैं साक्षी हूँ कि 29 जनवरी, 1948 के दिन सान्ध्य-प्रार्थना के बाद जब बापू अपनी कुटिया की ओर लौट रहे थे तब सत्यार्थी जी उनके पास पहुँचे। मैं भी साथ था। कुछ क्षण चुपचाप साथ-साथ चलते रहे। फिर सत्यार्थीजी ने थोड़ा पास जाकर उन्हें याद दिलाया कि अभी तक वे उनकी पुस्तक की भूमिका नहीं लिख सके हैं। और सुना है कि अब वे वर्धा जा रहे हैं।

गाँधीजी ने अपनी टिपिकल शैली में उत्तर दिया, "मुझे तो पता नहीं कौन सा गाँधी वर्धा जा रहा है और जा भी रहा है तो वहाँ मर थोड़े ही जाएगा। यहीं

लौटकर आएगा। प्यारेलाल से कह देना, मैं लिखवा दूँगा।''

कुछ और भी कहा था। सत्यार्थीजी ने मुझे बताया भी था। पर विधि का विधान, अगले दिन प्रार्थना सभा में जाते समय वे स्वयं शहीद हो गए। भूमिका नहीं ही लिखी जा सकी। सत्यार्थीजी ने बातचीत के ये शब्द ही भूमिका-रूप में दिए हैं।

जो हो, गाँधीजी न जाने क्या लिखवाते पर मुझे तो उनकी सबसे बड़ी देन साहित्य को लोक-साहित्य से जोड़ना, उस अनुभूति को आत्मसात् करने की प्रक्रिया को बल देना है जो साहित्य को मात्र ज्ञान बनने से बचाती है। उन्होंने अपनी पुस्तकों के जो नाम रखे हैं वे ही प्रमाण हैं उनकी इस दृष्टि का, जो लोक-साहित्य के अन्तर् में पैठकर समृद्ध हुई है। छायावाद और यथार्थवाद जैसे यहाँ एकरूप हो गए हैं। जैसे, 'कथा कहो उर्वशी', 'दूध गाछ', 'घोड़ा बादशाह', 'चाय का रंग', 'नए धान से पहले', 'तेरी कसम सतलुज', 'चाँद सूरज के बीरन', 'बेला फूले आधी रात', ''धरती गाती है', 'सफ़रनामा पाकिस्तान', 'बाजत आवे ढोल', 'घूँघट में गोरी जले' और 'नील यक्षिणी'।

अपनी प्यारी बेटी कविता के असामयिक देहावसान के बाद सत्यार्थी जी का अन्तर्मन टूट गया। बाहर से वे वही फक्कड़ दीखते हैं, वही हास-परिहास भी चलता है पर अन्तर में दर्द का समन्दर बार-बार उनकी चेतना के किनारों पर अनजाने सिर पटकता रहता है। वे उससे प्रभावित न हुए हों, ऐसे योगी वे नहीं हैं।

फिर भी सत्यार्थी जी की यह खूबी है कि वे मित्रों की महफिल में मुक्त मन से हास-परिहास में भाग लेते हैं। उन पर कभी-कभी तीखे कटाक्ष भी होते हैं, पर वे सहज भाव से हँसते रहते हैं जबकि दूसरे अनेक मित्रों को मैंने अग्निशर्मा होते देखा है। दिल्ली की किसी समय की प्रसिद्ध साहित्यिक संस्था 'शनिवार समाज' की गोष्ठियों में वे बराबर भाग लेते रहे हैं, अपनी रचना भी पढ़ते थे वहाँ। कभी-कभी आलोचना टाँग खिंचाई की सीमा तक पहुँच जाती थी पर मैं नहीं जानता सत्यार्थी जी कभी कटु हुए हों।

एक दिन हमारे मित्र श्री महावीर अधिकारी और मैं उन्हीं के साथ ताँगे में बैठकर उनके घर जा रहे थे। तब वे 'बेयर्ड रोड' पर रहते थे। अधिकारी कहाँ चूकने वाले थे। सड़क पर लगे साइनबोर्ड पर जैसे ही उन्होंने 'बेयर्ड रोड' लिखा देखा तो बोले, ''सत्यार्थीजी, ये कारपोरेशन वाले भी कितने मूर्ख हैं। क्या जरूरत थी यह सब लिखने की। बस आपकी दाढ़ी के दो बाल चिपका देते।''

सत्यार्थी जी हँसते-हँसते इतना ही बोले, ''अधिकारी, तुम बहुत दुष्ट हो।''

बहुत कुछ है लिखने को इस यायावर के बारे में जिसने हमारे साहित्य को एक नई सुवास दी, जो अब उसमें ऐसी रच-बस गई है कि लोक-साहित्य हमारी प्रेरणा का स्रोत बन गया है।

काश ! कुछ और यायावर उनके द्वारा निर्मित पगडण्डी पर चल सकें।

परमेश्वर जिनके सैक्रेटरी थे

प्रफुल्लचन्द्र ओझा 'मुक्त'

सौम्य मुख-मण्डल, वैसे ही सहज सौम्य स्वभाव के प्रफुल्लजी के सम्बन्ध में लिखते हुए सबसे आश्चर्यजनक बात यह लगती है कि वह चौबीस वर्ष की आयु तक अपने पिता साहित्याचार्य श्री चन्द्रशेखर शास्त्री के साथ सघन रूप से जुड़े रहे। साधारणतः बालक माँ के प्रति ही आकर्षित होते हैं, परन्तु अपवाद रूप में कुछ व्यक्ति पिता के आकर्षण क्षेत्र में भी आ जाते हैं।

मुक्त जी उन्हीं 'कुछ' व्यक्तियों में से एक थे। उन्हीं के शब्दों में, "कह नहीं सकता उस आयु में मुझे माता की अपेक्षा पिता का साहचर्य इतना आकर्षक और प्रिय क्यों लगा था कि मैंने सारा बचपन और आरम्भिक यौवन उन्हीं के साथ जैसे उनकी छाया बना बिता दिया था। उनका साथ मैंने तभी छोड़ा, जब मेरी चौबीस वर्ष की आयु में वही मुझे सदा के लिए छोड़ गए।"

उनके पिता संस्कृत के प्रकाण्ड पण्डित थे। अद्भुत था उनका अध्ययन। लेकिन उसके साथ ही यह कम आश्चर्य की बात नहीं है कि वह अत्यन्त आधुनिक विचारों के भी थे। जितने प्रखर पण्डित, उतने ही सरल और संवेदनशील मानव, उतने ही स्वाभिमानी और किसी भी शर्त पर परिस्थितियों से समझौता नहीं करने वाले थे।

इसीलिए उनका बड़ा सम्मान था, दबदबा भी था। साधारण से साधारण व्यक्ति से लेकर प्रकाण्ड से प्रकाण्ड विद्वान भी सहज भाव से उनके दरबार में आते रहते थे। उस सरल निश्चल व्यक्ति के प्रति उस युग के गुण्डे तक उनके चरणों में लोट जाया करते थे।

जीवन के चौबीस वर्ष ऐसे व्यक्ति की छत्रछाया में बिताकर मुक्त जी वही बन सकते थे, जो बने। मनुष्य के नाना रूप देखे उन्होंने। प्रकाण्ड पण्डितों को,

देश के हों या विदेश के, उन्हें साथ बहस करते देखा है। बड़े-बड़े साहित्यिक विद्वान भी उनके पास आते थे, गोष्ठियाँ जमती थीं और बालक प्रफुल्ल उन गोष्ठियों में प्रारम्भ में एक अबूझ बालक अवश्य थे, पर धीरे-धीरे चौबीस वर्ष की आयु तक वह बहुत कुछ सीख चुके थे। और उस अनोखी शिक्षा ने उन्हें सचमुच साहित्यकार बना दिया था। वह कहानियाँ लिखने लगे थे। अचानक एक दिन सुप्रसिद्ध आलोचक शान्तिप्रिय द्विवेदी ने उन्हें बताया कि श्री जयशंकर प्रसाद उनकी कहानी पढ़कर मुग्ध हो उठे हैं और उन्हें बुला रहे हैं।

मुक्त जी को सहसा विश्वास नहीं आया। उन्हीं के शब्दों में, "क्या सचमुच में प्रसादजी ने मेरी कहानियाँ पढ़ी हैं। उन्होंने मेरी कहानियों को अपनी कहानियों के समकक्ष कहा है। वह मुझसे मिलना चाहते हैं। कहीं शान्तिप्रिय मेरा परिहास तो नहीं कर रहे। लेकिन जब मैं उनके पास पहुँचा तो—"कमर में एक मैली-सी अंगौछी, बदन तेल से चुहचुहाता हुआ, चेहरा सफाचट, सिर पर विरल केश" ऐसे रूप में प्रसादजी ने पुलकित होकर कहा, "अरे वाह ! आपने खूब दर्शन दिए। मैंने कल ही आपकी चर्चा की थी। 'आज' वाली तीनों कहानियाँ पढ़ी हैं मैंने। कहानियाँ मुझे बहुत अच्छी लगीं।"

इतना ही नहीं, प्रसादजी ने उन्हें मेवामिश्रित दूध, बादाम का हलवा, पिस्ते की बर्फी और न जाने क्या-क्या आग्रहपूर्वक खिलाया।

और उस दिन मुक्त जी सचमुच मुक्त हो गए, पर प्रसादजी ही क्यों, उस युग में उनका परिचय पिताजी के कारण जिन व्यक्तियों से हुआ उनमें थे—राजर्षि पुरुषोत्तम दास टंडन, रामनरेश त्रिपाठी, महामहोपाध्याय पं. रामावतार शर्मा, स्वामी सत्यदेव परिव्राजक और 'निराला' आदि-आदि।

उस आयु में पटना, बनारस, इलाहाबाद जैसे साहित्यिक और सांस्कृतिक क्षेत्रों में रहने का अवसर पाना और फिर पं. चन्द्रशेखर शास्त्री जैसे व्यक्ति का सान्निध्य किसी सौभाग्यशाली व्यक्ति को ही मिल सकता है और वह सौभाग्य मुक्त जी को मिल गया। ऐसी स्थिति में कोई साहित्यकार बन जाए तो आश्चर्य क्या ?

यही अवदान जीवन-भर उनकी शक्ति बना रहा और उन्हें संघर्षों से जूझने की शक्ति देता रहा। जैसे गुण उन्हें अनायास ही प्राप्त हो गए, वैसे शायद ही और किसी के साथ हुआ हो।

अपनी पुस्तक 'अतीतजीवी' में उन्होंने उस युग के लगभग सभी महान व्यक्तियों के चरित्र को निष्पक्ष और तटस्थ भाव से उकेरा है। विपुल साहित्य की रचना की उन्होंने। उनके उपन्यास भले ही आज लोगों की जुबान पर न हों, लेकिन एक समय था, जब 'पुलिना के पत्र' जैसे उपन्यासों की बड़ी चर्चा होती थी। 'तलाक', 'जेल-यात्रा' उनके और ऐसे ही उपन्यास हैं। उनकी प्रतिनिधि कहानियों का संग्रह भी

छप चुका है। बच्चों के लिए भी उन्होंने उपन्यास लिखे, कहानियाँ लिखीं। लेकिन दुख यही है कि उनका लगभग सारा साहित्य अब जर्जर अवस्था में है।

अनुवाद भी उन्होंने कम नहीं किए। कई भाषाएँ जानते थे, अंग्रेजी, बंगला, मराठी, गुजराती सभी से उन्होंने अच्छे साहित्य का अनुवाद करके हिन्दी को समृद्ध किया।

उन्होंने बाईस साल रेडियो में नौकरी की, लेकिन कितने पत्रों का उन्होंने सम्पादन किया, यह बहुत कम लोग जानते हैं। *विद्यार्थी, मजदूर संसार, प्रजानीति* और *नया प्रतीक* आदि। प्रजानीति का सम्बन्ध श्री जयप्रकाश नारायण से था। उनसे मुक्त जी के बहुत अच्छे सम्बन्ध रहे। नया-प्रतीक तो अज्ञेयजी की पत्रिका थी। उसके सम्पादन में भी उन्होंने सहयोग दिया। जितना कुछ उन्होंने देखा और जितना और जैसा उन्होंने किया, वह किसी के लिए भी गर्व का विषय हो सकता है। ऐसे व्यक्तियों की मृत्यु नहीं होती, मात्र देहावसान होता है। उनकी प्रसिद्ध कहानी 'रामजी' का राम की दुनिया की दृष्टि में पागल है। एक दिन वह भूखा है तो, एक हलवाई की दुकान से मिठाई उठाकर खा जाता है। लोग बुरा-भला कहते हैं, कहानीकार भी कहते हैं, "लेकिन यह तो बुरी बात है। पैसे नहीं थे, तो आपने मिठाई खाई ही क्यों ?"

उन्होंने मुझे इस तरह घूरा, जैसे मैं कोई गलत, अन्यायपूर्ण बात कह रहा होऊँ, फिर कहने लगे, "सबके साथ तू भी पागल हो गया है रामजी ? इसके पास मिठाइयाँ थीं, मेरे पास भूख थी—मैं न खाता तो इसकी मिठाइयाँ खाता कौन ?"

मैंने कहा—"और इतनी फजीहत, इतनी बेइज्जती जो हो रही है।"

कहने लगे, "इसमें मेरा क्या है ? इज्जत जो है, सो रामजी की है। मैं कहाँ तक उसका घमण्ड ढोया करूँ ? तुझसे बन पड़े तो ढोता चल। माटी की देह को एक दिन माटी में मिल जाना है। यहाँ किसका लेना है, किसका देना ? लेकिन मैं कहाँ तक समझाऊँ इन्हें कि खाने का मोल भूख है—पैसा नहीं है। दुनिया में तो सिर्फ पागलों की जमात जुटी हुई है।"

मैं नहीं जानता उनसे मेरा पहला परिचय कब हुआ। शायद 1955 में, जब आकाशवाणी में अनेक साहित्यकारों को प्रोड्यूसर के रूप में नियुक्त किया गया था। उनमें वे तो थे ही, क्योंकि वह काफी दिनों से पटना केन्द्र पर सलाहकार के रूप में काम कर रहे थे, मैं भी था। तभी हम लोग परस्पर सम्पर्क में आए। पटना जाने पर मैं आकाशवाणी पर भी आमन्त्रित किया जाता था। एक बार हम लोग काम समाप्त होने पर प्रांगण में खड़े थे कि देखता हूँ कि 'मैला आँचल' के लेखक

भाई फणीश्वर नाथ 'रेणु' तेजी से लपके हुए मेरी ओर चले आ रहे हैं। उन्हें मुझे एक खुशखबरी देनी थी। हम बात कर ही रहे थे कि मुक्त जी भी बाहर आते हुए दिखाई दिए। लेकिन वह हमारे पास आकर रुके नहीं। मुझे बड़ा अजीब-सा लगा। मैं तुरन्त उनके पास पहुँचा, 'मुक्तजी, देखो, रेणु जी आए हैं।''

मुक्तजी ने मेरी ओर देखा, आगे बढ़े और फिर मुस्कराकर बोले, ''इनसे मिलवाओगे मुझे।''

कहकर वह मुस्कराए। रेणुजी जोर से हँसे, और मुक्त जी उनकी ओर देखते हुए चले गए।

हमारे मिलने में सघनता तभी आई, जब सन् 1973 में उनकी बड़ी पुत्री का विवाह सस्ता साहित्य मण्डल के मन्त्री और श्री हरिभाऊ उपाध्याय के छोटे भाई श्री मार्तण्ड उपाध्याय के छोटे पुत्र मुकुल से हुआ। दिल्ली में वह काफी दिन रहे। उनके बेटे आनन्द वर्धन का विवाह भी सन् 1978 में दिल्ली में ही हुआ। उस अवधि में वह मेरे घर नहीं आ सके। पर मैं उनके घर गया। और मुझे अच्छी तरह याद है, उस दिन उनसे बहुत बातें हुई थीं। बहुत कम लोग जानते हैं कि उनकी छोटी पुत्री के मस्तिष्क में कोई विकार है, जिसके कारण वह कभी सहज नहीं हो पाई। इस बात की चर्चा मुक्तजी ने बहुत कम की है। पर उस दिन मैंने ही उनसे पूछा था, तब उनके स्वर में जो वेदना उभरी थी, वह मैं कभी नहीं भूल सकता। बात उन्होंने बड़े अनासक्त भाव से की थी। पर पीड़ा छिपाने पर भी छिपती कहाँ है। उस बच्ची को वह स्वयं नहलाते-धुलाते थे, खिलाते-पिलाते, सब कुछ करते थे, पर कभी किसी से कुछ कहते नहीं।

यह विरल गुण उन्होंने अपने पिता से ही पाया था। ऐसा नहीं कि उनमें विनोद-प्रियता न हो। मुझे याद है अचानक 23 मार्च, 1985 को वह मेरे घर आए। बहुत देरे बैठे रहे। उनकी इच्छा थी कि वह मेरे पास ही ठहरें, लेकिन अचानक उन्होंने मुझसे बाथरूम का मार्ग पूछा, मैं वहाँ तक उन्हें अपने साथ ले गया। बीच में छोटा-सा सहन था। हम ऊपर रहते हैं, इसलिए सहन पर लोहे का जाल पड़ा हुआ है। उसको देखते ही वह एकदम घबरा गए, बड़ी मुश्किल से उसे पार कर सके। लौटने तक मैं उनके साथ ही रहा। लेकिन उनकी घबराहट नहीं मिटी। उन्होंने साफ कहा, ''विष्णु जी, बुरा न मानिए, मैं अब आपके पास नहीं रह पाऊँगा। मैं इस जाल को पार नहीं कर सकता।''

मुझे हँसी आ गई, मैंने कहा, ''मुक्त जी, आपने जिन्दगी-भर संघर्ष किया है, अब इस छोटे-से जाल से डर गए।''

वह हँसे अवश्य, पर मेरे पास रुके नहीं। हाँ, बहुत देर तक बैठे रहे, न जाने कहाँ-कहाँ के किस्से कहते, सुनते-सुनाते रहे। वह सब कुछ भूलकर हँसी-मजाक के

मूड में आ गए थे।

दो-तीन घटनाएँ मुझे अभी तक याद हैं। वह एक बार प्रसिद्ध लेखक श्री मनोरंजन प्रसाद से मिलने गए। लेकिन वह तो तब तक, वह शहर ही छोड़ चुके थे। उनका पता करने के लिए वह पड़ोस के घर में गए। गृह-स्वामी ने उनको पहचान लिया। बड़े प्रेम से उनका स्वागत किया। बारह बज चुके थे, रसोइया बार-बार उनको भोजन के लिए बुला रहा था, पर हर बार वह कह देते, "अभी रुको भाई।"

आखिर मुक्तजी से नहीं रहा गया। बोले, "कैसी बात है, बारह बज रहे हैं, ब्राह्मण आपके द्वार पर है। आप उसे भोजन के लिए पूछ ही नहीं रहे।" वह सज्जन एकाएक चौंक पड़े "आप, आप खाएँगे हमारे घर का ?"

"क्यों नहीं खाऊँगा, भूख लगी है मुझे।"

बात यह थी कि वह सज्जन छोटी जाति के थे, और मुक्तजी थे ब्राह्मण और बिहार की जैसी हालत है, एक ब्राह्मण उनके घर कैसे खा सकता था।

लेकिन मुक्तजी ने खाया और गम्भीर होकर मुझसे बोले, "मैं छूतछात को सफाई से जोड़ता हूँ। गन्दे ब्राह्मण के घर नहीं जाऊँगा, स्वच्छ अछूत के घर खाऊँगा।"

फिर हँसते हुए, एक और घटना सुनाई। प्रसिद्ध उर्दू शायर सुहेल अजीमाबादी उनके घर आए। खिचड़ी बनी थी। वह बोले, "मैं, भी खाऊँगा।"

मैंने कहा, "है ही नहीं, तो क्या खाओगे। बस मेरे लिए ही है।"

सुहेल साहब तुरन्त बोले, "तो मैं इसे छू दूँगा।" और यह कहते हुए उन्होंने मेरे हाथ पकड़ लिये। मैं खाता ही रहा। बड़े चकराए, बोले, "मुसलमान का छुआ खा गए।"

बड़े हँसे, मुक्तजी। बोले, "अब मैं तुम्हें अपने मकान की कहानी सुनाता हूँ। एक किराएदार को दिया था, पर वह उसे छोड़ता ही नहीं था। मैंने श्री कर्पूरी ठाकुर से कहा। वह बोले, 'आपने हमसे पूछ कर तो किराए पर दिया नहीं, हम दबाव नहीं डाल सकते। पर कुछ करेंगे जरूर।' "

और उन्होंने क्या किया। श्री कपिलदेव नारायण सिंह को बुला भेजा। वह गुण्डे पालते थे । बस किराएदार ने सुना, तो भाग गया।

"तो विष्णुजी ऐसे चलती है सरकार, गुण्डों के बल पर।"

और इस बार मुक्तजी, मुक्त कण्ठ से हँसे, 'विष्णुजी, बहुत अनुभव है मेरे पास।" मैंने कहा, "लिख क्यों नहीं डालते। बोले, "अभी तो पिताजी का ऋण चुकाना है, उसके बाद देखेंगे।"

उनके पिताजी ने अनेक ग्रन्थ रचे थे। वाल्मीकि रामायण के सातों भागों का अनुवाद भी किया था। और वह एक युग से ऐसे ही पड़ा था। इन दिनों वह उसको फिर से देखकर छपवाने की व्यवस्था में लगे थे। ये सब उन्होंने कैसे किया। यह

कहानी अपने आप में बहुत पीड़ादायक है, लेकिन साथ ही उनके विश्वास और संकल्प को प्रकट करने वाली है। पिता की अनगढ़ पाठशाला में ही उन्होंने साहित्य सृजन और संघर्षों से जूझने की शिक्षा पाई थी। दिग्गजों का सान्निध्य पाया था। वह इस ऋण को चुकाना चाहते थे। इसलिए उन्होंने यह निश्चय कर लिया था कि वह उस अनुवाद को फिर से देखकर प्रकाशित करेंगे। और उसके बाद इसी कार्य के लिए वह अपने जीवन के प्रत्येक क्षण को अर्पित करने के प्रयत्न में लग गए।

उस युग के 31 जनवरी, 1985 से लेकर 26 जुलाई, 1993 तक के बारह पत्र मेरे पास हैं और वह पत्र इस बात के साक्षी हैं कि उन्होंने कैसे रामायण का सम्पादन किया, कैसे धन जुटाया। कितना परिश्रम किया।

इसी प्रसंग में लिखे, उनके इन शब्दों ने मुझे हिला दिया, ''कभी किसी लेख में प्रसंगतः यह चर्चा भी कर दें कि ईश्वर, विश्वासी 75 साल का बूढ़ा, ईश्वर के आदेश से ही नवजवानों की तरह श्रम कर रहा है और उसने इतना बड़ा बोझा उठा लिया है, तो कृपा होगी।''

पन्द्रह दिन बाद ही उन्होंने मुझे फिर पत्र लिखा और सूचना दी कि अभी तक मैं तीस हजार रुपए जुटा चुका हूँ, चुनाव न आ जाते तो, अब तक एक लाख के आसपास की राशि हो जाती।

इस सबके बीच में वह दूसरी चर्चाएँ भी करते रहते थे। मैंने अपनी पत्नी की मृत्यु के बाद जो पाँच लेख लिखे थे, वे उन्होंने सभी पढ़े और इस पत्र में अपनी समस्या को कुछ क्षण के लिए भूलकर मुझे न जाने कितना ऊँचा उठा दिया। पर मेरे पास न तो इतनी शक्ति थी, न इतना धन कि मैं उनका यत्किंचित भार उठा सकता। लेकिन फिर भी यत्किंचित जो कुछ भी मैंने किया, उससे वे न जाने क्यों इतने प्रभावित हुए कि ये शब्द लिख बैठे, ''विविध प्रकार के अनुभवों का आनन्द ले रहा हूँ। मीठे, खट्टे, कड़वे भी, मगर आपकी सहजता और सज्जनता ने मुझे बहुत प्रभावित किया है। आप कलम के धनी तो हैं ही, दिल के भी इतने दौलतमन्द हैं, यह आपकी इस तत्परता से मैं जान सका हूँ।''

यह बात मैं इसलिए नहीं लिख रहा कि इसमें मेरे तथाकथित बड़प्पन को रेखांकित किया गया है, बल्कि इसलिए लिख रहा हूँ कि इतनी कठिनाइयों से जूझते हुए, कलम का वह धनी व्यक्ति, दूसरे को उसका प्राप्य देने में कितना सजग है।

धन एकत्रित करने और साथ ही साथ अनुवाद को सम्पादित करके छपवाने की प्रक्रिया में वह बीमार भी हो जाते थे। अपने 29 जुलाई, 86 के पत्र में विस्तार से इसकी चर्चा की है। उसी समय साहित्य अकादमी के निमन्त्रण पर वह दिल्ली भी आए। तब मैं ही साहित्य अकादमी में हिन्दी साहित्य की देख-भाल करता था। तब उन्होंने मुझे लिखा, ''बीमारी की सूचना किसी को नहीं दी थी, आने की सूचना

इसलिए दे रहा हूँ कि आप लोगों से मिलने की बड़ी ललक थी।''

वह ललक बहुत कुछ पूरी हुई, इस बात को अपने 21 अगस्त, 86 के पत्र में प्रकट भी किया, ''दिल्ली जाने से लाभ हुआ, बीमारी का बोझ जाता रहा। कमजोरी है, लेकिन काम शुरू कर दिया है। एक महीने बाद शायद पूरी रफ्तार से काम करने लगूँगा।''

और वह करने भी लगे। 18-18 घण्टे क़ाम किया। यह उनके पुत्र आनन्द ने मुझे बताया था। अपने पत्र में बराबर प्रगति की सूचना देते रहते थे। अयोध्या काण्ड छपने के साथ-साथ जो धनराशि प्राप्त हुई थी, वह समाप्त हो गई। उन्हें फिर झोली फैलानी पड़ी। अपने 30 जून, 87 के पत्र में उन्होंने परिस्थिति स्पष्ट की है। इस काम में अनेक मित्रों के साथ-साथ अज्ञेयजी ने बहुत सहायता की। लेकिन अयोध्या काण्ड के छपते-न छपते उनका देहावसान हो गया। यह एक तरह से उन पर वज्रपात हुआ। लेकिन वह हारे नहीं और पूरी शक्ति के साथ काम में लगे रहे। उन्हें जो भी पुरस्कार मिलता, वह इसी में लगा देते। यह पत्र उनके अद्वितीय संघर्ष का साक्षी है। काम करते-करते शरीर टूट जाता था। उन्हीं के शब्दों में, ''मेरा शरीर तो अब चलता नहीं, पत्र भी कठिनाई से लिख पाता हूँ। आँखों की ज्योति इतनी मन्द पड़ गई है कि दैनिक कार्यों में भी दिक्कत पेश आती है। लेकिन मैं हारूँगा नहीं।''

और वह सचमुच नहीं हारे। लेकिन शरीर की शक्ति की तो अपनी एक सीमा होती है। रामायण के अन्तिम खण्ड की भूमिका में उन्होंने स्वयं लिखा है, ''दिन को दिन और रात को रात न समझकर निरन्तर काम करने वाला मैं सन् 90 के मार्च महीने में इतना असमर्थ और निकम्मा हो गया कि न तो दो-चार कदम चल सकता था और न पढ़ सकता था।...कोई भी काम करने से मन भागता था। तीन साल मैं कलम को हाथ भी न लगा सका था। अपनी इस अक्षमता और बेबसी पर मैं खीझता था, छटपटाता था, तड़पता था, लेकिन कुछ कर नहीं पाता था। मेरी सबसे बड़ी पीड़ा यह थी कि मेरा पाँच वर्षों का प्रचण्ड परिश्रम और घोर संघर्ष निष्फल हुआ जा रहा था।...इस तरह परम निष्क्रियता से जब मेरे दिन बीतते रहे तो मुझे लगा कि यह मृत्यु का संकेत है। लेकिन अगर मृत्यु आ रही है तो उसकी गति इतनी मन्थर क्यों है ? क्यों नहीं एक ही झपट्टे में वह मेरा प्राण हरण कर लेती। क्यों मुझे पल-पल का यह असह्य दंश झेलने के लिए विवश कर रही है ? इस क्यों का उत्तर देने वाला कोई नहीं था। मृत्यु के स्वागत में मैंने तन-मन विसर्जित कर दिया।''

''इस निष्क्रियता और अकर्मण्यता की स्थिति में प्रायः तीन साल बीत गए। सन् 93 के आरम्भ में अचानक मेरा ब्रह्म तेज जागा। मैंने सोचा, इतनी लम्बी प्रतीक्षा के बाद आखिर मैं मरता क्यों नहीं हूँ ? क्या प्रभु मुझसे ही यह काम पूरा कराना

चाहते हैं ? यदि ऐसा है तो उनकी इच्छा पूरी हो। मैंने उसी दिन से बलात् काम करना आरम्भ कर दिया। आज रामायण के दोनों काण्डों का मुद्रण पूरा हो गया है। मैं पूर्णतः परितुष्ट हूँ।"

वह ऋणमुक्त हो गए। लेकिन इस ऋण मुक्ति के लिए, जिस तरह और जैसा संघर्ष उन्होंने किया था, वैसा शायद ही किसी ने किया हो।

उन्हीं दिनों (26-7-93) उन्होंने मुझे एक पत्र में लिखा था, "छपाई चार-पाँच महीनों में पूरी हो जाएगी और मैं उऋण हो जाऊँगा।...लेकिन अब आपसे मिलने की तो कोई सम्भावना नहीं दीखती। जो आदमी घर में चलते भी लड़खड़ाता रहता है, वह दिल्ली आने का सपना कैसे देख सकता है।"

और सचमुच उसके बाद उनसे मिलना नहीं हुआ। बीमारी ने उनका पीछा नहीं छोड़ा। उनके अन्तिम दिनों का आनन्द वर्धन ने बहुत मार्मिक वर्णन किया है। परम पिता परमेश्वर को वह अपना सैक्रेटरी कहते थे। एक दिन उनके पुत्र ने उनसे कहा—"बाबूजी अपने सैक्रेटरी से कहिए न कि वह आपको जल्दी स्वस्थ कर दें।" उत्तर में उन्होंने एक शेर कहा :

अपनी तकलीफ किसी से भी नहीं अब कहनी,
नहीं खुदा से भी, क्या खुद उसे मालूम नहीं ?

नवम्बर 1995 में वह 70 घण्टों तक अस्पताल में रहे। न जाने किस-किस को याद किया। कैसी सम्बद्ध-असम्बद्ध बातें बोलते रहे। लेकिन फिर ठीक हो गए। लेकिन जो उनसे मिलने आते थे, उन्हें पहचानने में असुविधा होती थी। अनेक साहित्यकारों को मैंने इसी अवस्था में देखा है। कितनी पीड़ा होती है। मुझे मराठी के प्रसिद्ध नाटककार मामा वरेरकर की याद आती है। राहुलजी के अन्तिम दिनों में मैं उनसे मिलने जा रहा था, तो मैंने मामा से कहा, "आप नहीं चलेंगे।" एकदम बोले, "नहीं चलूँगा। मैं समर्थ की असमर्थता नहीं देख सकता।"

उसी असमर्थता का उनके पुत्र आनन्द ने बड़ा मार्मिक चित्रण किया है। "2 दिसम्बर, 1995 की सुबह उन्होंने मुझे बुलाकर कहा—ये सारी औषधियाँ बन्द कर दो, आज मैं जाऊँगा।"

मैंने कहा, "बाबूजी आप लड़ाई हार रहे हैं। वह फीकी हँसी हँसे। मैं व्यथित हुआ और बोला, "आप हार रहे हैं तो ठीक है, मैं तो लड़ूँगा।" उसके बाद मैं अपने आपको नहीं रोक सका। विलाप करने लगा। उन्होंने निषेध में अपना बायाँ हाथ उठाया, मैं उनके सामने से हट गया। कोई डेढ़ घण्टे बाद उन्होंने मुझसे फिर कहा, "आज ये सारी किताबें छोड़कर मैं जाऊँगा।"

और उसी दिन अपराह्न में 1.25 पर उन्होंने अन्तिम साँस ली।

लेकिन वह हारे तब भी नहीं। आस्थावान कभी हारता नहीं, मृत्यु से भी नहीं हारता। मृत्यु उसे अमर कर देती है।

अन्त में उस अजेय योद्धा की एक और विशेषता का वर्णन करना चाहूँगा। सुप्रसिद्ध लेखक रॉबिन शॉ पुष्प के शब्दों में कहना चाहूँगा, "तब मुक्तजी के समय में भी आकाशवाणी सिर्फ रेडियो स्टेशन नहीं था। एक शिक्षा केन्द्र भी था। नाटक, कविता, कहानी हर क्षेत्र में शुद्ध उच्चारण पर जोर दिया जाता था। अब आकाशवाणी सिर्फ रेडियो स्टेशन है...।

सृजन शक्ति के प्रतीक

अमृतराय

अमृतराय प्रेमचन्दजी के छोटे बेटे थे लेकिन उन्होंने यह कभी नहीं चाहा कि कोई उन्हें प्रेमचन्दजी के माध्यम से जाने। वह जो हैं उसी को लेकर उनका मूल्यांकन होना चाहिए।

और सचमुच उनका सारा जीवन इसी तथ्य को प्रमाणित करता रहा। यद्यपि उन्होंने अपने पिता की एक श्रेष्ठ जीवनी लिखी है, जो हिन्दी साहित्य की इनी-गिनी जीवनियों में गिनी जाती है, वह उतने ही सशक्त उपन्यासकार, कहानी लेखक, वैचारिक साहित्य के प्रणेता, अनुवादक और सम्पादक थे।

उनका व्यक्तित्व इतना मोहक और प्रभावशाली था और उनकी प्रखर वाणी में इतना आत्मविश्वास था कि श्रोता उनको सुनते ही रहना चाहते थे। वह ऐसी सरल, सहज भाषा का प्रयोग करते थे कि उनका बोला हुआ प्रत्येक शब्द हमारे मन पर अंकित हो जाता था, अपनी पूरी अर्थगर्भिता के साथ। इसका एक कारण यह भी था कि उनकी भाषा में उर्दू भाषा की मिठास और रवानी का अद्‌भुत समन्वय था।

मेरा उनसे पहला परिचय सन् 1939 में हिन्दी साहित्य के वार्षिक अधिवेशन में हुआ था। उस सम्मेलन में हिन्दी साहित्य के इतने कर्मठ और कलम के धनी इकट्ठे हुए थे, जितने फिर किसी अधिवेशन में नहीं हो पाए। मैं एक प्रतिनिधि के रूप में उसमें शामिल हुआ था और शुरू में स्व. प्रेमचन्दजी के निवास स्थान पर ही ठहरा था। श्रीमती शिवरानी देवी और श्री श्रीपतराय से मेरा गहरा परिचय हो चुका था। लेकिन जब वहाँ अग्निशर्मा दिग्गजों की महफ़िल जुड़ने लगी तो मैं प्रतिनिधियों के ठहरने के निवास स्थान पर चला गया था। वहीं एक दिन जब हम कई मित्र किसी विषय को लेकर बहस कर रहे थे, तो सहसा पास ही सोता हुआ

एक युवक जागकर उठ बैठा और तीव्रता से किसी बात का प्रतिवाद करने लगा। मैंने उसकी ओर देखा, गौर वर्ण, अन्तर्भेदी दृष्टि और चेहरे पर उत्तेजना के कारण उभर आई रोषभरी रेखाएँ। मैं उसका परिचय जानना ही चाहता था कि मेरे एक मित्र ने कहा, "ये अमृतराय हैं। प्रेमचन्दजी के छोटे बेटे।"

थोड़ी देर में हम सब मित्र सहज होकर बातें करने लगे। तभी किसी प्रसंग में उन्होंने मुझसे कहा था, "भइया मेरी कहानी नहीं छापते।" यह पहला वाक्य था उनका जो मुझे सम्बोधित करके कहा गया था। उस समय उनकी आयु लगभग 22 वर्ष की थी, उसके 57 वर्ष बाद 1996 में जब मैं उन्हें रोग शैया पर बेचैनी से करवट बदलते हुए देखने गया, तो उन्होंने बड़े गौर से मेरी ओर देखते हुए धीमे-धीमे स्वर में कहा, "आप किस नाम से लिखते हैं ?"

सन् 1939 और 1996 के इन दो वाक्यों के बीच में कितना कुछ घट गया। उसका मूल्यांकन करना एक पूरे जीवन को जीना है। वह जीवन जिसका आधार केवल साहित्य था। और वही साहित्य सृजन हम दोनों के बीच पैदा हुई सघनता का कारण बना। उस सघनता में कई बार ज्वार-भाटा भी आया, लेकिन जिस आत्मीयता ने हमको पहली बार बाँधा था, वह कभी कम नहीं हुई। अन्तिम क्षणों की बेचैनी में वह मुझे पहचान नहीं पाए, तब मुझे कितना गहरा सदमा पहुँचा था और मेरी आँखों के सामने 57 वर्ष का वह इतिहास बार-बार उभर उठता था।

मैं सन् 37 से ही प्रेमचन्दजी की मृत्यु के बाद 'हंस' में निरन्तर लिखने लगा था। प्रेमचन्दजी ने मेरी दो रचनाएँ 'जागरण' में अवश्य छापी थीं पर 'हंस' के लिए उन्होंने जो कहानी रखी थी, उसे वह कुछ ठीक करना चाहते थे, नहीं कर पाए। मुझे बहुत आश्चर्य हुआ जब 'कहानी' के प्रथम अंक में मेरी वही कहानी प्रकाशित हुई। प्रेमचन्द के बाद 'हंस' का सम्पादन पहले शिवरानी देवी जी ने किया, फिर जैनेन्द्रजी ने, उसके बाद श्रीपतराय ने, फिर हिन्दी साहित्य के अनेक दिग्गज उससे जुड़े। अमृतराय सम्भवतः सन् '42 में उसके सम्पादक हुए और सन् '52 तक उसी पद पर काम करते रहे। इस बीच में वह मुझसे बार-बार आग्रह करते रहे, रचना भेजने के लिए।

उस समय के उनके पत्र उनके विचारों, मान्यताओं और उनके प्रेम के प्रतीक हैं। ऐसा नहीं कि वह मेरी हर रचना छापते थे, उन्होंने मेरी एक कहानी और एक नाटक लौटा भी दिया था। और उस नाटक को लौटाते हुए उन्होंने मुझे एक लम्बा पत्र भी लिखा था। वह उनकी मान्यताओं का प्रतीक है। वह प्रगतिशील आन्दोलन से ही नहीं जुड़े थे, बल्कि साम्यवादी दल के सदस्य भी थे। साम्यवादी विचारधारा के मित्रों ने गाँधीजी के सन् 1942 के 'भारत छोड़ो' आन्दोलन की कटु आलोचना की थी। मेरे उस नाटक की विस्तृत समीक्षा करते हुए उन्होंने भी वैसी ही कटु आलोचना की थी। उस पत्र की कुछ पंक्तियाँ इस बात का प्रमाण हैं। उन्होंने लिखा था, "चौथे

दृश्य में Quit India वाला आन्दोलन आया है। आज ऐसा कोई भी आन्दोलन जो देश रक्षा को कमजोर बनाता है, सरासर गलत है। क्योंकि देशरक्षकों को कमजोर करना, अपनी देश की रक्षा को कमजोर करना है। आत्महत्या करना है। जापानियों के लिए रास्ता खोलना है। अपने मोर्चे पर मरने वाले भाइयों की पीठ में छुरा घोंपना है।"

बहुत लम्बा पत्र है, और बीच-बीच में उन्होंने अंग्रेजी में भी लिखा है। गाँधी जी के सम्बन्ध में उन्होंने तब की साम्यवादी विचारधारा के अनुसार बड़े विस्तार से मुझे अंग्रेजी और हिन्दी दोनों में लिखा। दस पृष्ठ का यह लम्बा पत्र ऐतिहासिक महत्त्व का है।

अन्त में उन्होंने मुझे लिखा, "आप अपने नाटक को फिर से रिकास्ट करके भेज दें, अगस्त के अंक के लिए, आभारी होऊँगा। पारिश्रमिक देना तो निश्चित है। अब हर स्वीकृत रचना पर पारिश्रमिक देने का निश्चय किया है।" और अन्त में यह लिखना भी नहीं भूले—"नाटक को मैंने दो बार पढ़ा है, और तब उस पर अपना मत स्थिर किया है। अपना भाई जानकर ही बेतकल्लुफी से आपकी पाण्डुलिपि को रँगा है।"

मैं उनकी आलोचना की अधिकांश बातों से सहमत हो सकता था पर 'भारत छोड़ो' आन्दोलन को गलत समझने की गलती मैं कभी नहीं कर सकता। परन्तु उन्होंने मुझे अपना भाई मानकर आलोचना की थी, मैंने उसे उसी तरह स्वीकार किया और उन्हें लिखा भी। तब उनका उत्तर आया, "मुझे सुख है कि मेरी मुँहफट आलोचना से तुम बुरा नहीं मानते। दो मित्रों में यही सम्बन्ध मुझे भाता भी है। दुराव ही करना होता तो हम लोग एक-दूसरे के विचारों को समझने की कोशिश ही क्यों करते। मुझ में जो आपको अप्रीतिकर लगे, आपका कर्त्तव्य है कि आप मुझे बतलावें।"

सन् 43-44-45 में हम दोनों के बीच में सघन सम्बन्ध बना रहा। मैं लिखता रहा, वह छापते रहे, पारिश्रमिक भी मिलता रहा। 'हंस' की ओर से पारिश्रमिक देने वाले यह पहले व्यक्ति थे।

सन् 45 के बाद मेरी फाईल पर उनका 31 अगस्त सन् '56 का पत्र है। उस समय मैं रेडियो में ड्रामा प्रोड्यूसर था। मेरी कुण्ठा को लेकर उन्होंने मुझे बहुत सी बातें लिखीं, जो मसीजीवी लेखक के लिए बहुत महत्त्वपूर्ण हैं। अन्त में लिखा, "मैंने आपकी तरह से आशा नहीं छोड़ी है, और न छोड़ूँगा। अभी महीने सवा महीने का समय है, तब तक एक न एक चीज़ बन ही जाएगी, और खासकर तब जब मन में इस तरह छटपटाहट है।"

सन् 45 और 56 के बीच उन्होंने मुझे एक महत्त्वपूर्ण कार्य सौंपा था। वह था 'गोदान' के आधार पर एक नाटक लिखने का। मैंने उनका यह प्रस्ताव स्वीकार कर लिया और सन् 1955 तक वह नाटक प्रकाशित भी हो गया। मैंने उसके नायक

'होरी' को केन्द्र में रखकर उसे लिखा। यही नाम भी दिया था। वह नाटक तभी दिल्ली में मंचित भी हुआ जिसका निर्देशन श्री फ्रेंक ठाकुर दास ने किया था और जानी-मानी रंगमंच की अभिनेत्री श्रीमती शीला भाटिया ने उसमें 'धनिया' का किरदार अदा किया था। पत्रों में पक्ष और विपक्ष में खूब लिखा गया। बाद में नेशनल स्कूल आफ ड्रामा के प्रिंसिपल सुप्रसिद्ध नाटक-मर्मज्ञ श्री अल्काज़ी ने उसे मंचित भी करवाया। उसके लिए विशेष रूप से खुला रंगमंच रवीन्द्र भवन में बनाया गया और तत्कालीन राष्ट्रपति डॉ. जाकिर हुसैन ने उसका उद्घाटन किया। उस मंचन को देखना एक अद्भुत और रोमांचकारी अनुभव था। उसके बाद तो इप्टा ने उसे अपना लिया और अभी पिछले दिनों तक मुम्बई में उसका मंचन होता रहा। और उसमें 'होरी' का अभिनय किया प्रसिद्ध सिने अभिनेता श्री ए.के. हंगल ने और 'धनिया' का अभिनय किया रोहिणी हटंगड़ी ने जो किसी विशेषण की मोहताज नहीं हैं। मेरी इस उपलब्धि का श्रेय जिस एक व्यक्ति को जाता है, वह अमृतराय ही तो हैं।

बंगाल के भीषण अकाल को लेकर मैंने भी दो-तीन कहानियाँ लिखी थीं। उनका कारण भी अमृतराय थे। वह तब बहुत विचलित हो उठे थे। बार-बार अपने पत्रों में उसकी चर्चा करते थे, वही चर्चा मेरी कहानियों की प्रेरणा बनी।

मुझे वह घटना भी अच्छी तरह याद है कि उन्होंने अपनी एक पुस्तक में इस बात की कटु आलोचना की थी कि लोग गाँधीजी को राष्ट्रपिता कहते हैं। संयोग में इस पुस्तक की समीक्षा मुझे करनी पड़ी। तब मैंने उसमें लिखा था कि जो व्यक्ति स्टॉलिन को अपना पिता कहने में संकोच नहीं करते, वे हमें किस आधार पर उपदेश देते हैं।

उन्होंने जब आलोचना पढ़ी, तो तुरन्त मुझे लिखा, "आपकी समीक्षा मैंने ध्यान से पढ़ी। आपने ठीक ही लिखा है, मुझे यह अधिकार नहीं था कि मैं गाँधीजी को राष्ट्रपिता कहने वालों की आलोचना करता।"

इसके बाद भी मैं उन्हें उनकी रचनाएँ पढ़कर बराबर लिखता रहा। उन्होंने—'बीज', 'भटियाली', 'हाथी के दाँत', 'सुख-दुख', 'जंगल' और 'धुआँ' जैसे उपन्यास लिखे। उनकी कहानियाँ भी बहुत चर्चित हुईं। अनुवाद के क्षेत्र में भी उन्होंने बहुत सुन्दर कार्य किया। उनकी भाषा पढ़ते हुए तो मुझे ऐसा लगता रहा है कि मैं गंगा की निर्मल धारा में बहता जा रहा हूँ। कैसी रवानी, कैसी अर्थगर्भित शब्दावली। उस सब की चर्चा करना इस लेख की परिधि से बाहर है।

लेकिन मैं उनकी एक युगप्रवर्तक रचना की चर्चा अवश्य करना चाहूँगा। वह है उनके अपने पिता की जीवनी 'कलम का सिपाही'। जब वह प्रकाशित हुई उन दिनों मैं शरत् बाबू की जीवनी की तलाश में देश-विदेश में भटक रहा था। लेकिन वह मुझसे बाजी मार ले गए। उनकी यह रचना पहले आ गई। आते ही उसने धूम मचा दी। साहित्य अकादमी ने पुरस्कृत कर उनका सम्मान किया। मैंने भी उसे बड़ी

आत्मीयता और तन्मयता से पढ़ा और उनको एक लम्बा पत्र लिखा जिसमें मैंने, उसमें जो कमियाँ मुझे लगीं, उसकी निःसंकोच चर्चा की। उनका तुरन्त उत्तर आया। 26 अप्रैल, 1963 का यह पत्र मेरे लिए अनेक दृष्टियों से महत्त्वपूर्ण है। उन्होंने मुक्त मन से लिखा, "पुस्तक आपको अच्छी लग रही है, यह जानकर बड़ा सुख मिला। उद्धरण की अधिकता के सम्बन्ध में आपने जो बात लिखी है, उसकी चेतना मुझको भी बराबर रही है। और आपको मैं क्या बताऊँ, मैंने कितनी बेदर्दी से उनकी कटाई की है। सैकड़ों पन्ने काट डाले हैं। और जितने हैं उनके पीछे मेरी एक बड़ी विवशता है। एक तो मेरे पात्र के जीवन में घटनाओं का अभाव है और दूसरे जो भी छोटी या बड़ी घटनाएँ रही भी होंगी जिनसे उसका चरित्र खुलता हो, उनके सम्बन्ध में संस्मरणों का अभाव। मैंने बीसियों लोगों को इंटरव्यू किया, सैकड़ों चिट्ठियाँ लिखीं और बार-बार जोर दिया कि आपको जो एनकडोट याद हो मुझे बताएँ। इसकी चिन्ता न करें, कि वह महत्त्वपूर्ण है या नहीं। मैं उनका उपयोग कर लूँगा। और जो एनकडोट ऊपर से महत्त्वहीन लगता है, उसमें भी बहुत बड़े महत्त्व की चीज़ मिल जाती है।

"पर इस तरह की सामग्री बहुत ही कम मिली। आप सहज ही कल्पना कर सकते हैं कि अगर यही चीज़ मिल जाती तो उद्धरण आप से आप कम हो जाते हैं। पर जब नहीं मिली, तो व्यक्तित्व को सामने लाने के लिए मुझे अधिकाधिक चिट्ठियों आदि का सहारा लेना पड़ा। मेरी कठिनाई आप अवश्य समझ गए होंगे। एक तो यूँ ही जीवन की घटना-विरलता, ऊपर से उस ढंग की सामग्री तक न मिलना, ऐसी स्थिति में जो कुछ मुझसे बन सका, मैंने बनाने का यत्न किया। मजा मिलने न मिलने की बात तो पढ़ने वाले जानें।"

यह पत्र कई दृष्टियों से महत्त्वपूर्ण है। कितनी विनम्रता से उन्होंने अपनी स्थिति को स्पष्ट किया। इससे उनके स्वभाव का पता लगता है। इसी से सम्बन्धित घटने वाली और दो घटनाएँ मुझे याद आ रही हैं। हमारे एक अन्य मित्र डॉ. मदनगोपाल जो प्रकाशन विभाग के निदेशक रह चुके हैं, उन्होंने भी प्रेमचन्दजी पर बहुत काम किया। अंग्रेजी में उनकी जीवनी लिखी। उन्होंने जो सामग्री बहुत प्रयत्न से एकत्रित की थी, उसमें उनके द्वारा लिखे गए पत्र भी थे। मेरे पास भी प्रेमचन्दजी के तीन पत्र थे, वे मैंने मदनगोपाल जी को दे दिए थे, उनसे अमृतरायजी ले गए और उन्हें दूसरे पत्रों के साथ पुस्तक में छाप दिया। उनके जीवन के सम्बन्ध में भी कुछ सामग्री वे मदनगोपालजी से ले गए थे। मदनगोपाल जी का यह दावा था कि श्री अमृतराय जी को साहित्य अकादमी से पुरस्कार मिला तो उन्होंने दावा भी कर दिया था। मेरे दोनों ही मित्र थे, और दोनों से ही बातें हुईं। लेकिन अन्त में सब कुछ ठीक हो गया। लेकिन उन दिनों उनकी मानसिक स्थिति बहुत विचलित रही।

इस प्रसंग के विस्तार में मैं यहाँ नहीं जाना चाहता, लेकिन इसी जीवनी के सम्बन्ध में एक और प्रसंग के सम्बन्ध में मैंने उनसे शिकायत की थी। श्रीमती शिवरानी

देवी ने अपनी पुस्तक 'प्रेमचन्द घर में' में उनकी एक प्रेम कहानी का वर्णन किया हैं। जब मैं साहित्य अकादमी में था तो मेरे सुझाव पर हमारे अध्यक्ष महोदय ने उन्हें कई बार साहित्यिक समारोह में भाग लेने के लिए आमन्त्रित किया। जैसा उनका व्यक्तित्व प्रभावशाली था, वैसा ही उनका भाषण भी प्रभावशाली होता था। भले ही हिन्दी में बोलें या अंग्रेजी में। तब एक अवसर पर मैंने उनसे पूछा, "आपकी माताजी ने अपनी पुस्तक में प्रेमचन्दजी के एक प्रेम प्रसंग की चर्चा की है। लेकिन आपने उसकी ओर इशारा तक नहीं किया। आखिर क्यों ?"

यह सुनकर उनके चेहरे पर कई रंग आए और गए, और कुछ तलख़ी के साथ बोले, "हमारी माताजी तो न जाने क्या-क्या कहती रहती हैं और जब तक मेरे पास प्रमाण न हो, मैं कैसे लिख सकता हूँ।"

मैंने मुस्कराते हुए कहा, "तुम्हारी माँ के शब्द ही क्या प्रमाण नहीं हैं।" तो वह उसी तेजी से बोले, "मैं तो जब तक स्वयं सन्तुष्ट न हो जाऊँ तब तक किसी बात को प्रमाण नहीं मानता।"

सिद्धान्त रूप से उनकी बात सही थी। लेकिन फिर भी मुझे ऐसा लगता रहा, कि उस घटना की चर्चा होनी चाहिए थी। आखिर शिवरानी देवी उनकी पत्नी थीं। उन्होंने जो कुछ कहा है, उसका महत्त्व है।

इस वार्तालाप के समय श्री अमृतराय की पत्नी सुधाजी भी पास ही बैठी हुई थीं। ये सब सुनकर वह मुस्कराने लगीं। वह बहुत शान्त और सौम्य स्वभाव की महिला थीं और हिन्दी की प्रखर कवयित्री सुभद्रा कुमारी चौहान की पुत्री थीं। सुभद्राजी की प्रसिद्ध कविता 'झाँसी की रानी' तो एक मील के पत्थर के समान हैं। सुधाजी के भाई भी बहुत अच्छे नाटककार हैं। स्वयं सुधाजी ने अपनी माता जी का जो जीवन चरित्र लिखा है, 'मिला तेज से तेज', उसको भी हिन्दी जगत में बहुत मान मिला। सहज-सरल भाषा में अपनी माताजी के जो चित्र जिस आत्मीयता से उकेरे हैं, उसका परिचय पुस्तक पढ़ने से ही मिल सकता है।

अमृतरायजी को निश्चय ही सुधाजी से बहुत शक्ति मिली, इसीलिए जब लकवा मार जाने के कारण सुधाजी का देहावसान हो गया, तो वे भी लकवा मार जाने के कारण ही उनकी मृत्यु के कुछ दिन बाद ही उनके पीछे-पीछे चले गए। मैंने अन्तिम बार जब उन्हें रोग शैया पर बेचैनी की अवस्था में देखा तो मेरे मन पर गहरा आघात लगा और मैं समझ गया कि वे सुधाजी के बिना नहीं जी सकते थे।

सन् 66 के मध्य में जब उनके पुत्र का युवावस्था में ही देहावसान हो गया, तो उन्होंने उस आघात को सचमुच बड़ी बहादुरी से सहा था। मेरे पत्र के उत्तर में उन्होंने लिखा था, "इस ढलती उम्र में यह बुरा घाव लगा पर जहाँ आदमी बेबस हो रहा हो, सब कुछ सहने की शक्ति पा ही लेता है।" परन्तु सुधाजी के जाने के बाद वे वह शक्ति नहीं पा सके। इस दर्द की अनुभूति मुझे सन् 94 के उस

पत्र से भी हुई, जो उन्होंने मुझे अपने बड़े भाई श्री श्रीपतराय की मृत्यु के बाद लिखा था, "इधर पिछले कुछ वर्षों में उनका शरीर और मन जैसे दोनों ही टूट गए थे और अभी छः महीने पहले अपनी पत्नी, मेरी भावज के देहान्त के बाद तो उनको जीने से ही विरक्ति हो गई थी। सो उनके लिए यह एक मुक्ति ही थी।"

क्या यही बात उनके लिए नहीं कही जा सकती। इस दर्द को मैंने भी भोगा है, पर एक-दूसरे रूप में। वह चले गए, सभी को जाना है, पर मेरे विचार में वह गए नहीं, मात्र उनकी देह का अवसान हुआ है। अपनी सशक्त रचनाओं में वह सदा जीवित रहेंगे। सृजन के क्षेत्र में जहाँ उन्होंने अपनी मौलिक प्रतिभा पर परिचय दिया, वहीं वह प्रेम के त्रिकोण को भी नहीं भूले। भाषा के क्षेत्र में तो वह अप्रतिम हैं। उर्दू से गहरे प्रभावित उनकी हिन्दी भाषा वैसी ही सहज, सरल पर अर्थगर्भित है। चकित हो उठते हैं हम उसको पढ़कर। इसलिए उन्होंने अनेक देशी-विदेशी रचनाओं का अनुवाद किया है, और वह अनुवाद, अनुवाद न रहकर एक तरह से उनकी मूल रचना जैसा बन गया। सम्पादन के क्षेत्र में भी उनका योगदान अप्रतिम है। कह सकते हैं कि गद्य के क्षेत्र में एक संवेदनशील, कोमल हृदय के साथ-साथ प्रखर विचारधारा का परिचय भी वह देते हैं, यह नहीं कि उनके साहित्य में करुणा नहीं है। शैशव की गन्ध भी है। नारी के अन्तरंग परिचय और प्रकृति के भी वह मार्मिक चितेरे हैं। शब्दों के प्रयोग में वे जिस जादूगरी का कमाल दिखाते हैं, वह उनके अन्तर् के कवि रूप का साक्षी है।

'समय' शीर्षक कहानी की कुछ पंक्तियाँ ही हमारी मान्यता की साक्षी हैं। डॉ. व्रजेश्वर वर्मा ने डॉ. कृष्णबिहारी मिश्र द्वारा सम्पादित 'अमृतराय' पुस्तक में उनकी भाषा के अनेक उदाहरण दिए हैं। 'समय' शीर्षक उनकी कहानी का आरम्भ कितना ग्रैफिक हैं :

"मैं बैठा हूँ। गीता बैठी है। मैं चुप हूँ। गीता चुप है।
मैं गीता को देख रहा हूँ। गीता मुझको नहीं देख रही है।
हम दोनों बाहर के कमरे में दो कुर्सियों पर बैठे हैं।
कुर्सियों का बेंत जवाब दे गया है। बैठने वाला धँस जाता है उनमें। वह भी एक तरह आराम है। कुर्सियों पर पतली-पतली गद्दियाँ हैं, जिन पर मटमैला गिलाफ चढ़ा है। फर्श पर एक फटी सी दरी है।"

और इसी तरह फटीचर बैठकखाने का ग्लानि और दर्द पैदा करने वाला यह चित्र ?

"यह मुलाकातियों का कमरा है। मैं भी एक मुलाकाती हूँ। विशेष सत्कार के लिए मुझे यहाँ लाकर बैठा दिया है। बैठा हूँ। सत्कार पा रहा हूँ। लेकिन गीता कुछ बोलती क्यों नहीं, कुछ पूछती क्यों नहीं। यही कि इतने दिन कहाँ रहे। मगर नहीं, वह तो उसने पहले ही पूछ लिया।

कैसे भूल पड़े आज।

जवाब मैं सोचकर आया था, लेकिन बोल नहीं सका। जी हुआ उसे अंकवार में ले लूँ और कुछ न कहूँ। मगर वह भी न कर सका।"

उनके सारे साहित्य में इसी तरह की भाषा से हमारा परिचय होता है।

अमृतराय पर लिखते हुए मन नहीं अघाता। वैचारिक दृढ़ता और सांस्कृतिक व्यापकता का उन्होंने अद्‌भुत परिचय दिया है। उनके यात्रा वृतान्त भी उनके कथा-साहित्य की तरह ही हमें मुग्ध कर देते हैं।

अन्त में हम उनके एक वैचारिक निबन्ध 'विद्रोह और विद्रोह की भंगिमा' से एक उदाहरण देकर अपने लेख को समाप्त करेंगे।

"...सच्चे विद्रोही के पास विद्रोही की भंगिमा नहीं होती, न साधारण बोल चाल में और न वेशभूषा में, और न दैनिक जीवन के दूसरे किसी बाह्याचार में। अक्सर वह बहुत सीधा-सा आदमी होता है जिसे यों देखकर शायद कोई विद्रोही के रूप में पहचान भी नहीं सकता। ऋजुता उसके चरित्र का एक आवश्यक गुण होता है। विद्रोही चेतना को बल पहुँचाने के लिए, उसे संगठित करने के लिए अवसर उपस्थित होने पर, वह निश्चय ही गम्भीर शब्दों में, तेजस्वी शब्दों में, प्रखर शब्दों में, अन्यथा बहुत ही शान्त संयत शब्दों में विद्रोह की अपनी व्याख्या और अपनी परिकल्पना लोगों के सामने रखता है। वह अपने को विद्रोही प्रचारित करता हुआ हर समय शहर में उसकी डुग्गी नहीं पीटता फिरता, और न ही उसे यह भ्रम सताता है कि एक खास तरह की दाढ़ी या एक खास तरह की बाल-सज्जा या एक खास तरह की पोशाक विद्रोही के लिए या विद्रोह के लिए जरूरी है।

व्यथा ही जिनकी शक्ति थी

डॉ. विजयेन्द्र स्नातक

अपने परममित्र डॉ. रामेश्वरलाल खण्डेलवाल को एक पत्र में अपने जीवन की वास्तविकता का परिचय देते हुए डॉ. विजयेन्द्र स्नातक ने लिखा था, "मेरी कहानी प्रियजन परिजन बन्धु की कहानी नहीं, मेरी अपनी दो दुर्बल भुजाओं के एकाकी संघर्ष की, तप्त रेगिस्तान की, सन्तप्त मनस्थितियों की है। उसे लिखूँ तो क्यों लिखूँ। कभी-कभी दुःख की घनीभूत पीड़ा में कहानी के पन्ने स्वयं पलट लेता हूँ। स्वयं अपना चित्र देखने जैसा सुख होता है। असुन्दर आदमी भी जब अपना फोटो देखता है, तो अपने को असुन्दर नहीं पाता। माँ को अपना काला-कलूटा बेटा जैसे प्यारा लगता है, वैसे ही मुझे भी अपनी कहानी की तस्वीर सुन्दर लगती है। सतही पटकथा के उच्छल आवेगों और द्वन्द्वरत संघर्षों से भरी मेरी कहानी अभी तो मेरे साथ है। कभी संयोग हुआ तो उसे अपने भीतर से निकालकर बाहर खड़ा करूँगा।"

ऐसा करने का अवसर उन्हें कभी नहीं मिला या उन्होंने स्वयं ही नहीं चाहा, लेकिन टुकड़ों-टुकड़ों में न जाने कितनी बार उन्होंने अपनी उस व्यथा कथा को स्वर दिया है। न जाने कितनी बार उन्होंने मुझसे कहा कि, "विष्णुजी, कभी दो-चार घण्टे आपके पास बैठकर मन की बातें करना चाहता हूँ। अपनी कहानी सुनाना चाहता हूँ।"

हमें साथ रहने के बहुत अवसर मिले। हिन्दी अकादमी में मैं उनके साथ रहा। दस साल साहित्य अकादमी में वह हिन्दी सलाहकार समिति के सदस्य रहे। मैं उसका संयोजक था। उनके घर जाने का सुयोग भी मुझे मिला। इसलिए मैं ठीक उनके शब्दों में न सही, पर उनकी जीवन-गाथा की झलक तो पा ही सका। उनकी रचनाओं के पीछे से झाँकती हुई भी यह कहानी मुझ तक पहुँच सकी। अपनी प्यारी बेटी को दिसम्बर, 1978 के पत्र में उन्होंने अपने को और भी खोलने का प्रयत्न किया।

एक तरह से वह उनके जीवन की रूपरेखा है। वह लिखते हैं, "चौदह वर्ष वनवास में रहकर रामचन्द्र ने रामायण के मुख्य प्रतिपाद्य राक्षस विध्वंस को चरितार्थ किया है अर्थात् अपने अवतारी आविर्भाव को सफल बनाया। मैंने चौदह वर्ष गुरुकुल में रहकर ऐसा कोई उल्लेखनीय कार्य नहीं किया, किन्तु अपने व्यक्तिगत निर्माण के प्रति प्रक्रिया मैंने वहीं आरम्भ की थी। आठ वर्ष की आयु के बाद मेरा जीवन आत्मनिर्भर, स्वावलम्बी नितान्त एकाकी और आत्मक्रेंदित रहा है। यदि इस नीरव यात्रा में मेरे साथ कोई रहा है, और मुझे सहारा देता रहा है, तो वे हैं मेरे अपने दो दुर्बल हाथ। वे ही मेरे सम्बल हैं, सहारा हैं और उन्हीं में मैं अपनी शक्ति और सीमा के दर्शन करता हूँ। इस आवृत्ति और पुनरावृत्ति से तुम मेरे साथी को पहचान सकोगी।"

इसी पत्र में वह संक्षेप में अपने गुरुकुल के जीवन की गाथा का वर्णन करते हुए फिर लिखते हैं, "चौदह वर्ष व्याकरण, साहित्य, धर्मशास्त्र, हिन्दी, अंग्रेजी आदि नाना विषयों का पण्डित होकर भी समाज की नजरों में मैं निरा मूर्ख, निपट गँवार, पोंगा पण्डित ही बना रहा।..." भवबन्धन से मुक्त करने वाली विद्या आज के समाज की आवश्यकता नहीं है, शासन तन्त्र से संयुक्त करने वाली वही विद्या सार्थक है जो अर्थकरी है। ऐसा मोह भंग हुआ कि दिन में तारे नजर आने लगे..."

इसलिए उसके बाद उन्होंने अर्थकरी विद्या की ओर ध्यान दिया और सिद्धान्त शिरोमणि की सर्वोच्च उपाधि प्राप्त करने के बाद भिन्न-भिन्न विश्वविद्यालयों से शास्त्री की परीक्षा उतीर्ण की, दो विषयों में एम.ए. किया और अन्त में दिल्ली विश्वविद्यालय से पी-एच.डी. की उपाधि प्राप्त की।

इस संक्षिप्त आन्तरिक विवरण से क्या यह स्पष्ट नहीं हो जाता कि अन्तर में भले ही व्यथा का गहरा सागर ठाठें मारता रहा हो, शरीर मधुमेह जैसे रोग से पीड़ित हो, फिर भी ऊर्जा की कोई थाह नहीं थी। देखने में सौम्य-शान्त चेहरा, नाति दीर्घ काया, नेत्रों में स्नेह और जिज्ञासा का अद्भुत सामंजस्य—जो उन्होंने निरन्तर आगे बढ़ने की प्रेरणा देता रहता था। उन्होंने वैदिक ऋषि के इस मन्त्र को आत्मसात् कर लिया था, 'चरैवेति चरैवेति'। विश्वकवि रवीन्द्रनाथ ठाकुर ने इस मन्त्र को अपनी कविता में इस तरह संजोया था :

जदि तोर डाक सुने केऊ न आसे
तबे एकला चलो रे, एकला चलो रे।

स्नातक जी जीवन भर अकेले चलते रहे, लेकिन चलते रहे, पूरी शक्ति के साथ चलते रहे और प्रमाणित करते रहे कि मनुष्य चाहे तो व्यथा को शक्ति में परिणत कर सकता है, वही उन्होंने किया।

मुझे याद नहीं कि मेरा उनसे प्रत्यक्ष परिचय कब हुआ। एक दिन किसी ने

मुझसे कहा था कि डॉ. विजयेन्द्र स्नातक आपकी कहानी 'जज का फैसला' के बारे में किसी से कह रहे थे कि कहानी ऐसी होती है।

यह सम्वत् 1947 या उसके कुछ बाद की बात है क्योंकि मेरठ, बड़ौत और अम्बाला के महाविद्यालयों में अध्यापन का कार्य करते हुए अन्त में 1947 में रामजस कॉलेज दिल्ली में प्राध्यापक के पद पर नियुक्त हुए थे और फिर जीवन के अन्तिम क्षण तक दिल्ली में ही रहे। यह सुखद संयोग है कि इसी समय विश्वविद्यालय में हिन्दी विषय में एम.ए. की कक्षाएँ प्रारम्भ हुईं। डॉ. नगेन्द्र तब वहाँ अध्यक्ष थे। उन्होंने मुझे फोन किया कि तुम चाहो तो एम.ए. कक्षा के प्रथम विद्यार्थी बन सकते हो।

पर मैं तो तब तक पूर्णतः लेखन पर निर्भर रहने का निश्चय कर चुका था। मैंने मना कर दिया। अगर मैं प्रस्ताव स्वीकार कर लेता तो स्नातक जी का शिष्य होने का सौभाग्य मुझे भी मिल जाता पर नियति तो हम दोनों के लिए एक और ही मार्ग निश्चित कर चुकी थी। उन्हीं दिनों अचानक एक दिन हौज काजी में उनसे भेंट हो गई। बातचीत में मेरी कहानी की चर्चा भी हुई, उन्होंने इतना ही कहा, "मुझे जैसा लगा वैसा मैंने कहा था।"

मैं दिल्ली में स्थायी रूप से सन् 1944 में आया था। तब पुराने साहित्यकारों में आचार्य चतुरसेन शास्त्री और श्री जैनेन्द्र कुमार ही यहाँ रहते थे। कभी-कभी हिन्दी साहित्य सम्मेलन के वार्षिक सम्मेलन जैसे समारोह हो जाते थे, लेकिन कुल मिलाकर हिन्दी का कोई विशेष स्थान दिल्ली में नहीं था। सन् 1943-44 के आसपास कुछ हिन्दी साहित्यकार यहाँ आने शुरू हुए। श्री चिरंजीत, श्री गोपाल प्रसाद व्यास, डॉ. नगेन्द्र और मैं, उन्हीं में थे।

हिन्दी के प्रचारक तो यहाँ बहुत थे। चर्चाएँ भी होती रहती थीं, पर साहित्य की इतनी नहीं जितनी भाषा की। इस कमी को पूरा करने के लिए हम लोगों ने पहले हिन्दी साहित्य मण्डल की स्थापना की। इस संस्था के तत्त्वावधान में, सन् 1945 के शुरू में श्री गोपालप्रसाद व्यास की प्रेरणा से ब्रज साहित्य मण्डल का शानदार वार्षिक अधिवेशन हुआ। इसमें मिश्र बन्धुओं के सबसे छोटे भाई श्री श्यामबिहारी मिश्र, श्रीनारायण चतुर्वेदी, बाबू गुलाबराय, महाकवि निराला आदि अनेक साहित्यकार और कवि पधारे थे।

उसके बाद हम लोगों ने यह अनुभव किया कि एक ऐसी संस्था की स्थापना की जाए, जिसमें आधुनिक साहित्य की चर्चा हो, जैसे उर्दू साहित्य की संस्था बज़्मे अदब में होती थी। और अन्ततः श्री चिरंजीत, श्री गोपालप्रसाद व्यास, डॉ. नगेन्द्र, श्री कान्तिचन्द सौनरिकसा और मैंने काफी विचार विनिमय के बाद 'शनिवार समाज' की स्थापना की।

जब विभाजन के बाद बहुत से साहित्यकार यहाँ आए तो संस्था बहुत सक्रिय

हुई। न केवल स्थानीय साहित्यकार बल्कि देश-विदेश के अनेक साहित्यकार भी इसमें भाग लेते रहे, तब स्नातकजी कैसे दूर रह सकते थे। सन् 51-52 में जब मैं संस्था का संयोजक रहा तब के मेरे फाइल पर उनके हस्ताक्षर आज भी अंकित हैं। मेरे कार्यकाल में वह निरन्तर उसकी बैठकों में सक्रिय रूप से भाग लेते रहे। इस तरह लेते रहे कि हम सबने निश्चय किया कि मेरे बाद उन्हीं को संयोजक बनाया जाएगा। हम चुनाव प्रक्रिया का पालन नहीं करते थे। नियमित रूप से चन्दा भी नहीं लेते थे। सर्वसम्मति से किसी एक व्यक्ति को संयोजक चुन लेते थे। जब स्नातक जी का नाम प्रस्तावित हुआ तो अचानक हमारे एक मित्र ने आपत्ति उठाते हुए कहा कि संयोजक की नियुक्ति नहीं होनी चाहिए, चुनाव होना चाहिए।

सिद्धान्त रूप में उनकी बात ठीक थी, पर हम लोग राजनीति की दलदल में नहीं फँसना चाहते थे। लेकिन जब चुनाव करने का निर्णय किया गया तो मैंने स्नातक जी से कहा कि मैं आपका नाम प्रस्तावित करूँगा। आप मना मत कीजिए।

उन्होंने तुरन्त दृढ़ स्वर में उत्तर दिया, "मैं चुनाव नहीं लड़ूँगा। इतने वर्षों से जिस सहज भाव से आप लोग काम कर रहे थे, चुनाव का प्रश्न उस सहजता के स्थान पर राजनीति का वातावरण बना देगा। मैं राजनीति में नहीं पड़ना चाहता हूँ।"

और उन्होंने अपना नाम वापस ले लिया।

इस घटना की चर्चा मैंने इसलिए की है कि जहाँ मैंने उनके स्वभाव में सहयोग और सद्भावना को मुखर देखा वहीं अब आत्म सम्मान की भावना को भी देखा। और मैं साक्षी हूँ कि अन्त तक उन्होंने अपने कष्टमय जीवन के बावजूद कभी समझौता नहीं किया। जिस तरह की शिक्षा उन्होंने पाई थी उससे जहाँ एक ओर उनमें अध्ययन, अध्यापन और अनुसंधान की प्रवृत्ति पैदा हुई वहीं दूसरी ओर वह दृढ़ता भी पैदा हुई जो मनुष्य को समझौतों की दलदल में फँसने से बचाती है।

उसके बाद दिल्ली के साहित्य जगत में बहुत उतार-चढ़ाव आए। स्वतन्त्र भारत में साहित्य अकादमी, साहित्य कला परिषद, हिन्दी अकादमी जैसी संस्थाओं ने जन्म लिया। आल इण्डिया रेडियो, आकाशवाणी के रूप में परिवर्तित हो गया। 1959 तक दूरदर्शन भी अस्तित्व में आ गया, और भी बहुत कुछ हुआ। इतना हुआ कि दिल्ली साहित्य और कला का केन्द्र बन गई। डॉ. विजयेन्द्र स्नातक उस केन्द्र के प्रमुख घटक थे। उन्होंने कभी किसी पर अपने को आरोपित नहीं किया, पर किसी उत्तरदायित्व से मुँह भी नहीं मोड़ा।

उनका मुख्य कार्य था अध्ययन और अनुसंधान। इसके अतिरिक्त निबन्ध, जीवनी और संस्मरण, समीक्षा, साहित्य का इतिहास आदि सभी विषयों को लेकर उन्होंने लगभग 30 पुस्तकों की रचना की। उनमें कामायनी दर्शन, द्विवेदी और भारतेन्दु युगीन हिन्दी, नवरात्र, आलोचक रामचन्द्र शुक्ल, स्मृति शेष, मेरे समकालीन साहित्य

और संस्कृति के प्रहरी, राधावल्लभ सम्प्रदाय, सिद्धान्त और साहित्य, हिन्दी साहित्य का इतिहास इत्यादि कुछ उल्लेखनीय रचनाएँ हैं।

इनका विवेचन करना हमारा प्रतिपाद्य विषय नहीं है। हम तो यह देखना चाहते हैं कि अध्यापन और अनुसंधान के क्षेत्र में सक्रिय योगदान करते हुए उन्होंने साहित्य संस्थाओं के कार्यों में पूरी शक्ति के साथ काम किया। इस सम्बन्ध में मैं एक पुस्तक की चर्चा अवश्य करना चाहूँगा। वह है—*हिन्दी साहित्य का इतिहास*। साहित्य अकादमी ने अपनी स्थापना के बाद यह निश्चय किया था कि उसके द्वारा स्वीकृत सभी भाषाओं का इतिहास लिखवाया जाएगा। उसका उद्देश्य मात्र यही था कि साहित्य अकादमी के सदस्यों को सभी भाषाओं के साहित्य की आवश्यक जानकारी मिल सके, लेकिन मेरे कार्यकाल तक अनेक दूसरी कई भाषाओं के इतिहास तो लिखे जा चुके थे लेकिन हिन्दी साहित्य का इतिहास नहीं लिखा गया था। इस अवधि में हिन्दी के अनेक ख्यातिनामा साहित्यकार अकादमी से जुड़े रहे लेकिन न जाने क्यों वह यह काम नहीं करवा सके। मेरे कार्यकाल में जब प्रो. इन्द्रनाथ चौधरी अकादमी के सचिव बने तब इस ओर हम लोगों का ध्यान गया, और अन्ततः हमने अपने समिति के तीन सदस्यों को यह काम सौंपा। वे थे सर्वश्री अज्ञेय, विद्यानिवास मिश्र और विजयेन्द्र स्नातक। लेकिन दुर्भाग्य ने अभी भी हमारा पीछा नहीं छोड़ा था। अचानक श्री अज्ञेय जी का देहावसान हो गया और एक बार फिर इतिहास का काम रुक गया। लेकिन साथ ही हमारा यह निश्चय भी अडिग था कि अब किसी-न- किसी तरह से यह काम पूरा कराना ही होगा।

लम्बी कहानी है। जब अकादमी कई लेखकों में बाँटकर यह काम नहीं करवा सकी तब अन्त में समिति ने निश्चय किया कि यह काम अब डॉ. विजयेन्द्र स्नातक को सौंप दिया जाए। इससे पूर्व मेरा कार्यकाल समाप्त हो चुका था, पर स्नातक जी पत्रों व फोन द्वारा मुझे सब कुछ बताते रहे। जब वह इतिहास प्रकाशित हुआ तो अनेक साहित्यकारों ने उसके बारे में आपत्तियाँ उठाईं। किसी ने इस बात की चिन्ता नहीं की कि इतने वर्षों से जो काम नहीं हो सका था उसे किसी तरह से सम्पन्न किया गया और ये भी कि इतिहास मात्र दूसरी भाषाओं के साहित्यकारों को हिन्दी भाषा के साहित्य से परिचित कराना था। जिस स्थिति में वह लिखा गया उसमें कुछ गलतियाँ रह जाना स्वाभाविक था। गलतियाँ ठीक हो सकती हैं पर जो काम इतने वर्षों से हिन्दी के दिग्गज नहीं करवा सके, वह किसी तरह पूरा तो हुआ और इसका श्रेय डॉ. विजयेन्द्र स्नातक को ही जाता है। उन्हें बहुत परिश्रम करना पड़ा और उसके लिए उन्हें जो पारिश्रमिक मिला वह बहुत कम था। उन्होंने 25 नवम्बर, 1993 के पत्र में मुझे लिखा, "साहित्य अकादमी से इतिहास लिखने का निमन्त्रण मिला था। मैंने पारिश्रमिक का ध्यान किए बिना ही अनुमति दे दी थी। अब लगता है 400 पृष्ठों का इतिहास मात्र 8000 रुपए के पारिश्रमिक के लिए

लिखना शायद ठीक नहीं था। क्या करूँ जल्दी में मैं बिना सोचे-समझे स्वीकृति दे बैठा।'' सच यह है कि हमने ही उन्हें ऐसा करने के लिए विवश किया था। मोल भाव करने की कोई गुंजाइश वहाँ नहीं थी। इसलिए इस बात की चिन्ता किए बिना उन्होंने 15 नवम्बर, 1994 को यह काम पूरा कर दिया। इसकी चर्चा करते हुए उन्होंने मुझे लिखा था, "अब मैं इस कार्य को पूरी तरह व्यवस्थित करके 15 नवम्बर को अकादमी को सौंप दूँगा। यह काम बहुत बड़ा और दायित्वपूर्ण था। पारिश्रमिक की राशि अति अल्प है, मैंने बिना सोचे-समझे यह अनुबन्ध स्वीकार कर लिया था, अब परिवर्तन की कोई आशा नहीं।''

हिन्दी अकादमी हो या साहित्य अकादमी या कोई और संस्था, उन्होंने जो कार्य स्वीकार किया उसको अपनी पूरी शक्ति के अनुसार ईमानदारी से पूरा किया। साहित्य अकादमी में समय-समय पर सेमिनार होते रहते थे और इनमें उनका पूरा योगदान रहता था। जब हम लोगों ने सन् 1985 में जीवनी और संस्मरण पर संगोष्ठी आयोजित की तो उसकी रूपरेखा तैयार करने का भार उन्हीं को सौंपा था।

इस कर्त्तव्य को उन्होंने सहर्ष पूरा किया और मुझे लिखा, "साहित्य अकादमी द्वारा जीवनी और संस्मरण विद्या पर संगोष्ठी आयोजित करने के लिए द्विदिवसीय कार्यक्रम की संक्षिप्त रूपरेखा बनाकर भेज रहा हूँ। संगोष्ठी के महत्त्व को स्पष्ट करने के लिए मैंने एक विषद टिप्पणी भी तैयार कर ली है। इसके साथ दोनों विधाओं के प्रमुख लेखकों की तालिका भी है। आप टिप्पणी और तालिका को टाइप करवा कर 6 दिसम्बर की बैठक में विचारार्थ प्रस्तुत कर सकते हैं।''

ईमानदारी उनका विशिष्ट गुण था। इसीलिए वह स्पष्टवादी भी थे। ये गुण विरले ही लोगों में होता है। मेरे पास उनके जितने पत्र हैं वे मात्र शिष्टाचार के लिए नहीं लिखे गए, बल्कि उनमें साहित्य व समाज की स्थिति पर प्रकाश डाला गया है। इससे पता लगता है वह निरन्तर चिन्तन और मनन की प्रक्रिया में से गुजरते रहते थे। उनके पास एक दृष्टि थी इस सबको सहेजने के लिए। इससे मतभेद हो सकता है, पर उनकी मौलिक दृष्टि पर प्रश्न चिह्न नहीं लगाया जा सकता।

मेरे पास उनके जितने पत्र हैं उनमें व्यक्तिगत रूप से मेरे और मेरे परिवार के बारे में जो लिखा है वह उनकी सहज सद्भावना का प्रमाण है। मेरी पत्नी के देहावसान पर बड़ा मार्मिक पत्र लिखा था उन्होंने। वास्तव में उनके पत्र विचारों और भावनाओं से इतने परिपूर्ण होते थे कि उन्हें लघु निबन्धों की संज्ञा दी जा सकती है। उनकी पुस्तक 'अनुभूति के क्षण' में संकलित पत्र इस बात के प्रमाण हैं। उनका मस्तिष्क निरन्तर चिन्तन की प्रक्रिया में से गुजरता रहता था। 'अनुभूति के क्षण' की तरह 'चिन्तन के क्षण', 'विचार के क्षण', 'विमर्श के क्षण' आदि पुस्तकें इसी बात का प्रमाण हैं। और प्रमाण हैं इस बात का कि स्नातकजी का चिन्तन निरन्तर नए-नए धरातलों की खोज में लगा रहता था। नितान्त व्यक्तिगत होकर भी वह

सामाजिक होने से नहीं बचते थे।

उन्होंने कितना काम किया इस सबका विवेचन यहाँ नहीं किया जा सकता। हिन्दी भाषा के प्रति उनका जो लगाव था वह अद्भुत था। उन्होंने गहन अध्ययन किया था। इस क्षेत्र में उनकी पुस्तक 'राष्ट्र भाषा हिन्दी का स्वरूप, विकास तथा समस्याएँ इस बात का प्रमाण हैं। एक स्थान पर वह लिखते हैं, ''हिन्दी लोक भाषा है। स्वतन्त्र भारत के संविधान में उसे राजभाषा का पद मिल गया। राजमार्ग से चलने का हिन्दी को अभ्यास नहीं है। वह तो बीहड़ पथ से कंटकाकीर्ण पथ से चलकर स्वयं अपना पथ प्रशस्त करती है। कंचन आँच में तपाए जाने पर खरा ही होता है।... अंग्रेजी का गुणगान करने वाले अपने भारतीय मित्रों से मैं यह कहना चाहता हूँ कि वे अपने अंग्रेजी अनुराग को अक्षुण्ण रखकर भारतीय भाषाओं से प्रेम कर सकते हैं। यह समझना इतिहास के अनुकूल नहीं है कि अंग्रेजी एक विकसित भाषा के रूप में देश में आई है। जब अंग्रेजी यहाँ आई, उसका रूप वर्तमान हिन्दी की तुलना में कम विकसित था लेकिन अंग्रेजी शासकों ने अपनी लगन से, निष्ठा से, भाषा प्रेम से उसे समृद्ध बनाकर अखिल भारतीय स्तर पर प्रतिष्ठित कर दिया। हिन्दी यह स्थान नहीं चाहती। वह केवल अन्तरप्रादेशिक सम्पर्क का उचित स्थान चाहती है। प्रत्येक प्रान्त में प्रादेशिक भाषा हर दृष्टि से समृद्ध हो तभी हमारे देशवासियों में मातृभाषा का गौरव जागृत होगा। मातृभाषा के साथ जब हमारे देशवासी सम्पर्क भाषा के रूप में हिन्दी का प्रयोग करेंगे तब तो स्पर्धा या प्रतिद्वन्द्विता होगी न भाषा साम्राज्यवाद का मिथ्या भय।

''हिन्दी असाम्प्रदायिक भाषा है। सभी धर्मों, सभी जातियों और वर्गों के व्यक्ति इसके आराधक रहे हैं। इसका शब्द भण्डार विदेशी भाषाओं के शब्दों से भरा हुआ है, इसकी लिपि अन्य भाषाओं की अपेक्षा अधिक वैज्ञानिक ध्वनि पर आश्रित है।''

यह लम्बा उद्धरण हमने इसलिए दिया कि हिन्दी की स्थिति को स्नातक जी ने जिस रूप में प्रस्तुत किया है वही वास्तविक स्थिति है। इसमें कहीं साम्राज्यवाद की गन्ध नहीं आती। यह तो सहयोग की भाषा है। लेकिन दुर्भाग्य से इस समय राजनीति का जो अपराधीकरण हुआ है उसके कारण हिन्दी भाषा-भाषी ही हिन्दी का तिरस्कार कर रहे हैं।

स्नातकजी में एक और विशिष्ट गुण था मानवीय सम्वेदना का। उनके अन्तर् में कहीं-न-कहीं मातृभाव विद्यमान था। डॉ. विद्या विन्दु सिंह ने अपने लेख में एक घटना का वर्णन करते हुए लिखा है—''दिल्ली में विश्व हिन्दी सम्मेलन में उद्घाटन समारोह से निकलने पर चौतरफा बने द्वारों के भ्रमजाल में मैं भ्रमित हो गई। किधर से टैक्सी कहाँ से मिलेगी, सोचते हुए आगे बढ़ रही थी कि एक बुजुर्ग व्यक्ति को सामने आगे-आगे बढ़ते देखकर लपक कर उनके पास पहुँची। पूछ लिया, ''कृपाकर बता दें टैक्सी स्टैण्ड कहाँ है।''

"उन्होंने आवाज पहचान ली, 'तुम विद्या हों'। मैं अचकचा गई, आवाज से मैंने भी पहचान लिया था कि वह स्नातकजी थे। मेरे साथ-साथ चलते हुए वह गेट तक आए और मेरे लिए एक टूसीटर तय कर ड्राइवर को हिदायत देने लगे, "इनके घर तक छोड़कर आना। धीरे-धीरे ले जाना। मैंने प्रणाम किया तो गद्गद भाव से बोले, जा बेटी कल तुम्हारा पर्चा है, सुनने आऊँगा।"

यह स्नातकजी का प्राकृतिक भाव था। मैं न जाने कितनी बार इस भाव का साक्षी रहा हूँ। एक ओर जहाँ अनुसंधान के क्षेत्र में वह गहरे पैठते थे वहीं दूसरी ओर मानवीय सम्वेदना से उनका हृदय ओत-प्रोत था। उनकी अपनी व्यथा ने उन्हें परदुःखकातर बना दिया था। अपने बयासीवें जन्म दिन पर बधाइयों का उत्तर देते हुए उन्होंने पद्यात्मक पंक्तियों में जैसे अपना जीवन चरित्र ही लिख दिया था :

वैभव विलास, सुख ऐश कुछ भोगा नहीं,
नीरस निरीह दिन कट गए उदासी में
दुनिया के प्रपंच लूट, झूठ में फँसे नहीं
न्याय पथ छोड़ बने सेवक न किसी न्यासी के
वानप्रस्थी न होकर भी परिग्रह से सदा दूर रहे
घर में रहे ज्यों सहज प्रवासी से
लोभ मोह का प्रपंच काटे अभी कटा नहीं
स्नातक भये हैं आज वरस बयासी के

कितनी सभा समितियों से वह जुड़े रहे। अकादमियों के अतिरिक्त वे हिन्दी साहित्य सम्मेलन, ज्ञानपीठ की हिन्दी पुरस्कार समिति, उत्तर प्रदेश हिन्दी संस्थान, विश्व हिन्दी सम्मेलन आदि संस्थाओं में भी सक्रिय रूप से जुड़े रहे। हिन्दी साहित्य सम्मेलन के वे अध्यक्ष रहे पर हाँ, वहाँ फैली अव्यवस्था पर प्रहार करने से वे कभी नहीं चूके। फिर भी वह कभी न तो असहज हुए, न सम्वेदनाहीन ही, निरन्तर इनसान बने रहे। कितना कठिन है आज की दुनिया में इनसान बने रहना। काश, हम उनके जीवन से यह सीख सकें कि विद्वत्ता मानव सम्वेदना के आधार पर ही पनपती है।

स्नातकजी जैसे व्यक्ति इस सत्य को अपने अन्तर् में सहन कर रख सके थे। आज उनके जैसे व्यक्तियों की आवश्यकता है। वह सदेह हमारे सामने कभी नहीं आएँगे लेकिन उनके मानवीय गुणों से आवृत स्मृति सदा हमारा मार्ग प्रशस्त करती रहेगी। स्मृति पीड़ा देती है, स्मृति पवित्र करती है, स्मृति शक्ति भी बनती है।

उनकी वही स्मृति हमारा मूलधन बने।

जितना मैं जान सका

डॉ. रामदरश मिश्र

कवि ने कहा है 'भारत माता ग्रामवासिनी' अर्थात् भारत गाँवों में बसता है। लेकिन आज का युग तो नगरों का है और जब गाँव का निवासी नगर में आकर बसने को विवश हो जाता है, तो उसकी मानसिक स्थिति क्या होती है, इसकी झलक और गहरी पीड़ा डॉ. रामदरश मिश्र के व्यक्तित्व और साहित्य में मिलती है। ठीक याद नहीं, मैं कहीं जा रहा था—सामने से देखता हूँ कि तीन प्राध्यापक और साहित्यकार चले आ रहे हैं। बीच में हैं दीर्घकाय कुर्ता-धोती पहने, आँखों से सहज मुस्कान बिखेरते डॉ. रामदरश मिश्र। और उनके दोनों ओर नातिदीर्घ काया वाले दो सहयोगी प्राध्यापक। याद नहीं वे कौन थे, पर थे आधुनिक बुद्धिजीवी ही। बुद्धिजीवी तो डॉ. रामदरश मिश्र भी हैं; लेकिन प्रथम दृष्टि में मुझे ऐसा लगा कि देहात का कोई प्रबुद्ध व्यक्ति, प्रबुद्ध होकर भी अपने को देहात से मुक्त नहीं कर पा रहा है।

आज भी मेरे मन पर उनकी वही छवि अंकित है और उनके समूचे साहित्य में बार-बार वही द्वन्द्व मुखर हो उठता है और मन पर यह प्रभाव छोड़ जाता है कि "नगर में आ निकला, देहात की माटी की सौंधी-सौंधी गन्ध लिये, एक इंसान जो यहाँ की प्रकृति और संस्कृति से दूषित वातावरण से संघर्ष कर रहा है, याद करके गाँव गोट के संघर्षशील नर-नारियों को। वहाँ के प्रदूषण से वह बेखबर हो, ऐसा नहीं है। जमींदार, महाजन और राजनीति के शिकंजे में तड़पते, निपट देहातियों में भी वह खोज लेता है संघर्षशील इंसानों को।"

मैंने चर्चा की है उनकी अन्तर् तक को भिगो देने वाली सहज मुस्कान की, लेकिन कभी-कभी उस सहज मुस्कान में शरारत की झलक भी दिखाई दे जाती है। अपने पूर्व परिचित को देखते ही वह ललककर छाती से चिपटा लेते हैं। नागरिकता की दूरी पैदा करने वाली भावना, उनके स्नेह के स्रोत को नहीं सुखा सकती। मुझे

उनके बहुत पास जाने का सौभाग्य तो नहीं मिला, केवल एक बार उनके घर गया था और मैंने तब अनुभव किया था कि मुझे नहीं लगता कि यह घर मेरा नहीं है। बड़े समारोह में कोई पुराना शिष्य या शिष्या लपककर उनकी ओर आए और वह उन्हें सहेज न लें, ऐसा हो ही नहीं सकता।

'भारतीय लेखक संगठन' का एक अधिवेशन हमने गुजराती भाषा के साहित्यकारों के सहयोग से अहमदाबाद में किया था। मैं वहाँ यह देखकर चकित रह गया कि वहाँ के बहुत से साहित्यकार और प्राध्यापक ऐसे ललककर उनसे मिलते रहे जैसे वह उनके गाँव के हों। तब मुझे पता लगा कि वह आठ-दस वर्ष तक गुजरात के विभिन्न विद्यालयों में प्राध्यापक रहे हैं। एक बात मैंने तब भी अनुभव की कि वह सबसे गाँव के एक बुजुर्ग की तरह ही मिलते थे। भीगी आँखें और स्नेहसिक्त मुस्कान से मण्डित चेहरा।

देहरादून में भी कोई ऐसा ही अवसर आया। मैं भी आमन्त्रित था वहाँ। जब मैं डॉ. शशिप्रभा शास्त्री के घर पहुँचा, तो देखता हूँ कि वह समारोह के आयोजन के बोझ से दबी घबरा रही हैं और डॉ. रामदरश मिश्र उनके पास बैठे, मुस्कराते हुए उनकी ओर देख रहे हैं घर के एक बड़े बुजुर्ग की तरह और वह भी गाँव का बुजुर्ग। अपनत्व से सराबोर यह गाँव का अनगढ़ व्यक्तित्व शहर के आडम्बरपूर्ण वातावरण में अपनी पहचान कभी नहीं खो पाता।

विपुल साहित्य की रचना की है उन्होंने और उस पूरे साहित्य में गाँव और शहर का यह द्वन्द्व बराबर उभरता रहा है। गाँव से बिछुड़ने की पीड़ा बार-बार उभर उठती है। 11 कविता संग्रह, 11 उपन्यास, 12 कहानी संग्रह, 11 समीक्षा ग्रन्थ, निबन्ध संग्रह, यात्रा वृतान्त, संस्मरण, आत्मकथा, सब कहीं उन्होंने सहज भाव से आकलन किया है वातावरण का। न केवल बाहरी वातावरण का बल्कि आन्तरिक वातावरण का भी। उनकी चिन्तन-धारा, विचारों की कलात्मक अभिव्यक्ति, सब कुछ है, लेकिन देहात वहाँ भी नहीं छूटता, उनकी मज्जा में बस गया है वह। उनके अपने अतीत का दस्तावेज ही नहीं है, बल्कि वर्तमान का दस्तावेज भी है।

उन्होंने अपने एक निबन्ध में लिखा है, "अब जब कभी गाँव जाता हूँ तो प्रकृति उस पुरानी सहचरी की तरह लगती है, अक्षयगंधा, अक्षयरूपवती, अक्षयरसमयी, लेकिन गाँव के लोग वैसे नहीं लगते। उनके सम्बन्ध, उनके मूल्य टूट गए हैं। फक्कड़पन, बनियागीरी में बदल गया है। त्योहार-पर्वों का उल्लास, पैसे और राजनीति की हलचल में खो गया है, अब उसमें जीवन देने की ताकत नहीं रह गई है।"

अपनी रचना 'जहाँ मैं खड़ा हूँ' में उन्होंने अपने बचपन के नितान्त अभावग्रस्त पर सघन जीवन के चित्र उकेरे हैं; तो मस्ती का जीवन जीने का रहस्य भी बताया है। इसके लिए वह अपने माता-पिता और बड़े भाई के ऋणी हैं। सभी ममता से पूर्ण, पर माँ ऊर्जा से भरी-भरी। संघर्ष और अभाव में गौरवमयी। पिता दब्बू और

भावुक, पर मित्रों जैसा खुलापन था उनमें। भाई अपने लिए संन्यासी पर परिवार के लिए सर्वस्व दाता।

ये सब पढ़ते हुए मुझे लगा जैसे मैं अपने ही अतीत को देख रहा हूँ। बिल्कुल ऐसे ही वातावरण में मैं पला और पनपा गाँव में। और फिर शहर में आकर उसी संस्कृति को ओढ़ने को विवश हो गया जिसकी चर्चा मिश्रजी अपने कथा साहित्य में बार-बार करते हैं।

गाँव का चित्रण तो उनकी लेखनी से अपनी पूरी सम्पूर्णता में ऐसे झरता है जैसे पर्वतांचल में झरने झरते हैं। इसी रचना का एक लम्बा उद्धरण देने का लोभ मैं संवरण नहीं कर पा रहा, इसलिए भी नहीं कर पा रहा कि वह उनकी आस्था के स्रोत का साक्षी है, "अभाव के कीड़े-मकोड़े के दंश से तड़पते कछार के जीवन में कहीं बहुत बड़ी जीवनी शक्ति थी, रस का कोई अक्षय स्रोत था जिससे वह जीवन टूटकर भी नहीं टूटता था, रिसकर भी नहीं रीतता...बाढ़ हटते ही भूमि नहा-धो कर उभर आती थी और नए बीज डालने का उत्साह चारों ओर छा जाता था। मिट्टी अपने भीतर की सौंधी महक लुटाने लगती थी। जल निथरने लगते थे, घाट चालू हो जाते थे। फिर दशहरा, दिवाली, कार्तिक पूर्णिमा के त्यौहार तरह-तरह की छवि लिये आते थे, जीवन विहंस पड़ता था, अपने अभावों में भी गाने लगता था, अकेलेपन से बाहर आकर समूह की माला में गुँथ उठता था...भविष्य का एक सपना आँखों में पलने लगता था...प्रकृति लेती है, तो देती भी है।"

'चर्चित कहानियाँ' संग्रह में उनकी एक कहानी है, 'एक औरत एक ज़िन्दगी'। उसमें जैसे उनके उपर्युक्त विचार मूर्त हो उठे हैं। स्वयं ही वह उस कहानी को कह रहे हैं। उनका एक सहपाठी था, नरेश। खानदान तो वैसे उसका अपनी नंगई और गुण्डागर्दी के लिए मशहूर था, पर वह समझदार और नेकदिल था। मिडिल पास करके वह एक प्राइमरी स्कूल में शिक्षक हो गया था। उसी की बहू थी भवानी।

लेखक जब गाँव पहुँचता है तो देखता है कि भवानी खेत में कुदाल चला रही है। जमीन की परतें तोड़ रही है। ब्राह्मण अभिजात्य की जनी हुई सतह तोड़ रही है, नए बीज उगाने के लिए। वह विधवा है। पति और परिवार के दूसरे लोग हैजे की बीमारी में चल बसे। नरेश का पिता कोदई भी एक दिन मर जाता है। पाँच वर्ष बाद जब लेखक गाँव में जाता है तो उसकी कहानी सुनकर चकित रह जाता है। लेखक का मित्र सुकुमार उसे बताता है, "जानते हैं भइया, कोदई की तेरही होते ही वह घर से निकल पड़ी। गाँव की चकित बुढ़ियों में समझाया, 'बहू, अभी तुम्हें शोभा नहीं देता इस तरह से घूम-घूम कर काम करना। अभी नरेश को मरे कितने महीने हुए हैं और अभी कोदई को मरे कितने दिन हुए हैं। अरे, कुछ पूजा-पाठ में मन लगाओ, उसकी आत्मा को शान्ति मिलेगी'।"

भवानी ने बड़ा रूखा-सा उत्तर दिया—"हाँ, ठीक कहती हो काकीजी, मैं

पूजा-पाठ में मन लगाऊँ और गाँव वाले मेरी खेती-बाड़ी में मन लगाएँ और एक दिन पूजा से जागकर पाऊँ कि मेरे सारे खेत पट्टीदारों के नाम हो गए हैं और मैं अपने दोनों बच्चों को लेकर भिखारिन-सी रास्ते पर खड़ी रहूँ। इससे उसकी आत्मा को शान्ति मिलेगी न।''

लेखक लिखता है, ''भवानी ने अपना घूँघट उलट दिया, मानो सारे गाँव का घूँघट उलट गया। वह घूम-घूमकर अपने सारे खेत देख आई, पहचान आई। खेत थे ही कितने, केवल दो बीघे, मगर कई टुकड़ों में बँटे हुए।''

कैसे अपने खेतों को सँभाला, कैसे अपनी ओर बढ़ते ललचाई आँखों से देखते गुण्डों से लोहा लिया। बड़े दर्दनाक संघर्ष की कहानी है वह। ऐसे संघर्ष की जिससे वह जूझती है पर टूटती नहीं। कामातुर धनपतियों के मुँह पर दाँत काट लेती है, मानों शोहदेपन की छाती में छुरा घोंप देती है। लेखक अपने मित्र से कहता है, ''बड़ी दुःखी है बेचारी।''

मित्र का उत्तर है, ''दुःखी ? नहीं भइया, वह दुःखी नहीं है। दुखी तो वे लोग हैं जो खूब खा-पीकर, दूसरों को हड़पकर मुँह लटकाए रहते हैं। उसे देखिए, कभी उसके चेहरे को बुझा हुआ नहीं पाएँगे। चक्की चलाते समय, खेत क़ाटते समय, रास्ता चलते समय, उपवास सहते समय, गाती ही रहती है। सबसे हँसकर ही बोलती है। पता नहीं, भीतर का इतना रस उसे कहाँ से मिला।''

तीर्थ-व्रत सब छोड़ दिए उसने, गजब की हिम्मत है उसमें। माघ, पूस, फागुन हो, वह खेतों में हवा के समान दौड़ती रहती है और गाँव वालों से लोहा लेती रहती है। बरस पर बरस बीतते गए उसे ऐसे ही जूझते अभावों से, कुरूपता से, अन्धकारों से, उपवास पर उपवास किए, बाधाओं पर बाधाएँ थीं, लेकिन किसी के सामने झुकी नहीं। अपार जीवट पाया है इस औरत ने। अपने कोले के अमरूदों, जामुनों, नीबुओं को ले जाकर बाजार में बेचने लगी, तो लोग झल्लाए ! ''गाँव की नाक कट रही है, ब्राह्मण की औरत का कुजड़िन की तरह बाजार में बैठना बड़ा ही खराब है।''

भवानी ने कहने वालों को सुना दिया, ''और जूठी हाँड़ी में मुँह डालते घूमना, खलियान फूँक देना, बैल चुरा लेना ब्राह्मण का काम है ?''

इतना ही नहीं, लेखक लिखता है, ''जब हम दशहरे के मेले में जा रहे थे, तो भवानी खेत में अपने लड़के के साथ हेंगा खींच रही थी और लड़की हेंगे पर चढ़ी हुई थी। मैंने कल्पना नहीं की थी कि स्वतन्त्र भारत में एक औरत बैल की तरह हल-हेंगा खींच सकती है। मुझे देखकर उसने पसीना पोंछा और हँसती हुई बोली, ''बाबा, मेला जा रहे हैं...अच्छा कर रहे हैं बाबा, आए हैं तो अपनी जमीन को पूरा अपनाकर जाइए।''

लड़के चिल्ला रहे थे, ''नीलकण्ठ नील बारी-बारी/सीता से कहिह भेंट अँकवारी/ हमार नांव किसन मुरारी।''

भवानी ने क्षण-भर का मौन तोड़ते हुए कहा, "बाबा, सीताजी से मेरी भेंट-अँकवार कह दीजिएगा।"

"कह दूँगा।" कहकर मैं अनमना-सा आगे बढ़ा, पीछे एक गुनगुनाती हुई आवाज छूट रही थी।

यही आवाज रामदरश मिश्र के पूरे साहित्य में गूँज रही है। सारे चित्र खींचने लगूँ तो पूरा एक ग्रन्थ हो जाएगा। गाँव के नर-नारियों के बोलते चित्र उकेरे हैं उन्होंने। लेकिन उनके सपनों की नारी भवानी जैसी ही है। जो शहर में कहीं दिखाई नहीं देती। ऐसी ही एक कहानी है 'हद से हद तक'। उसका अन्त देखिए : "एक बुढ़िया है। उसकी बेटी थी, जो मर गई, दवा के बगैर तड़प-तड़प कर। एक दिन उसने एक ऐसी ही लड़की को देखा, जिसका सब कुछ लुट गया था। दर्दनाक कहानी थी उसकी, कहाँ जाए वह, तभी वह बुढ़िया उसके पास पहुँची, बोली, "चल, मेरे यहाँ चल।"

वह कुछ नहीं बोली, केवल खड़ी रही, और बिखरते लोग जाते-जाते फिर रुक गए थे। बुढ़िया बोली, "चल बेटी, ये जितने तमाशा देखने वाले हैं न, औरत का दुःख नहीं समझते, ये केवल मज़ा लेते हैं। अभी तू इन्हें अकेले में मिल जाए न, तो तेरा पाँव चाटने लगेंगे। लेकिन खुले आम, कुलटा कहेंगे, छिनाल कहेंगे।"

"ऐ बुड्ढी, क्या बक रही है, तेरी शामत आई है क्या ?" कुछ लोग चिल्लाए।

"चल बेटी, चल, इन्हें भूँकने दे। सरकार का दिया हुआ कमरा है, अपनी कमाई का खाती हूँ, मुझे किसी का डर नहीं।"

और वह उसके साथ हो ली, लोग देखते रह गए।

बुढ़िया बोलती जा रही थी, "मेरा कोई नहीं, मैं चौका-बर्तन करती हूँ। तेरी जैसी एक बेटी थी, वह बीमारी में दवा बगैर तड़प-तड़प कर मर गई। तुझे देखा तो उसकी याद आ गई। देख बेटी, मैं जानती हूँ, औरत बुरी नहीं होती, उसे बुरा बनाया जाता है। तू जो भी रही हो, अपनी मर्जी से नहीं रही होगी। लेकिन अब तू अपने हाथों के काम पर जीना सीख। तुझे चौका-बर्तन के कुछ काम दिला दूँगी। थोड़ा ही मिलेगा, लेकिन उससे मन को चैन मिलेगा। समझी न, बेटी।"

वह चुप थी, बोली, "हाँ, माँ समझ रही हूँ।"

"तेरे मुँह से 'माँ' कितना प्यारा लगता है, बेटी।"

"हाँ माँ, आँ...आँ..." वह रोने लगी थी। बुढ़िया की आँखों में उसकी माँ की आँखें उतर आई थीं।

बहुत कुछ है कहने को। इसी संग्रह की अन्तिम कहानी 'अपने लिए' एक औरत की ऐसी ही कहानी है। बिना बताए एक पागल से उसका विवाह कर दिया

गया। फिर जो कुछ होता है, वह होता है, लेकिन भाग जाने का मन बनाकर उसे छोड़ नहीं पाती।

"सोचा था रात को भाग जाऊँगी। वह रात को कहीं से बड़बड़ाते हुए आए, देखा, उनके ललाट से खून बह रहा था। लगता था, किसी से लड़ाई-झगड़ा किया है। मरहम-पट्टी की गई।

खा-पीकर मेरे कमरे में सोए तो कुछ शान्त थे। मैं जगी थी। बैठी-बैठी उन्हें देख रही थी। धीरे-धीरे मन में उनके प्रति करुणा उमड़ने लगी। आखिर मेरी ही तरह इस आदमी का भी क्या दोष है ? कौन चाहता है पागल होना ? लोग पागल बना देते हैं। क्या मैं इन्हें असहाय छोड़ जाऊँ ? मेरे भागने पर मुझे क्या मिलेगा मौत के सिवा ? नहीं, मैं कहीं नहीं जाऊँगी। लड़ूँगी अपने भाग्य से। लड़ूँगी इस आदमी के लिए। लड़ूँगी अपने लिए।"

इधर जो उन्होंने नई कहानियाँ लिखी हैं, उनमें और भी निखार आया है। सहजता की बात हम छोड़ भी दें तो परत-दर-परत खुलती उनकी नई कहानियाँ इस बात का प्रमाण हैं कि वे मानवीय सम्वेदना और मानवीय चरित्र को अपने सही रूप में बड़ी गहराई से तलाश करते नजर आते हैं। 'गगनांचल' के जनवरी-मार्च 98 के अंक में उनकी कहानी 'परिणति' इसी ओर संकेत करती है। 'परिणति' की ही तलाश है उन्हें। और ये पंक्तियाँ इस बात का प्रमाण हैं, "अब यही देखो, अभी तक हम लोग बहुत साफ-सुथरे ढंग से जी के जीवन और व्यक्तित्व की गलाज़तों को देख रहे थे, उन पर हँस रहे थे, घृणा कर रहे थे, क्रोध कर रहे थे, किन्तु ज्यों ही थोड़ा ठहरकर गलाज़तों के अन्दर देखना शुरू किया, उनका रंग बदलने लगा, दूसरे आयामं खुलने लगे और मन इतनी आसानी से जीवन पर न हँस पा रहा है, न घृणा कर पा रहा है, न क्रोध कर पा रहा है बल्कि एक यन्त्रणा-बोध सा अनुभव कर रहा है।"

केवल उनकी कहानियों में ही नहीं, बल्कि उपन्यासों में भी शहर और गाँव का गहरा तुलनात्मक अध्ययन मुखर हुआ है। छोटे नगरों को भी उन्होंने बहुत पास से देखा और परखा है। अपने उपन्यास 'अपने लोग' में छोटे शहर को गँवई शहर कहते हैं। "अजीब लेथारजिक शहर है यह। किसी में कोई स्फूर्ति ही दिखाई नहीं पड़ती है। किसी को कोई शिकायत ही नहीं होती है और होती भी है तो अलग-अलग। दिल्ली की ज़िन्दगी चुस्ती से मुँह में सिगार दबाए कार या स्कूटर पर भागती दिखाई पड़ती है, और यहां की ज़िन्दगी जैसे आहिस्ता-आहिस्ता सुरती मलती है, ठोंकती है; इत्मिनान से ओंठों के बीच दबाती है और फिर पैदल या रिक्शे पर चल पड़ती है। दिल्ली में लोग जैसे सुबह को जगाते हैं और यहाँ सुबह लोगों को जगाती है। आदि-आदि।"

नगरों के राजनीतिक पैतरों का भी बड़ा मुँह-बोला चित्रण किया है उन्होंने।

बुद्धिजीवी और सृजनात्मक साहित्यकार में जो अन्तर है उसे भी वह रेखांकित करते हैं। अपने पात्र शिवराज चौधरी का परिचय देते हुए वह कहते हैं, ''वह बहुत लचीले व्यक्ति हैं, सबकी पीड़ा से पिघल जाते हैं। वे वियतनाम के दर्द से भी पिघलते हैं, और कांग्रेस के दर्द से भी। वे एक ही साथ आधुनिकता का चश्मा लगाकर दिल्ली और पेरिस को भी देख सकते हैं और अपने अफसर के घर के किचन को भी। वह एक ही साथ मार्क्स, गाँधी, लोहिया और इन्दिरा सबके गीत गा सकते हैं। रामप्रसाद बिस्मिल की तस्वीर को देखकर भी उनकी आँखें नम हो जाती हैं।''

वह नर-नारी के सम्बन्धों को भी गहराई से देखते हैं। उनकी नारी मात्र मार खाने वाली या पुरुष के प्यार के चंगुल में पिघलने वाली नहीं। उनके एक पात्र बी. लाल अपनी होने वाली पत्नी को एकान्त में बुलाकर उससे बातें करते हैं, ''तुम्हें बेहद प्यार करता हूँ। बात यह है कि तुम इतनी सुन्दर हो कि तुम्हारे पास आकर मैं होशो-हवास खो बैठता हूँ। तुम भी मेरी हो और तुम्हारी ये सब चीज़ें भी मेरी हैं।''

मंजरी उत्तर देती है, ''ये सब चीजें तो वेश्या के पास भी होती हैं बी. लाल। लेकिन जहाँ सच्चा प्यार होता है, वहाँ इस बात का विवेक भी होता है कि इन चीजों का उपयोग कब और कहाँ किया जाए। प्यार में इन चीजों के उपयोग से बड़ी चीज होती है अपने प्रिय की इच्छा-अनिच्छा, सुख-दुख और इज्जत को समझना।''

यह ठीक है कि आज के बड़े नगरों के जीवन के लिए इन बातों का कोई अर्थ नहीं है पर भविष्य में नहीं होगा, यह कौन कह सकता है। इस उपन्यास में मिश्रजी राप्ती नदी को सम्बोधित करते हुए जो कुछ कहते हैं, वह आज की सही तस्वीर है, ''लेकिन आदमी ने आदमी से छल करके उस प्यार और मार का अलग-अलग बँटवारा कर लिया है। काश, उसने तुम्हारी सहज फुसकार को बाँधकर सबके लिए ऊर्जा में बदल दिया होता और तुम्हारे प्यार को और भी गाढ़ा बना लिया होता। वर्षों दूर रहकर भी मैं अनुभव कर रहा हूँ कि तुम्हीं मुझमें जी रही हो। माना कि तुम्हारा समाजवाद अधूरा है किन्तु समतामूलक तो है। क्या तुम्हारे समाजवाद से हम कुछ भी सीख नहीं सकते ? कुछ भी नहीं... ।''

इसी तरह साम्प्रदायिक समस्या के यथार्थ को उन्होंने पकड़ा है और उसे भड़काने वाले पेशेवर लोगों को बेनकाब किया है। सामान्य हिन्दू या मुसलमान अफवाहों के चक्रव्यूह में फँसकर ही अपने विवेक को खो देता है।

मिश्रजी के सौम्य और सरल व्यक्तित्व के पीछे यथार्थ के लिए कितना आग्रह है, उस यथार्थ के माध्यम से ही वह सच को पकड़ना चाहते हैं। वह कवि भी हैं, पर मैंने उनकी कविता की चर्चा नहीं की। लेकिन उनमें भी वह आज के यथार्थ को नहीं भूले हैं। 'नई शताब्दी' शीर्षक कविता की पंक्तियाँ इसका प्रमाण हैं :

क्या विज्ञान की मेधा की पिशाची ज्वाला
संस्कृति के रस का वरदान पाएगी ?
क्या हम आकाश को सँवारने से पहले
देखेंगे कि हमारी धरती कैसी है ?

और अन्त में उनकी एक और कविता 'प्रतीक्षा' उद्घृत कर रहा हूँ। उसके बाद कुछ कहने को नहीं रह जाता :

एक-एक कर सब चले जा रहे हैं
उसे अकेला करते हुए
छोड़ते हुए सन्नाटे पर सन्नाटा
उसे लगता है
आगे आने वाला सन्नाटा और भी बड़ा है
फिर भी लगातार
वह किसी-न-किसी की प्रतीक्षा में खड़ा है।

एक बहुआयामी व्यक्तित्व

लक्ष्मीचन्द्र जैन

श्री लक्ष्मीचन्द्र जैन का स्मरण आते ही स्मृति पटल पर एक ऐसी मूर्ति उभर आती है, जिसके मुख पर सदा स्नेह और रहस्य-युक्त मुस्कान अवलोकित होती रहती है। वह बोलते हैं ऐसे ही मधुर, मृदुल स्वर में। लेकिन जब उनके कार्यक्षेत्र का व्यापक रूप उभरकर सामने आता है तो आश्चर्य होता है, ऐसा शान्त व्यक्तित्व और इतना विपुल व्यापक क्षेत्र।

भारतीय ज्ञानपीठ को इतनी ऊँचाइयों पर ले जाना उनका ही काम है। साथी और भी थे, पर उनके गतिमय व्यक्तित्व ने उसे जो गरिमा प्रदान की, वह उनकी साधना के बिना सम्भव नहीं हो सकती थी। प्रकाशन जगत में ज्ञानपीठ का अपना महत्त्वपूर्ण स्थान है। जहाँ एक ओर वहाँ से विपुल जैन साहित्य का प्रकाशन हुआ, वहीं उसने आधुनिक साहित्य के मानदण्ड भी स्थापित किए। निःसन्देह इस सफलता के पीछे साहू परिवार तथा अनेक गण्यमान्य व्यक्तियों का योगदान रहा है। परन्तु सही दिशा के अभाव में वह योगदान बिखर भी सकता था। पर ऐसा नहीं हुआ, उसका कारण यही था कि श्री लक्ष्मीचन्द्र की कार्य प्रणाली के पीछे एक दृष्टि थी। उस दृष्टि ने ज्ञानपीठ के प्रकाशनों को साहित्य जगत में अपना एक स्थान बनाने का अवसर दिया।

उन्होंने न केवल प्रकाशन जगत में सफलता की ऊँचाइयों को छुआ बल्कि एक मासिक पत्रिका 'ज्ञानोदय' का प्रकाशन करके उन्होंने उस क्षेत्र में भी नए मानदण्ड स्थापित किए। कैसे प्रारम्भ में प्रकाशित होने वाली एक छोटी-सी पत्रिका ने हिन्दी जगत की साहित्यिक पत्रकारिता में बहुत शीघ्र उन ऊँचाइयों को छू लिया जो किसी भी पत्रिका के लिए गौरव का विषय हो सकता है। निश्चय ही इस सफलता में हिन्दी के अनेक जाने-माने साहित्यकारों का योगदान रहा, पर उन सबके पीछे लक्ष्मीचन्द्र

जैन बराबर खड़े रहे। साहू शान्तिप्रसाद जैन जी की पत्नी श्रीमती रमा जैन पीछे रहकर उनका सम्बल बनी रहीं। पर उस सम्बल का उपयोग करना भी तो एक कला है। एक परिवार की तरह मिलकर इन सब लोगों ने हिन्दी साहित्य को वह गरिमा प्रदान की जो बहुतों के लिए ईर्ष्या का विषय हो सकती है।

दुर्भाग्य से 'ज्ञानोदय' का प्रकाशन स्थगित करना पड़ा, यह हिन्दी जगत का दुर्भाग्य था। धीरे-धीरे और भी ऐसी अनेक पत्रिकाएँ अकाल में ही काल के मुँह में समा गईं। लेकिन लक्ष्मीचन्द्र जैन ने हार नहीं मानी। उन्होंने साहू परिवार को साहित्य जगत में प्रकाशित होने वाले मानक ग्रन्थों के लिए ज्ञानपीठ पुरस्कार की स्थापना करने की प्रेरणा दी। यह पुरस्कार मात्र हिन्दी साहित्य के लिए ही सीमित नहीं था, बल्कि इसकी परिधि में भारत की सभी भाषाएँ सम्मिलित थीं। इसकी समिति के गठन और कार्य संचालन में लक्ष्मीचन्द्र जी का महत्त्वपूर्ण योगदान रहा है।

बहुत से मित्रों का बहुत सी बातों को लेकर मतभेद हो सकता है। मतभेद होना अहितकर नहीं है, बल्कि हितकार ही है, बशर्ते कि उसके पीछे दुर्भावना न हो। कोई कार्य करना इतना महत्त्वपूर्ण नहीं है, जितना उसे कैसे करना। लक्ष्मीचन्द्र जी इस बात को अच्छी तरह अनुभव करते हैं, तभी सारे विवादों से ऊपर उठकर ज्ञानपीठ पुरस्कार अभी भी आदर की दृष्टि से देखा जाता है। गलतियाँ होना स्वाभाविक है। कभी-कभी राजनीति भी आड़े आ जाती है, पर ये बातें श्री लक्ष्मीचन्द जी को बहुत परेशान नहीं करती थीं।

मात्र यही पुरस्कार ही नहीं बल्कि एक और पुरस्कार, मूर्तिदेवी पुरस्कार, देने की भी व्यवस्था की। यह उन श्रेष्ठ पुस्तकों पर दिया जाना था जो किसी जैन कथानक के आधार पर लिखी गई हैं। अब यह शर्त भी हटा ली गई है। हिन्दी के ही नहीं दूसरी भाषाओं के व्यक्तियों को भी यह पुरस्कार दिया गया है, लेकिन उन पुस्तकों का हिन्दी भाषा में लिखा जाना अनिवार्य रखा गया है।

मैंने भी जैन धर्म के प्रथम तीर्थंकर ऋषभदेव के पुत्रों भरत और बाहुबली के संघर्ष को लेकर 'सत्ता के आर-पार' नामक एक नाटक लिखा था। यह इस पुरस्कार की स्थापना से बहुत पहले लिखा गया था और इसके पीछे श्री लक्ष्मीचन्द्र जी की प्रेरणा न होती तो शायद मैं उस समय न लिख पाता। वह भगवान गोम्मटेश्वर बाहुबली की प्रतिमा की स्थापना के सहस्राब्दी महोत्सव एवं महामस्तकाभिषेक का अवसर था। लक्ष्मीचन्द्र जी चाहते थे कि मैं फरवरी 81 से पहले ही यह नाटक लिखकर उनको दे सकूँ। इसलिए वह निरन्तर मुझे उकसाते रहे, प्रेरित करते रहे। विपय मेरे अनुकूल था। सभ्यता के प्रारम्भिक युग में जनता का राज सत्ता पर कितना प्रभाव था, इस बात ने मुझे बहुत प्रभावित किया, इसलिए मैंने लिखने का निश्चय किया था, लेकिन उसे समय पर लिखवा लेना लक्ष्मीचन्द्र जी का ही काम था। उन्होंने न केवल मुझसे यह नाटक लिखवाया बल्कि उसकी भूमिका भी स्वयं लिखी। वाद

में इसी नाटक पर मुझे मूर्तिदेवी पुरस्कार मिला, उसका सारा श्रेय लक्ष्मीचन्द्र जी को जाता है।

लक्ष्मीचन्द्र जी के बारे में लिखते हुए यह कभी नहीं भूलना चाहिए कि उनकी सारी सफलताओं के पीछे उनकी पत्नी श्रीमती कुन्था जैन का अद्भुत सहयोग है। जहाँ कहीं भी वह मिलते, दोनों एक साथ मिलते। उस आदर्श दम्पति को देखकर मुझे सदा बहुत प्रेरणा मिलती। कुन्था जी तो बहुत ही सहज, सरल और मधुर स्वभाव की हैं, लेकिन उतनी ही प्रतिभाशाली भी हैं। साहित्य-सृजन का यह गुण तो उनके सारे परिवार में रच-बस गया है। उनकी पुत्री डॉ. इन्दु जैन हिन्दी जगत की जानी-मानी कवयित्री हैं, और महत्त्वपूर्ण कवयित्री हैं। सौम्यता, सरलता और साहित्यिक प्रतिभा ये सब उन्हें विरासत में मिले हैं।

लक्ष्मीचन्द्र जी का परिवार केवल रक्त के परिवार तक ही सीमित नहीं है, बल्कि उनके परिवार की परिधि बहुत विशाल है, जो नाना प्रान्तों और भाषाओं की सीमाओं को पार करके सारे भारत को अपने में समेटे है।

किसी व्यक्ति की इतनी और ऐसी उपलब्धि क्या गर्व करने योग्य नहीं है ? मनुष्य है तो उसमें कुछ मनुष्योचित दुर्बलता का होना भी स्वाभाविक है। पर हम जब भी किसी का मूल्यांकन करना चाहते हैं, तो व्यक्ति की समग्रता और उसके साकार पक्ष को पहले सामने रखना होगा, और याद रखना होगा, कमजोरियों से कटकर कोई महान नहीं होता, बल्कि यही कमजोरियाँ उसकी शक्ति बन जाती है, क्योंकि वह उसे चुनौती देती हैं। श्री लक्ष्मीचन्द्र जैन ने ऐसी चुनौतियों को सदा स्वीकार किया है, और इसीलिए वे उनकी शक्ति बन गई हैं। लक्ष्मीचन्द्र जैन इसी शक्ति के प्रतीक हैं।

एक प्यारा इंसान

विमल मित्र

आधुनिक भारतीय साहित्य में जो सबसे अधिक लोकप्रिय लेखक के रूप में जाने जाते हैं, वह हैं विमल मित्र। प्रथम दृष्टि में वह तनिक भी कम हो गई दृष्टि के कारण ग्रहण लगा जैसा मुख-मण्डल पर जैसे दृष्टि से दृष्टि का तार मिलता तो लगता कि कुछ है जो देखने वाले के अन्तर् तक को आलोड़ित-कंपित कर जाता है। वही बेधक दृष्टि उनकी रचनाओं में उसी तरह व्याप्त है।

देर तक देखते रहने पर तो यह भी लगता था कि हमारे सामने जो व्यक्ति है उसके अन्तर में कहीं कोई ग्रन्थि है जो बातें करते हुए सहसा सरल, सहज और स्नेहपूर्ण व्यक्ति को आवेश से आतंकित कर जाती है। उनके प्रसिद्ध उपन्यासों के कई पात्रों में वह आतंक कहीं निरीहता में तो कहीं अहिंसक आक्रमण की मुद्रा में चित्रित हुआ है। कहीं सामाजिक विसंगतियों पर चोट करते उनके पात्र निराशावाद के चक्रव्यूह में फँस जाते हैं।

उनके सबसे प्रसिद्ध महाकाव्यात्मक उपन्यास अगस्त, 1690 में अंग्रेजों के आगमन से लेकर अगस्त, 1947 में भारत के स्वतन्त्र होने तक की पृष्ठभूमि पर आधारित हैं। *बेगम मेरी विश्वास; साहिब, बीवी और गुलाम; खरीदी कौड़ियों के मोल* और *इकाई, दहाई, सैकड़ा* इसी युग का दर्पण हैं। उनके पीछे मात्र किस्सागोई नहीं है। स्वयं लेखक ने कहा है, "ये उपन्यास इतिहास पर आधारित तो हैं ही लेकिन उससे भी अधिक सत्य पर आधारित हैं।"

अभी मैंने जिक्र किया कि उनकी प्रमुख कृतियों के प्रमुख पात्र उस चक्रव्यूह में फँस गए हैं। विद्वानों ने इसे उनकी मौलिक विशेषता कहकर अभिनन्दित किया है परन्तु मुझे इसका एक और कारण प्रतीत होता है। बचपन में उन्हें माँ का प्यार नहीं मिला। यह उन्होंने स्वयं स्वीकारा है। यद्यपि उन्होंने अपने उपन्यासों में माँ

के मधुर प्यार का भी चित्रण किया है परन्तु माँ के प्यार के अभाव की वह कचोट कहीं-न-कहीं उनके अन्तर में जड़ जमाकर बैठ गई और वह अदृश्य ग्रन्थि उनकी हर क्रिया को प्रभावित करती रही। *बेगम मेरी विश्वास* के प्रमुख पात्र पशुपति बाबू के माध्यम से स्वयं अपने ही को तो उदघाटित किया है :

"दो सौ साल पहले की उस विचित्र मेरी बेगम की कथा जैसे मन को झकझोर देती है। लगता है, एक दिन ऐसा भी आ सकता है जिस दिन आज की कुटिल और जटिल दुनिया के लोगों की भीड़ में से कम-से-कम एक ऐसे आदमी का आविर्भाव होगा, जो कह सकेगा, अपनी बुद्धि, मन और अहंकार से मुक्ति पाए बगैर कैसे कह सकता हूँ कि मैंने तुम्हें पा लिया। तुम्हें पाने का मूल्य चुकाए बगैर तुम्हें पाना बेकार है।"

और–

मराली–"मैं भ्रष्ट हो चुकी हूँ।"

उद्धवदास–"देह भ्रष्ट होने से मनुष्य भ्रष्ट नहीं होता है। देह खोल है, उसके लिए आत्मा में कोई दाग नहीं लगता। है न प्रभु ? आत्मा का लिंग नहीं है, मन नहीं है, अहंकार नहीं है। तुम्हारी आत्मा भ्रष्ट नहीं हुई है।"

साहिब, बीवी और गुलाम सामंती युग की विसंगतियों पर गहरा प्रहार है। छोटी बहू का चित्रण तिलमिला देता है। इसकी प्रेरणा उन्हें इसी युग की एक घटना से मिली थी। एक बन्धु थे जो रोज रात को बाहर चले जाते थे, आखिर एक दिन पत्नी ने पूछ ही लिया कि आप ऐसा क्यों करते हैं ?

उनका उत्तर था, "बाहर मुझे शराब पीने वाली, नाचने-गाने वाली मिलती हैं।"

पत्नी ने कहा, "अगर मेरे यह सब करने से तुम घर पर रहो तो यह भी करूँगी।"

और उसने ऐसा किया। वह बन्धु फिर कभी बाहर नहीं गए।

इस घटना ने विमल मित्र के अन्तर् के लेखक को झकझोर दिया। लेकिन आधुनिक युग को लेकर वह ऐसा चित्रण करते तो क्या वह उचित होता ?

खरीदी कौड़ियों के मोल की घटना 14 साल तक उनके भीतर घुमड़ती रही। इसमें मनुष्य पैसे की चकाचौंध में इस कदर अन्धा हो जाता है कि वह हर चीज को पैसे से खरीदना चाहता है। इस उपन्यास को सन् 1964 में 'रवींद्र पुरस्कार' से सम्मानित किया गया था।

उन्होंने सौ से अधिक उपन्यास और तीस से अधिक कहानियाँ लिखी हैं। इसी विषय पर मैंने उनसे एक बार पूछा कि आप इतना लिख कैसे पाते हैं ?

उनका उत्तर था, "इसका मात्र एक ही कारण है और वह कारण है कि बंगाल के सभी साहित्यकारों ने मेरा विरोध किया और मेरी निन्दा की, यह निन्दा मेरे लिए आशीर्वाद हुई।"

उनके महाकाव्यात्मक उपन्यासों में बहुत से समीक्षकों को जो बिखराव दिखाई देता है, उसका एक विचित्र कारण है, वह है संगीत। शास्त्रीय संगीत से उन्हें बेहद लगाव रहा। जिस तरह से शास्त्रीय संगीत का महान गायक एक पंक्ति को नाना रूपों में प्रस्तुत करते हुए उसे सम पर ले आता है, उसी तरह विमल दा ने यह स्वयं स्वीकार किया है कि वह एक ही बात को नाना-रूपों में और नाना-पात्रों द्वारा प्रस्तुत करते हुए अपने लक्ष्य पर पहुँच जाते हैं।

इस बात को उन्होंने बार-बार अपने भेंटकर्ताओं को बताया है। रणवीर रांग्रा से अपनी भेंट में उन्होंने विस्तार से इसकी चर्चा की है :

"लोग मुझ पर आरोप लगाते हैं कि मैं अपनी कहानी को खूब लम्बा खींचता हूँ और एक ही बात बार-बार दोहराता हूँ। लेकिन यह शैली मैंने कितने कष्ट से सीखी है, यह समझ पाना मुश्किल है। सन् 1936 में उस्ताद अब्दुल करीम खाँ साहब जब कलकत्ता में आए, उन्होंने भैरवी, ठुमरी गाई, 'जमुना के तीर/गोकुल ढूँढ़ा, वृंदावन ढूँढ़ा/कौन कैसे लागे तीर।'

"पूरे गीत के यही बोल थे। किन्तु इस साधारण तीन पंक्ति की रचना को लेकर तबले की आठ मात्रा के 'मत' के ठेके के साथ ताल रखकर उस दिन उन्होंने कितना अलौकिक कार्य करके दिखाया। तीन घण्टे तक उनकी वह क्या कसरत थी ! एक ही कथा का हजार बार उच्चारण कर, एक ही परदे पर बार-बार आकर, कथा को तोड़-मरोड़ और घुमा-फिराकर भैरवी-रागिनी के समस्त रस को निचोड़कर हम सबको एक शाश्वत ध्रुव, एक वैराग्य की ओर ले गए और हम उस ध्रुव और वैराग्य का स्पर्श पाकर परिशुद्ध हो गए, पवित्र हो गए। उस्ताद गीत गाने लगे और मैं स्वयं का अन्वेषण करने लगा।"

बंगाल के प्रसिद्ध कथाकार शंकर को यह सब सुनाते हुए वह अचानक बोले, "संगीत मेरे मन में घर न करता तो *साहिब, बीवी और गुलाम* मेरे लिए लिखना सम्भव नहीं होता।"

अपने लेखन के विषय में उन्होंने कई बार कई बातें कही हैं। मैंने उन्हें किसी प्रसंग में लिखा था कि मैं दिल्ली में रहकर नहीं लिख सकता, जब लिखना होता है, बाहर चला जाता हूँ। उत्तर में उन्होंने अपने अन्तर् की व्यथा को व्यक्त करते हुए लिखा, "लेकिन मुझे यह सुविधा नहीं है। मैं तो कलकत्ता में ही रहकर लिखने के लिए बाध्य हूँ। बंगला में एक कहावत है, 'मैं स्नान करूँगी, पर मेरे केश भीगेंगे नहीं।' उसी तरह मैं बड़े शहर में रहते हुए भी निर्लिप्त रहता हूँ। कलकत्ता तो दिल्ली की तुलना में और भी अशान्त शहर है। मैं भी शहर को छोड़कर जाना चाहता हूँ परन्तु शहर मुझे छोड़ेगा ? रूस में लेखकों को दो कोठियाँ दी जाती हैं, एक शहर में और एक गाँव में। हमारे देश में जब तक यह सुविधा नहीं होती, तब तक यह परिस्थिति भोगनी ही पड़ेगी।"

"देश की अवस्था कैसी भी हो, मुझे तो लिखना ही पड़ेगा। अभी मुझे पाँच महीने में तीन उपन्यास लिखने पड़े हैं, क्योंकि पत्र-पत्रिका वाले मुझे छोड़ते ही नहीं। मैं एक-एक पेज लिखता हूँ और प्रतिदिन पत्रिका वाले एक-एक पृष्ठ ले जाकर प्रेस में देते हैं। हम लोगों का यही दुर्भाग्य है। लेखक का गुण जो भी हो, सम्पादक लेखक का नाम चाहते हैं। इस युग में बंगाल में बढ़िया लेखक का प्रादुर्भाव होना बहुत मुश्किल है। बढ़िया लिखने के लिए पर्याप्त समय ही नहीं दिया जाता। जो लेखक नौकरी करते हैं उनका भी वही हाल है तथा जो लेखक नौकरी नहीं करते, उनका भी वैसा ही। ईमानदारी, सच्चाई आदि तो आजकल शब्दकोश में ही मिलेंगे।"

इसीलिए उनकी बाद की लिखी रचनाओं में उस साधना का आभास नहीं मिलता जो आरम्भिक रचनाओं में मिलता है। यह आत्म-स्वीकृति क्या मात्र केवल उनकी ही है।

बंगला में जिस प्रकार पत्रिकाओं के विशेषांकों के लिए उपन्यास लिखाए जाते हैं वैसा सम्भवतः कहीं और नहीं है। शरत् बाबू के साहित्य का अधिकांश भाग भी इसी तरह अस्तित्व में आया। और यह भी एक संयोग ही है कि दोनों पर लोकप्रिय लेखक होने का आरोप लगाया गया। मानो लोकप्रिय होना लेखक होना नहीं है।

क्या लोकप्रियता अपने आप में एक दोष है ? जो लेखक सीमाओं को तोड़कर सबका हो जाता है, वह क्या सचमुच स्रष्टा नहीं है ?

यह एक जटिल प्रश्न है जो महान साहित्य और लोकप्रिय साहित्य की व्याख्या चाहता है। क्या वे लोकप्रिय लेखक जो एक वृहत्तर समाज को आन्दोलित करते हैं, उनको दिशा देते हैं, वे क्या सचमुच हेय हैं ?

और भी बहुत-से लेखकों का नाम लिया जा सकता है लेकिन बात यहाँ केवल विमल दा की हो रही है। वह शरत् को अपना साहित्यिक पिता मानते थे और यह आश्चर्य की बात नहीं है कि प्रसिद्ध बंगला लेखक शंकर, विमल दा को अपना गुरु मानते हैं। उन्हीं के शब्दों में कहूँ, "विमल मित्र के साथ मेरा सम्बन्ध तो रहा पर टालस्टाय के सम्बन्ध में गोर्की ने अपनी डायरी में लिखा था कि जब तक टालस्टाय जीवित रहे तब तक इस पृथ्वी पर मैं अनाथ नहीं हूँ। विमल मित्र जब तक जीवित थे मुझे चिन्ता करने के लिए कुछ भी नहीं था। अन्धकार में पथभ्रष्ट हो जाने पर, संशय उपस्थित होने पर, वे पथ-प्रदर्शन करते थे। उनके कारण मेरी सारी चिन्ताएँ समाप्त हो जाती थीं। सत्य उन्होंने जीवन-साधना में खोजा था। साहित्य और साहित्यिकों के प्रकृत पथ पर सम्बन्ध कैसे हों, उसके सम्बन्ध में उनकी धारणा नितान्त स्पष्ट रही।"

मेरा अपना व्यक्तिगत अनुभव है कि वह अत्यन्त संकोची स्वभाव के थे।

उनसे मेरी भेंट कलकत्ता की प्रसिद्ध संस्था 'अनामिका' द्वारा आयोजित एक नाट्य समारोह में हुई थी। उन्होंने ही मुझे अपने पास बुलाया था। लेकिन जब-जब मैं कलकत्ता जाता तो निश्चय ही उनसे मिलने का प्रयत्न करता। वह मिलते भी लेकिन मैंने अनुभव किया कि वह कहीं आना-जाना कम ही पसन्द करते थे।

नागपुर में प्रथम हिन्दी विश्व सम्मेलन में उनसे परिचय कुछ घनिष्ठ हुआ लेकिन मॉरिशस में वह घनिष्ठता आत्मीयता में बदल गई। उस स्वर्णद्वीप में हम दोनों बहुत दूर तक अकेले घूमते रहते। एक दिन उन्होंने कहा, "मुझे यहाँ क्यों बुलाया गया ? क्या उपयोग है मेरा ? क्या मात्र केवल इस सुन्दर द्वीप में घूमना-फिरना हमारा अभीष्ट है ? मैं कल चला जाऊँगा।"

और सचमुच वह चले गए, क्योंकि सम्मेलन में या उसकी किसी गोष्ठी में उन्हें बोलने का अवसर नहीं मिला। मुझे भी नहीं मिला और मैं भी सम्मेलन समाप्त होते ही लौट आया। मैंने ऐसा अनुभव किया कि वह व्यर्थ के प्रदर्शन में विश्वास नहीं करते थे। वहाँ से लौटकर उन्होंने मॉरिशस की पृष्ठभूमि पर एक सुन्दर रिपोर्ताज लिखा।

एक दुर्घटना में उनके पैर की हड्डी टूट गई थी। उसी अवधि में मेरा कलकत्ता जाना हुआ। मैंने उन्हें लिखा कि मैं आपसे मिलने आऊँगा।

जवाब में उन्होंने लिखा, "मॉरिशस और नागपुर में आपसे मिलकर बहुत खुशी हुई। आप 11 से 14 फरवरी तक कलकत्ता में रहेंगे और आप मेरे से मिलने की विशेष तकलीफ कृपा न उठाएँ। कहीं से टेलीफोन करने पर मैं आपसे दो-चार बात करूँगा।"

एक बार मेरे आतिथेय 'जन संसार' के सम्पादक गीतेश शर्मा ने मेरे वहाँ जाने पर एक गोष्ठी का आयोजन किया और वह किसी-न-किसी तरह विमल दा को खींच लाए। वह आए और तख्त पर बैठे-बैठे मेरी ओर देखते रहे। वह बेधक दृष्टि मेरे अन्तर्मन को चीर गई। उन्होंने कहा, "तो आपने मुझे बुला ही लिया।"

इन शब्दों में क्या उनका वह संकोची स्वभाव भी मूर्त नहीं हुआ है ? एक पत्र में उन्होंने मुझे लिखा था, "मैं कहीं घर से बाहर नहीं निकल सकता हूँ। वैसे पैर ठीक रहने पर भी मैं किसी सभा या गोष्ठी में सम्मिलित कम हो पाता था। यूँ भी मैं जहाँ कहीं जाता हूँ, पिछली बेंच पर छिपकर बैठ जाता हूँ।"

ये सब बातें मेरे अन्तर् में अक्सर घुमड़ती रहती हैं और फिर मेरा ध्यान उनके बचपन की ओर लौट जाता है कि उन्हें घर में सबसे छोटा होने पर भी किन्हीं कारणों से माँ-बाप का वांछित प्यार नहीं मिल सका था, इसीलिए वह अदृश्य ग्रन्थि उनकी हर क्रिया को प्रभावित करती रही है।

लेकिन वह पढ़ते खूब थे और कभी-कभी ऐसी बात कह जाया करते थे कि चकित रह जाना पड़ता था।

आवारा मसीहा की चर्चा करते हुए उन्होंने एक पत्र में मुझे लिखा, "आपने शरत बाबू के सम्बन्ध में जो पुस्तक *आवारा मसीहा* लिखी है इसके लिए समग्र बंगाली समाज आपको बधाई दे रहा है। आपने जो कार्य किया है वह किसी बंगाली सज्जन द्वारा ही होना उचित था। यह आपकी उदारता है एवं इसके लिए आपको जो सम्मान मिलना चाहिए वह मिलता है।"

लेकिन उस दिन जब हम दोनों साथ-साथ कहीं टहल रहे थे, वह अचानक रुके, मेरी ओर उसी बेधक दृष्टि से देखा, बोले, "आपने *आवारा मसीहा* लिखा, बड़ा काम किया, लेकिन मुझे तो आपके उस लेख 'विष्णु प्रभाकर अपनी निगाह में' ने इतना प्रभावित किया, कह नहीं सकता।"

मैं ठिठककर उनकी ओर देखता रह गया। किसी ने मुझसे उस लेख की चर्चा तक नहीं की थी। उसमें मैंने अपने को खोला ही नहीं, झिंझोड़ा भी था। कितनी खुशी हुई मुझे उस समय, बता नहीं सकता। इसी सन्दर्भ में मुझे एक बात और याद आती है। मेरी पत्नी की मृत्यु के बाद मेरे एक मित्र ने उन पर एक पुस्तक सम्पादित की थी। उन्होंने मुझसे उसकी एक प्रति मँगवाते हुए मुझे लिखा, "थामस कारलाइल ने जिन्दगी-भर अपनी पत्नी जेने की तरफ कोई ध्यान नहीं दिया। वह अपनी पत्नी को अपने लेखन में भी घुसने नहीं देते थे। वह अपनी पत्नी से जो कुछ बातचीत करते थे, वह भी अपने लेखन के बारे में नहीं। जेने बड़ी ही प्रतिभाशालिनी महिला थी। कारलाइल के साथ विवाह नहीं होने पर भी वह अपनी प्रतिभा दिखा सकती थी। एक दिन जेने ने विद्रोह किया। उसके बाद कारलाइल ने अपनी आदत बदल दी। दोनों में समझौता हो गया। लेकिन जेने की मृत्यु के बाद फ्रांसीसी क्रान्ति का वह लेखक और पन्द्रह वर्षों तक जिन्दा रहा लेकिन वह एक पंक्ति भी लिख नहीं पाया।"

यह कहानी सुनाते हुए उन्होंने मुझसे कहा था कि यह खुशी की बात है कि आप लिखते हैं और भ्रमण भी करते हैं। लेकिन मैं उनको यह बताने का साहस नहीं कर पाया कि जो कुछ मैं कर रहा हूँ वह अपनी पत्नी के अन्तिम आदेश के कारण ही कर रहा हूँ। उसके बाद के सारे लेखन पर वही तो छाई हुई है।

मैंने उनकी लोकप्रियता की चर्चा की, इस लोकप्रियता की कोई सीमा नहीं है, विशेषकर हिन्दी के क्षेत्र में। लेकिन बंगाल ने उन्हें कभी स्वीकार नहीं किया। अभिनव तैलंग को दिए अपने अन्तिम साक्षात्कार में बड़े रोष में उन्होंने कहा था, "बंगाल में तीन बड़े साहित्यकार हुए हैं—बंकिमचन्द्र, रवींद्रनाथ और शरतचन्द्र। इन तीनों को जितनी उपेक्षा और दुत्कार बंगालियों ने दी है, उतनी किसी ने नहीं। सुभाषचंद्र बोस और ईश्वरचंद्र विद्यासागर का जितना अपमान बंगालियों ने किया, उतना किसी

अंग्रेज ने भी नहीं किया होगा।''

निश्चय ही इन शब्दों में आक्रोश है पर जितना मैं जान सका हूँ, इसमें एक सच्चाई भी है और बंगला में ही क्यों, दूसरी भाषाओं में भी ऐसे उदाहरण ढूँढ़े जा सकते हैं। यह साहित्यकार की प्रवृत्ति और नियति दोनों ही हैं।

हिन्दी ने उन्हें इतना प्यार दिया कि उन्होंने कामना की कि अगर अगला जन्म होता हो तो मैं किसी हिन्दीभाषी परिवार में जन्म लेना चाहूँगा। यह उनकी उदारता थी कि उन्होंने ऐसा कहा, निश्चय ही उनको हिन्दी वालों ने प्यार दिया, पैसा भी दिया, लेकिन आक्रमण करने से वे भी कहाँ चूके। मैं उनके विवादास्पद लघु उपन्यास *सरसुतिया* की ओर संकेत नहीं कर रहा। मैं उस घटना की चर्चा कर रहा हूँ जिसकी जानकारी शायद हिन्दी के अधिकांश दिग्गजों और पाठकों को न हो। एक लब्धप्रतिष्ठित हिन्दी त्रैमासिक के उतने ही लब्धप्रतिष्ठित सृजक-सम्पादक ने अपने सम्पादकीय में विमल मित्र के मुख से प्रेमचन्द के बारे में वे शब्द कहलवाए जो शायद बंगालियों ने भी विमल मित्र के बारे में नहीं कहे होंगे।

मैं पढ़कर हतप्रभ रह गया। मैंने पहले तो अपने मित्र सम्पादक को लिखा कि यह सम्भव हो ही नहीं सकता कि विमल मित्र प्रेमचन्द के बारे में इस प्रकार के शब्द कहें। लेकिन उन्हें मेरी बात पर विश्वास नहीं हुआ। तब मैंने विमल दा को पत्र लिखा, तुरन्त उनका उत्तर आया :

''आपकी चिट्ठी पढ़कर मैं आश्चर्यचकित रह गया। मैं भला प्रेमचन्द के बारे में हल्की बात कैसे बोल सकता हूँ ! प्रेमचन्द अग्नि-परीक्षा में पास हो चुके हैं। जो लेखक अग्नि-परीक्षा में पास हो चुका हो, उसके बारे में हल्की बात कहने पर, कहने वाला ही हल्का हो जाएगा।

''अभी-अभी वाराणसी में मैं मुरारीलाल केडिया के निवास स्थान में गया था। केडियाजी ने प्रेमचन्द द्वारा व्यवहृत बहुत सी चीजें (जूता, चश्मा, धोती, कमीज इत्यादि) इकट्ठी कर उन्हें अपने संग्रहालय में रखा है। वहाँ प्रेमचन्दजी के रिश्तेदार महताब राय जी भी मौजूद थे। यह बात 17-12-80 की है। महताब राय के साथ वहाँ डी.ए.वी.पी. विभाग के तीन अधिकारी भी थे। प्रेमचन्द के बारे में मुझे भी कुछ कहना पड़ा था। मैंने वहाँ कहा था, 'पृथ्वी के पाँच श्रेष्ठ कहानीकारों में प्रेमचन्द श्रेष्ठतम हैं।' उन पाँच लेखकों के नाम इस प्रकार हैं, चेखव (रूस), ओ हेनरी (अमेरिका), मोपासां (फ्रांस), समरसैट माम (इंगलैंड) और प्रेमचन्द (भारत)।

''मेरे कथन के साक्षी वहाँ पर मौजूद रहने वाले बारह-चौदह व्यक्ति भी हैं। डी.ए.वी.पी. के मुख्य अधिकारी ने मुझे बताया कि प्रेमचन्द शतवार्षिकी के उपलक्ष्य में प्रत्येक प्रान्त में एक प्रदर्शनी का आयोजन किया जाएगा। इसमें प्रत्येक राज्य के वरिष्ठ साहित्यकारों का प्रेमचन्द के बारे में मतामत संग्रह किया जाएगा एवं उसे प्रदर्शनी में फोटोस्टेट करके प्रदर्शित किया जाएगा। प्रेमचन्द से सम्बद्ध प्रत्येक चीज

की उन्होंने फोटो उतार ली। उन्होंने मेरा पता ले लिया और मुझसे कहा कि वे मुझे पत्र लिखकर प्रेमचन्द्र के बारे में मेरा भी मतामत माँगेंगे।

"आज से 40 साल पहले मैंने प्रेमचन्द की कहानी 'शतरंज के खिलाड़ी' पहले-पहल पढ़ी थी। उसके बाद पृथ्वी के और भी बहुत से लेखकों की कहानियाँ मैंने पढ़ी हैं किन्तु 'शतरंज के खिलाड़ी' जैसी कहानी मैंने जिन्दगी में कभी नहीं पढ़ी। उसके बाद उनका उपन्यास *निर्मला* मैंने पढ़ा। उसके बाद स्व. गुरुदत्त जी ने *गोदान* पर फिल्म बनाने की इच्छा प्रकट की थी इसलिए मुझे *गोदान* भी पढ़ना पड़ा। अबरार आल्वी साहब ने *कफन* के ऊपर फिल्म बनाने की इच्छा प्रकट की थी। उस समय मुझे *कफन* भी पढ़नी पड़ी। मेरी प्रेमचन्द–प्रीति के लिए वाराणसी की 'हिन्दी विकास परिषद' ने मुझे 'प्रेमचन्द पुरस्कार' से सम्मानित किया है और प्रेमचन्द का द्वितीय उपन्यास *सेवासदन* मुझे उपहार दिया है।"

"इतनी बातें मुझे कहनी पड़ीं इसलिए कि आप मुझे गलत न समझें। जिस पत्रिका में मेरा कथित वक्तव्य छपा है, उनको चिट्ठी लिखकर आप उन्हें मेरे असली विचारों से यदि अवगत करा पाएँ तो मैं बड़ी कृपा मानूँगा।"

पत्रिका में यह प्रतिवाद प्रकाशित हुआ या नहीं, मैं नहीं जानता लेकिन इतना अवश्य जानता हूँ कि इस प्रलाप से हिन्दी संसार में उनका जो स्थान बन गया था उसमें रंच-मात्र भी कमी नहीं आई। हिन्दी के पाठक उन्हें क्या इतना प्यार करते हैं ? क्या इसलिए कि उनके सबसे अधिक उपन्यासों को महाकाव्यात्मक विशेषण देकर ही प्रसिद्ध किया जा सकता है। उन्होंने जिस प्रकार मानव जीवन की विसंगतियों को सहज और सरल भाषा-शैली में विश्लेषित किया, वह बँधी-बँधाई परिपाटी की सीमा से बाहर था। यह कुछ ऐसे गुण थे जो उन्हें लोकप्रिय बना सके।

किसी भी लेखक से प्रायः यह प्रश्न पूछा जाता है कि उसे अपनी कौन सी रचना सबसे अच्छी लगती है। इसका उत्तर देना भी प्रायः असम्भव ही है। साक्षात्कार करते हुए रणवीर रांग्रा ने उनसे वही चिर-परिचित प्रश्न पूछ लिया। प्रायः सभी लेखक ऐसे प्रश्नों को टाल जाते हैं लेकिन विमल दा ने उत्तर दिया था, "कहानी को लेकर कहानी लिखना तो बहुत आसान है, पर बगैर कहानी के लिखना बहुत मुश्किल काम है। 'साथी' में फार्मूला कहानी नहीं है। इसे लिखकर मुझे लगा कि मैंने कुछ लिखा है।"

पर मैं जानता हूँ साधारण पाठक इस कहानी को नहीं पढ़ पाएँगे। स्वयं एक पाठक ने मुझे यह बात बताई थी। किन्तु विमल दा को विश्वास था कि *बेगम मेरी विश्वास* जैसी कहानी तो बहुत निकलेंगी लेकिन ऐसी कहानी कोई और नहीं लिखेगा।

इस कथन से क्या ऐसा नहीं लगता कि उन्हें *आवारा मसीहा* के मुकाबले

में मेरी छोटी रचना 'विष्णु प्रभाकर : अपनी निगाह में' इसलिए पसन्द आई थी कि वह अपने को जानने के लिए व्यग्र रहते थे पर अपने को जानना दूसरे से जुड़कर ही हो सकता है। इसलिए विमल दा को 'आमि' में उतना नहीं जाना जा सकता जितना कि *साहब, बीवी और गुलाम, बेगम मेरी विश्वास* और *खरीदी कौड़ियों के मोल* में। अपनी रचनाओं के असंख्य पात्रों में उनका स्रष्टा कहीं-न-कहीं छिपा ही रहता है।

मेरे बारे में उन्होंने एक बार एक पृष्ठ का एक लेख लिखा था, उसी की एक पंक्ति है, 'प्रथम दृष्टि में ही मैंने यह अनुभव किया कि यह स्रष्टा अपनी सृष्टि से कहीं बड़ा है।''

मैंने भी प्रथम भेंट में ऐसा ही अनुभव किया था और अन्त तक ऐसा ही अनुभव करता रहा। एक दिन अचानक मैं अपने मित्र गीतेश शर्मा और बहन कुसुम जैन के साथ उनके घर जा पहुँचा। घर में उनके अतिरिक्त बस किताबें ही किताबें थीं। कमरे में बैठने के लिए केवल तीन कुर्सियाँ थीं जिन पर हम तीनों बैठ गए। और विमल दा, एक खिड़की की कॉर्निस का सहारा लेकर खड़े-खड़े ही बातें करते रहे। कितनी बातें कीं, क्या-क्या बातें कीं, यह इतना महत्त्वपूर्ण नहीं है, जितना यह कि मैं निरन्तर उन्हें ही देखता रहा, कि अन्तर् में आक्रोश, अभाव और वेदना का अथाह सागर छिपाए हुए वह बाहर से इतना सहज कैसे हैं ? तब मुझे याद आया कि उन्होंने एक जगह कहीं लिखा था कि लेखक पूरा इंसान होता है।

पूरा इंसान अर्थात् क्या ? इसका उत्तर मिला मुझे उनके उस उत्तर में जो उन्होंने रांग्रा जी के एक प्रश्न के उत्तर में दिया जिसकी चर्चा हम पीछे कर आए हैं। यह उनके उपन्यास *आमि* के सन्दर्भ में है। *आमि* उनका एक ऐसा उपन्यास है जो सबसे अलग है इसलिए अनुपम भी है। इसमें दो पुरुष पात्रों के अलावा एक पशु पात्र भी है, मेढ़ा। इसकी उत्पत्ति की चर्चा करते हुए उन्होंने कहा था, ''मैंने कामू का एक नॉवेल पढ़ा था *द काल*। उसमें उससे मालूम होता है कि नायक के सामने कोई आदमी बैठा है और वह उसके साथ बातचीत कर रहा है। 'मोनोलॉग' की यह तकनीक मैंने उससे पहले किसी किताब में नहीं पढ़ी थी, फिर मैंने अपनाई।''

इस उपन्यास में उन्होंने एक ऐसे व्यक्ति की कहानी कही है जिसके मन में मन्त्री बनने की इच्छा जागती है। नई तकनीक अपनाने के कारण ही विमल दा को यह उपन्यास प्रिय था।

पीछे हमने कहा है कि बंगाल के एक और लोकप्रिय लेखक शंकर उनको अपना गुरु मानते थे। उसके मूल में भी एक घटना है। स्वयं शंकर के शब्दों में, ''*कतो अजामारे* प्रकाशित हुआ परन्तु किसी भी समाचार पत्र में उस पुस्तक के

सम्बन्ध में समीक्षा तक प्रकाशित नहीं हुई। प्रकाशक भी चिन्तित और मैं भी। प्रारम्भ में ही यह मक्षिकापात। इक्कीस वर्ष के लेखक को थोड़ी तो प्रशंसा की चाह रही ही। विमल मित्र ने उल्टी बात कही, बोले—आप बड़े भाग्यशाली हैं, शुरू में ही आपको लोगों ने स्वीकार कर लिया। प्रशंसा से बढ़कर कोई दूसरा दुश्मन नहीं लेखक का। एक बात याद रखें, जीभ को जो कुछ स्वादिष्ट और रुचिकर लगता है, वह सब शरीर के स्वास्थ्य की दृष्टि से घातक ही होता है। जैसे तेल में, घी में, तली हुई चीज और चाशनी में डुबोई हुई मिठाई। शरीर की दृष्टि से जो हितावह है, वह है कड़वा नीम-करेला, जो जी को भी भाता नहीं। यदि कभी-कदात आपकी केवल प्रशंसा ही प्रशंसा हुई तो आलोचना करने वालों को—निंदक नियरे राखिए—भी देखें जिससे प्रतिदिन मन उसमें अवगाहित हो, परिष्कृत होता रहे।

"ये सभी बातें मेरे लिए नई थीं और आश्चर्यचकित कर देने वाली भी। किसी भी पुस्तक में तो यह लिखा नहीं था पर एक नवागत लेखक के लिए जो अनभिज्ञ है, उसके लिए यह पथ निर्देश अत्यन्त आवश्यक था।"

यह पथ-निर्देश वह भी प्राप्त कर चुके थे अपने निन्दा करने वालों से, और यह निन्दा उनके लिए आशीर्वाद हुई।

कबीर ने तो बहुत पहले कह दिया था :

निन्दक नियरे राखिए आंगन कुटी छवाय।
बिन पानी बिन साबुना, निर्मल करे सुभाय।।

यह निर्मल स्वभाव निन्दा और पीड़ा के भीतर से ही प्राप्त होता है। प्रशंसा करने वाले तो बहुत होते हैं लेकिन जो निन्दा करते हैं, वे गहरे पाठक होते हैं। बिना गहरे बैठे निन्दा नहीं की जा सकती और लेखक इससे अधिक चाह भी क्या सकता है कि उसकी रचना पढ़ी जाए।

उपेक्षा लेखक को सुरक्षा की भावना से बचाती है, वह और सजग होता है, सावधान होता है।

इस तथ्य को साधारणतया हम अपमान के रूप में लेते हैं, यही हमारी दुर्बलता है। यह अपमान नहीं है बल्कि चुनौती है। चुनौती ही तो आगे बढ़ने की सबसे बड़ी प्रेरक शक्ति है।

कोई भी लेखक सब कुछ अच्छा ही अच्छा नहीं लिखता। निन्दा तो रवींद्रनाथ की भी कम नहीं की गई। जब बंगाल में रवींद्रनाथ और शरतचन्द्र आदि पर तीव्र आक्रमण हो रहे थे तब शरतचन्द्र ने कहा था, "भाई, हम बूढ़े लोगों पर आप इतना क्यों कुपित हैं, हमको करना था वह कर चुके। अब बूढ़े तोते नया क्या सीखेंगे। आप सब जो नए आ रहे हैं इनकी ओर ध्यान दीजिए।"

तो निन्दा, उपेक्षा यह सब लेखक की नियति है। कितनी साधना की विमल

दा ने। दवाइयाँ लेकर 18-18 घण्टे लिखा, इस बात का हम मजाक भी उड़ा सकते हैं और उड़ाया भी गया है। लेकिन इस पर भी वह अपने लेखन के प्रति प्रतिबद्ध रहे, ईमानदार रहे...सहज रहे, यह क्या कम उपलब्धि है ?

हम क्यों उन पर अपने विचार आरोपित करें, उन्हीं की भावभूमि पर रखकर क्यों न देखें, क्यों न परखें ? उनके अधिकार पर क्यों प्रश्न चिह्न लगाएं ?

उस चिर-यात्री की लोकप्रियता को मैं शक्ति के रूप में ही स्वीकार करता हूँ। वही शक्ति तो इंसान को पूरा इंसान और उसके साहित्य को मनुष्य को मनुष्य से जोड़ने वाला बनाती है। इसीलिए तो उनके रचना संसार की पृष्ठभूमि बंगाल तक ही सीमित नहीं है बल्कि समूचे भारत को समेटा है उन्होंने। वहाँ धर्म, वर्ण, जाति, लिंग, प्रान्त आदि सबका भेद मिट जाता है, बन जाता है एक ऐसा सेतु जो लेखक को सचमुच स्रष्टा बना देता है।

विमल दा ऐसे ही अद्वितीय जनप्रिय द्रष्टा थे।

भारत की एकता के प्रतीक

बालशौरि रेड्डी

भारत में समय-समय पर मानव जातियाँ आईं और मिलकर एक हो गईं। एक भारतीय संस्कृति का निर्माण किया उन्होंने। निर्माण की इस प्रक्रिया में सबसे बड़ा योगदान भाषा का रहा है। नाना विचारों को ग्रहण करने वाली भाषाओं की एकता देश को एक रूप देती है। ऊपर से वे जितनी भिन्न दिखाई देती हैं उतनी ही क्या वे एक साँचे में ढली हुई नहीं हैं ? द्रविड़ और आर्य भाषाओं में मेल की प्रक्रिया इस बात के प्रमाण हैं। द्रविड़-निषाद वंश की भाषाओं ने आर्य भाषाओं के भण्डार को अनेक शब्द प्रदान किए।

इसी प्रक्रिया में आधुनिक काल में न जाने किस मार्ग से होकर समूचे देश को जोड़ने वाली एक भाषा का आविष्कार हुआ। अनेक रूप, अनेक नाम धारण करती हुई वो अन्ततः वर्तमान हिन्दी भाषा के रूप में विकसित हुई। अनेक महापुरुषों ने स्वतः इस भाषा को अपना-अपना योगदान दिया। प्रारम्भ में जिन देशों की भाषा हिन्दी से मिलती-जुलती थी उन्होंने इस ओर ध्यान नहीं दिया। ध्यान दिया उन मनीषियों ने जिनकी मातृभाषा मराठी, गुजराती, तमिल, तेलुगु, बंगाली, मलयालम आदि रही।

जब देश को ब्रिटिश साम्राज्यवाद के चंगुल से मुक्त करने के प्रयत्न शुरू हुए तब अनायास ही सबको जोड़ने वाली भाषा हिन्दी की ओर उनका ध्यान गया। इस शृंखला में आधुनिक युग में महात्मा गाँधी ने हिन्दी के प्रचार-प्रसार के लिए सबसे अधिक प्रयत्न किया। सबसे पहले उन्होंने मद्रास में दक्षिण भारत हिन्दी प्रचार सभा की स्थापना की और वहाँ दक्षिण प्रदेश के सभी निवासियों ने हिन्दी सीखी और उसमें साहित्य की रचना भी की। विस्तार में न जाकर हम केवल इतना ही कहना चाहेंगे कि उसी के परिणामस्वरूप दक्षिण में हिन्दी पनपी और अनेक लेखकों ने इसे अपनी रचना का माध्यम बनाया।

ऐसे समर्पित व्यक्तियों की एक लम्बी सूची है। इन सबकी चर्चा यहाँ हमारा अभीष्ट नहीं है। हम केवल एक व्यक्ति पर अपना ध्यान केन्द्रित करना चाहते हैं। उस व्यक्ति का नाम है—बालशौरि रेड्डी। उनकी मातृभाषा है तेलुगु। तेलुगू बड़ी मीठी भाषा मानी जाती है। बालशौरि रेड्डी का सारा व्यक्तित्व ही मानों उसी मिठास से रचा गया है। मुस्कुराता हुआ चेहरा, आँखों में अपनत्व की भावना, बोलेंगे तो ऐसा लगता है कि सुनते ही रहें। कितना प्यार भरा रहता है उनके 'भाई साहब' कहने में।

बालशौरि रेड्डी उन अर्थों में हिन्दी के उपासक नहीं हैं जिन अर्थों में प्रचारक लोग होते हैं। वह साहित्यकार हैं और हिन्दी में उसी सहजता में लिख लेते हैं जैसे अपनी मातृभाषा तेलुगु में। उनकी रचनाओं को पढ़ते हुए कभी ऐसा नहीं लगता कि हम किसी हिन्दीतर-भाषी व्यक्ति की रचना पढ़ रहे हैं। निःसन्देह उनकी अपनी भाषा का प्रभाव कभी-कभी परिलक्षित हो जाता है। कभी-कभी कुछ त्रुटियाँ भी रह जाती हैं पर वे भाषा की हैं, भावों की नहीं। मैं तो मानता हूँ कि हिन्दी विभिन्न भाषा-भाषी व्यक्तियों की शैली का प्रभाव लेकर अधिक सशक्त बनती है। हर भाषा में बड़े प्यारे-प्यारे शब्द हैं। वे हिन्दी में आकर उसे समृद्ध ही करेंगे और प्राचीन काल में करते ही रहे हैं। उन शब्दों को स्वीकार करने में हमें झिझक नहीं होनी चाहिए।

मैं फिर भटक गया। मुझे तो बालशौरि रेड्डी के बारे में कुछ कहना है। वे सेतु हैं उत्तर और दक्षिण के बीच में। उन्हें अहिन्दी या हिन्दीतर भाषा-भाषी कहने में शर्म महसूस होती है। कितना काम किया है उन्होंने हिन्दी के प्रचार-प्रसार के लिए। रचनात्मक लेखक के रूप में, प्रचारक के रूप में नहीं। रचनाकार ही सचमुच देश को एक करने वाला होता है।

मुझे आज याद नहीं कि उनसे पहली बार मैं कब मिला था और क्या बातें हुई थीं। जितनी भी बार मुलाकात हुई उनसे, वही आत्मीयता, वही सम्मान और वही स्नेह पाया मैंने। उन जैसे दक्षिण में मेरे और भी मित्र हैं। तेलुगु में भी, तमिल में भी, मलयालम में भी और कन्नड़ में भी। जब-जब उनके सम्पर्क में आता हूँ तो मैं कभी ऐसा महसूस नहीं करता कि उनकी मातृभाषा हिन्दी नहीं है। भाषा तो माध्यम है, बातें तो हृदय के माध्यम से होती हैं। वह हृदय यादें आत्मीयता और स्नेह से ओतप्रोत है तो फिर अन्तर कहाँ रह जाता है।

मेरी फाइल पर बालशौरि रेड्डी का पहला पत्र 20 अगस्त, 1956 का है। तब मैं रेडियो में था और मुझे आन्ध्र प्रदेश की कवयित्री मोल्ला पर एक रूपक तैयार करना था। जाति की वह कुम्हार थी। उच्च वर्ग के लोग उसकी उपेक्षा ही नहीं बल्कि उससे घृणा करते थे। उस पर और उसके पिता पर कम अत्याचार नहीं किए लोगों ने। पर उसी कुम्हार की बेटी ने तेलुगु में मोल्ला रामायण की रचना

कर डाली। उसके लिए मुझे सामग्री की आवश्यकता थी। बालशौरि रेड्डी ने अपने उस पत्र में उस नारी की पूरी कहानी लिख भेजी थी। उसके साथ अलौकिकता की बहुत सी बातें जुड़ी हुई हैं। उनको छोड़ दें, उसकी कहानी बहुत मार्मिक है। विजयनगर के महाराज मुग्ध हो गए थे उसकी रचना सुनकर।

उनकी सहायता के बिना मैं यह रचना नहीं कर सकता था। यही नहीं, जब-जब भी मुझे दक्षिण के बारे में सही जानकारी की आवश्यकता हुई तब-तब मैं जिन मित्रों की शरण में गया उनमें बालशौरि रेड्डी प्रमुख रहे। एक प्रकाशक ने प्रस्ताव किया कि मैं भारतीय भाषाओं में सबसे पहले उपन्यास के अनुवाद प्रकाशित करना चाहता हूँ। तब तेलुगु भाषा के प्रथम उपन्यास के अनुवाद का भार बालशौरि रेड्डीजी को ही सौंपा था। उन्होंने उसे बड़ी तत्परता से निभाया और वह पुस्तक आज भी उपलब्ध है। वह योजना पूरी नहीं हो सकी फिर भी जितने उपन्यास प्रकाशित हो सके वे सभी इतिहासकारों के लिए अमूल्य सामग्री के रूप में उपलब्ध हैं।

यही नहीं, उन्होंने मुझे अपने उपन्यास को तेलुगु में अनुवाद कराने की प्रेरणा भी दी थी और मेरे दो उपन्यास तेलुगु भाषा में धारावाहिक रूप में प्रकाशित हुए। और भी रचनाएँ उनकी प्रेरणा से लिखी गईं और प्रकाशित हुईं।

वह मेरे घर कई बार आए। मैं भी उनके घर गया। उनकी पत्नी से भी मिला। वही स्नेह, वही आत्मीयता। ऐसा कभी लगा ही नहीं कि हम भिन्न भाषा-भाषी हैं। एक बार मैं अपनी पत्नी के साथ चारों प्रान्तों में गया था। वह निःसंकोच सबसे मिलती थीं और हिन्दी में बात करती थीं।

बालशौरि रेड्डी हिन्दी के प्रति उसी तरह समर्पित रहे जिस तरह एक हिन्दी भाषा-भाषी रहता है। विपुल साहित्य की रचना की उन्होंने। उस सबका लेखा-जोखा लिया जाए तो कई पृष्ठ भर जाएँगे। उन्होंने बारह उपन्यास लिखे। उनमें से कई के अनेक संस्करण हुए। 'शवरी' उपन्यास सबसे अधिक लोकप्रिय हुआ। पौराणिक उपन्यास है यह। शबर जाति की बेटी शबरी बहुत ही शीलवान, सुन्दर, विनयी, उतनी ही निर्भीक और वीरांगना थी। इस उपन्यास में बड़ी सशक्त प्रांजल भाषा का प्रयोग किया है उन्होंने। डॉ. वीरेन्द्र कुमार जैन ने इस उपन्यास की भूरि-भूरि प्रशंसा करते हुए लिखा है, ''अनेक रामायणों से प्राप्त शबरी के प्रसंग को बालशौरि रेड्डी ने अपनी सहज एवं विश्वसनीय सृजनात्मक कल्पना शक्ति के द्वारा सहज ग्राह्य एवं वरेण्य बना दिया है। पुरातन और नूतन का सुन्दर समन्वय इस कृति की निजी विशेषता है।''

बारह संस्करण हो चुके हैं इस उपन्यास के। एक और उपन्यास की चर्चा करना चाहूँगा। वो है 'प्रोफेसर'। यह सामाजिक उपन्यास है। आधुनिक युग में परिवार और नर-नारी के सम्बन्ध किस प्रकार परिवर्तित हुए हैं, उसके वर्णन से लेखक की सही और पैनी नजर का परिचय मिलता है। वे पात्रों के आचरण से ही कथानक

का निर्माण करते हैं। उनकी चारित्रिक विशेषता को उकेरा है उन्होंने। इसी तरह से घात-प्रतिघात को वाणी दी है। मनोवैज्ञानिक दृष्टि से भी एक सुन्दर कृति है। भाषा में भले ही कहीं त्रुटियाँ रह गई हों पर चरित्र-चित्रण की दृष्टि से बड़ी कुशलता से पात्रों के चरित्र को उकेरा है। डॉ. रवीन्द्र कुमार जैन ने इस उपन्यास में उनकी शैली की कुछ त्रुटियों की चर्चा की है पर इसका एक कारण कुछ प्रूफ देखने में हुई असावधानी बताया है और मातृभाषा का प्रभाव भी बताया है। लेकिन विषय की दृष्टि से सशक्त मनोवैज्ञानिक रचना है यह। अन्त बहुत ही मार्मिक बन पड़ा है। लेखक इसमें आदर्शों की बात नहीं करता बल्कि मानव की सहज दुर्बलता को उकेरता है। मध्यवर्गीय समाज के प्रबुद्ध व्यक्तियों के जीवन का जो वर्णन किया है वो अद्भुत है। उनकी आकांक्षाएँ, अनुभूतियाँ और बौद्धिकता सबको वाणी दी है उन्होंने और उनके पीछे झाँकती उनकी दुर्बलता को भी।

कहानियाँ उन्होंने बहुत नहीं लिखी हैं लेकिन उनमें कुछ कहानियाँ बहुत मार्मिक और मन को कुरेदने वाली हैं। 'पापी चिरायु' ऐसी ही एक कहानी है जो मन को झकझोर देती है। 'चाँदी का जूता' तो समाज के मुँह पर ऐसे लगता है कि वो तिलमिला उठता है। बड़ा कठिन है उनकी कहानियों का अवलोकन करना। उन्होंने एकांकी लिखे, इतिहास में भी झाँका। न जाने कितनी किताबों का सम्पादन और अनुवाद किया है।

बाल साहित्य के तो वे विशेषज्ञ हैं। एक युग तक वे 'चंदामामा' के सम्पादक रहे। यह पत्रिका सारे भारत में लोकप्रिय हुई। बच्चे ही नहीं बड़े भी इसे बड़े चाव से पढ़ते थे। मैंने उन्हें उसके कार्यालय में काम करते हुए देखा है। इन पुस्तकों में *तेनाली राम की कहानियां, दक्षिण की लोक-कथाएँ, आन्ध्र के महापुरुष* हैं। उन्होंने बच्चों के लिए नाटक और उपन्यास भी लिखे। उस सबकी चर्चा करना यहाँ सम्भव नहीं।

इसके अतिरिक्त तेलुगु साहित्य और संस्कृति के सम्बन्ध में भी अनेक पुस्तकें लिखी हैं। तेलुगु साहित्य का इतिहास भी लिखा है। देश की एकता और साहित्य के प्रति उनके योगदान को सराहा गया है। इतने सम्मान और पुरस्कार मिले हैं उनको, जिनकी चर्चा करने में एक अलग लेख बन जाएगा। साहित्य वाचस्पति, साहित्य मार्तण्ड, वांग्मय रत्नाकर एवं डी.लिट्. की अनेक मानद उपाधियाँ मिलीं उन्हें। भारत सरकार, उत्तर प्रदेश संस्थान, इंटरनेशनल आर्ट एण्ड कल्चर सोसायटी, नजीबाबाद, हिन्दी विद्यापीठ, देवघर, हिन्दी भाषा एवं साहित्य में योगदान के लिए सौहार्द पुरस्कार—ऐसे ही अनेक पुरस्कार उन्हें मिले जिसके वे अधिकारी थे।

मुझे यह कहते हुए गर्व होता है कि पाँच वर्ष तक उन्होंने मेरे साथ साहित्य अकादमी में सलाहकार के रूप में कार्य किया। उनसे मुझे जितना सहयोग मिला उसका वर्णन करना सम्भव नहीं। वे न करना तो जानते ही नहीं। उनके समूचे साहित्य

को पढ़ते हुए न केवल पूरे दक्षिण प्रदेश की आत्मा हमारे अन्तर् में प्रवेश कर जाती है बल्कि मैं तो ये कहूँगा कि दक्षिण और उत्तर का भेद उनकी रचनाओं में मिलता ही नहीं, इसलिए उन्होंने समूचे देश की संस्कृति को अपनी रचनाओं में रेखांकित किया है। दक्षिण और उत्तर उनके लिए दो नहीं हैं। दोनों ही जगह तो इंसान रहते हैं। और इंसान अगर इंसान है तो उसका एक ही धर्म होता है, इंसानियत को जीना। वही उनके साहित्य का मूल स्वर है।

दक्षिण और उत्तर भारत की सभी प्रसिद्ध संस्थाओं से भी वे जुड़े रहे। कलकत्ता हिन्दी भाषा परिषद के दो वर्ष निदेशक रहे। आन्ध्र प्रदेश हिन्दी अकादमी, हैदराबाद, के अध्यक्ष पद पर रहे और अब तमिलनाडु हिन्दी अकादमी के अध्यक्ष हैं।

हैदराबाद की 'दक्षिण समाचार पत्रिका' में अपना आत्म-कथ्य 'जिन्दगी के कगार पर' की समापन किश्त में उन्होंने जहाँ अपने अनुभवों की चर्चा की है वहाँ एक विशेष योजना की भी चर्चा की है। " 'दक्षिणायन' नाम से यह योजना मान्य डॉ. हजारीप्रसाद द्विवेदी जी के आदेश पर आरम्भ हुई थी। उस प्रकरण के अन्तर्गत 'आन्ध्र का सांस्कृतिक इतिहास' पूरा कर पाया। इस वर्ष की समाप्ति यानी 1998 के अन्त तक सारी योजना समाप्त करने का विचार है।" जीवन के 70 वर्ष पूरे हो रहे हैं लेकिन अभी तक उनके मन में काम करने का उत्साह मन्द नहीं पड़ा। अपने इस लेख में उन्होंने एक बड़ी रोचक घटना की चर्चा की है जिससे उनकी जिजीविषा प्रकट होती है, "एक दिन अपराह्न के समय मैं अपने केबिन में बैठा 'चंदामामा' की डाक देख रहा था। एक अधेड़ उम्र के सज्जन मेरे केबिन पर लगे शीशे में झाँककर इधर-उधर टहलने लगे। मैंने उन्हें अन्दर आने को कहा। सम्भवतः उन्हें सुनाई नहीं दिया क्योंकि केबिन का द्वार बन्द था। थोड़ी देर के बाद उद्दंडतापूर्वक धड़ाम से किवाड़ को धकेलकर वे अन्दर आए। मेरे सामने खड़े होकर पल भर मेरे भाल की ओर ताकते रहे फिर बोले, 'आप अपनी 67 वर्ष की आयु में मृत्यु को प्राप्त होंगे। मेरे ये वचन अपनी दैनिकी में लिख रखिएगा। मेरी यानी श्री आर. सी. थम्पी की भविष्यवाणी कभी झूठी नहीं हो सकती।' "

यह सुनकर उन्हें बड़ा आश्चर्य हुआ। उन सज्जन से उनकी कई बार भेंट भी हुई। विद्वान आदमी थे। कुछ दिनों तक वे 'चंदामामा' के मलयालम संस्करण के सम्पादक भी रहे। तब वे बराबर मिलते रहे। स्वभाव से अत्यन्त सौम्य और सज्जन हैं। लेकिन जब बालशौरि रेड्डी कलकत्ता चले गए तब से भेंट नहीं हुई। सन् 1991 में उनका स्वर्गवास हो गया। बालशौरि रेड्डी लिखते हैं, "श्री थम्पी का ज्योतिष गलत निकला। मुझे अपनी 67 वर्ष की आयु में हृदयाघात जरूर हुआ। मैं उस संकट से उबर गया। इस वक्त मैं 70 वर्ष का हूँ। मेरा विश्वास है, पाँच वर्ष अभी और जीवित रहूँगा। इक्कीसवीं सदी में निश्चय ही मैं पग धरूँगा।"

कैसा आत्म-विश्वास है। लेकिन इस आत्मविश्वास के पीछे महत्त्वाकांक्षा नहीं

है। उनका जीवन अब तक सुखपूर्वक बीता है, ऐसा वे मानते हैं और चाहते हैं कि और शेष जीवन में उन्हें किसी कठिनाई का सामना करना पड़े।

हमारा विश्वास है कि ऐसे व्यक्ति को कोई कठिनाई नहीं होती क्योंकि कठिनाई होने पर भी वे उसे कठिनाई महसूस नहीं करते।

दक्षिण में हिन्दी प्रचार का बीड़ा महात्मा गाँधी ने उठाया था। उनके आह्वान पर जो व्यक्ति उनके साथ जुड़े उनमें बालशौरि रेड्डी का नाम बहुत महत्त्वपूर्ण है। उन जैसे निष्ठावान और समर्पित हिन्दी लेखकों की साधना के कारण ही दक्षिण के किसी कोने में चले जाएँ तो राजनीतिक वाद-विवाद के रहते भी किसी को हिन्दी में बात करते हुए कोई विशेष कठिनाई नहीं होती।

यह क्या कम सफलता है ? मैं तो कहूँगा कि बालशौरि रेड्डी को लोग सम्पर्क भाषा ही नहीं बल्कि हिन्दी के एक महत्त्वपूर्ण साहित्यकार के रूप में याद करेंगे। हमारी कामना है कि वे 75 वर्ष ही नहीं उसके आगे भी चलते चले जाएँ और हमें नई-नई रचनाएँ देते रहें। उनके जैसे समर्पित व्यक्तियों की बिरादरी बढ़ेगी तो देश एक होगा, सशक्त होगा। रवीन्द्रनाथ की यह कविता सार्थक होगी :

हे भोर चित, पुण्य तीर्थ जागो रे धीरे
एई भारतेर महामानवेर सागर तीरे
केह नाहि जाने, कार आह्वाने कत मानुषेर हारा
दुर्बार स्रोते एलो कोथा हते, समुद्रे हलो हारा।
हेथाय आर्य, हेथाय अनार्य, हेथाय द्राविड़-चीन
शक-हूण दल, पाठान-मोगल एक देहे हलो लीन।
रणधारा बाहि, जयगान गाहि उन्माद कलरवे
भेदि मह पथ, गिरि-पर्वत धारा एसेछिलो सबै।
तारा भोर माझे सवाई विराजे कैहो नहे नहे दूर
आभार शोजिते रयेछे ध्वनित तारि विचित्र सूर।

हिन्दी के प्रति समर्पित प्रतिभा पुंज

डॉ. पी.जी. वासुदेव

नातिदीर्घ काया, गौर वर्ण, आँखों में अपनत्व का प्रकाश, शुभ्र श्वेत खादी का कुर्त्ता और लुंगी। इस व्यक्ति का नाम बताया गया पी.जी. वासुदेव। सुनकर मैं चौंक पड़ा था क्योंकि इस व्यक्ति को पार्थिव रूप में भले ही उस दिन देख रहा था लेकिन परिचय इनसे मेरा बहुत पुराना था और बहुत सघन भी। पत्रों के द्वारा ही हम एक दूसरे के पास आए थे और उसका कारण था। वह मेरे लघु उपन्यास 'स्वप्नमयी' और नाटक 'डॉक्टर' का अनुवाद मलयालम भाषा में करना चाहते थे। मेरे लिए तो निश्चय ही यह गौरव की बात थी। एक लम्बा पत्र व्यवहार हुआ हम दोनों के बीच। वह आज सुलभ नहीं है, नहीं तो उनके कई सुन्दर पत्र मैं यहाँ उद्धृत करता।

दोनों पुस्तकों के अनुवाद प्रकाशित हुए। 'स्वप्नमयी' का अनुवाद साहित्य परिषद बुक स्टाल, एर्नाकुलम से प्रकाशित हुआ। और 'डॉक्टर' नाटक का अनुवाद सदर्न बुक स्टाल, तिरुवल्ला से। मैंने उनकी पुस्तक 'आदर्श पुरुष' की भूमिका भी लिखी थी।

मुझे याद है कि रायल्टी के प्रश्न को लेकर हमारे बीच में कुछ गलतफहमी भी पैदा हो गई थी लेकिन वह क्षणिक थी। उसके कारण उनके प्रति मेरे मन में जो आदर-स्नेह का भाव था, उसमें कमी नहीं आई थी, लेकिन कुछ समय के बाद पत्र-व्यवहार में व्यवधान अवश्य पड़ गया था।

इसीलिए जब मैं नागर विमानन मन्त्रालय की किसी कमेटी में भाग लेने त्रिवेन्द्रम गया तो उस अवसर पर होने वाली एक गोष्ठी में किसी ने अचानक उनका परिचय कराया। उस समय मेरी जो स्थिति हुई उसका संकेत कर चुका हूँ।

जिन प्रदेशों की मातृभाषा हिन्दी नहीं है, उन्होंने सम्पर्क भाषा के रूप में इसका

अध्ययन किया है—विशेषकर गाँधीजी के प्रभाव में आकर, क्योंकि वह मानते थे कि हर व्यक्ति का सबसे पहला कर्त्तव्य अपनी मातृभाषा में पारंगत होना है। भारतवर्ष एक विशाल देश है, बहुत मातृभाषाएँ हैं यहाँ। लेकिन सारी भाषाओं को हर व्यक्ति सीख नहीं सकता। इसलिए यह आवश्यक है कि किसी एक भाषा को सम्पर्क भाषा के रूप में स्वीकार करें। बहुत पुराने जमाने से अनायास ही बिना किसी के प्रयत्न के हिन्दी इस देश की सम्पर्क भाषा बन गई। उसका एक कारण यह भी था कि किसी भी देश का मध्य भाग देश पर शासन करता है। दिल्ली एक युग से भारत की राजधानी रही है। इसीलिए यहाँ बोली जाने वाली भाषा अनायास ही सम्पर्क भाषा बन गई। दिल्ली से पहले मगध, पाटलिपुत्र आदि प्रदेशों, नगरों में हिन्दी से मिलती-जुलती भाषा ही राजभाषा रही। अनेक नाम रहे इस भाषा के—हिन्दी, हिन्दवी रेखता, खड़ीबोली यहाँ तक कि उर्दू का व्याकरण भी लगभग हिन्दी जैसा है।

सांस्कृतिक दृष्टि से यह देश एक है। इसलिए दक्षिण के सन्त और भक्त लोग उत्तर आते रहे और उत्तर के सन्त और भक्त लोग दक्षिण जाते रहे। इसी प्रक्रिया में सभी लोग एक भाषा में बात करने लगे और वह भाषा अन्ततः हिन्दी कहलायी। जैसे प्राचीन काल में संस्कृत सम्पर्क भाषा थी, वैसे ही अब हिन्दी बन गई। कैसे बन गई ? इसका विवेचन यहाँ असंगत है। यहाँ मैं यही कहना चाहता हूँ कि स्वाधीनता संग्राम के युग में दक्षिण ने बिना किसी संकोच के हिन्दी को सम्पर्क भाषा के रूप में स्वीकार किया। स्वाधीनता के बाद राजनीतिक कारणों से हिन्दी का विरोध किया गया, लेकिन दक्षिण में ऐसा केवल तमिल प्रदेश में ही हुआ। शेष प्रान्तों ने इसे सहर्ष स्वीकार किया। केरल प्रान्त के मनीषियों और जन सेवकों ने बड़े मनोयोग से उसका अध्ययन किया और आज भी कर रहे हैं। एक लंबी सूची है ऐसे मनीषियों की। वास्तव में गाँधीजी के कारण हिन्दी स्वाधीनता संग्राम का एक अंग बन गई थी।

उसके प्राकृतिक सौन्दर्य से प्रभावित होकर मैं बहुत बार गया हूँ केरल। गाँवों में भी गया हूँ और हर कहीं मैंने हिन्दी जानने वाले व्यक्तियों को पाया है। स्कूलों और कॉलेजों में भी हिन्दी बराबर पढ़ाई जाती है। इतना ही नहीं बल्कि अनेक संस्थाओं ने गली-गली में हिन्दी पढ़ाने के लिए स्कूल खोल रखे हैं।

ऐसे अनेक मनीषियों को मैं जानता हूँ जिन्होंने काशी विद्यापीठ और गुरुकुल काँगड़ी जैसी संस्थाओं में हिन्दी का अध्ययन किया है। हिन्दी में लिखा है। हिन्दी की अनेक प्रसिद्ध पुस्तकों का मलयालम भाषा में अनुवाद किया है और मलयालम भाषा की पुस्तकों का हिन्दी में अनुवाद किया है। ऐसे हिन्दीप्रेमियों और मनीषियों की लम्बी सूची में हमारे मित्र श्री पी.ज़ी. वासुदेव का स्थान बहुत ऊपर है।

उन्होंने मूल हिन्दी में अनेक पुस्तकें लिखीं, विशेषकर बच्चों के लिए। हिन्दी की अनेक रचनाओं का मलयालम भाषा में अनुवाद किया है। उनमें श्री धर्मवीर

भारती का प्रसिद्ध उपन्यास 'सूरज का सातवाँ घोड़ा' भी है। इसके अतिरिक्त उन्होंने मलयालम की मौलिक रचनाएँ तो कीं ही, उस भाषा की अनेक प्रसिद्ध रचनाओं का हिन्दी में भी अनुवाद किया है। उनकी बहुत सी रचनाएँ आकाशवाणी से प्रसारित हुईं और भारतीय ज्ञानपीठ की त्रैमासिक पत्रिका में भी प्रकाशित हुईं। इस तरह उनकी सारी रचनाओं की संख्या पचास के लगभग हो जाती है। विभिन्न भाषा-भाषी व्यक्तियों को पास लाने के लिए इससे अच्छा साधन और क्या हो सकता है ? वास्तविक राष्ट्र निर्माता तो यही लोग हैं। ऊपर दिखाई देने वाले भवन जिस नींव पर खड़े रहते हैं उस नींव को तैयार करने वाले व्यक्ति ही वास्तव में राष्ट्र निर्माता होते हैं।

उन्होंने इस क्षेत्र में कैसे और कितना संघर्ष किया इसकी चर्चा उन्होंने अपने एक लेख में की है। इसकी कुछ पंक्तियाँ उद्धृत करने का लोभ मैं संवरण नहीं कर पा रहा। ये पंक्तियाँ पढ़कर क्या कोई कह सकता है कि ये किसी हिन्दीतर भाषा-भाषी द्वारा लिखी गई हैं ?

" सन् 1929 में दक्षिण भारत हिन्दी प्रचार सभा के तत्त्वावधान में मद्रास में ट्रिप्लिकेन समुद्रतट पर संचालित रा.भा. विशारद व हिन्दी प्रचारक महाविद्यालय के प्रथम सत्र में केरल से भी पर्याप्त संख्या में छात्र दाखिल हुए थे। उनमें से एक मैं भी था। सन् 1930 में जब मद्रास से मैं लौट आया तो हिन्दीप्रेमी मन्नत्तु पद्मनाभन ने मुझे प्राक्कुलम-कोल्लम के एन.एस.एस. हाई स्कूल में हिन्दी सिखाने के लिए भेज दिया। दूसरे वर्ष कोल्लम से मैं नागरकोइल गया, वहाँ से मुझे द.भा. हिन्दी प्रचार सभा के अधीन, तिरुवनन्तपुरम में प्रथम प्रचारक नियुक्त किया गया। श्री वासुदेवन पिल्लै को भी मेरे साथ उसी दिन नियुक्त किया गया था, लेकिन उन्होंने इनकार कर दिया, स्वतन्त्र रूप से अपना काम जारी रखा। कुछ दिनों के बाद मैंने सभा के काम से इस्तीफा दे दिया और उच्च शिक्षा ग्रहण करने इलाहाबाद चला गया। राजर्षि पुरुषोत्तम दास टण्डन के आदेश को मानकर कुछ दिनों तक नैनी विद्यापीठ में रहा, मगर पढ़ाई की ठीक व्यवस्था न होने से वहाँ से पैदल चलकर सरसा अयोध्या होते हुए काशी पहुँचा। काशी विद्यापीठ उस समय तक पुलिस के कब्जे से छूट गया था। आचार्य नरेन्द्रदेव प्राचार्य थे। उनकी कृपा से विद्यापीठ में दाखिल हो सका और आचार्य सम्पूर्णानन्द, श्री श्रीप्रकाश आदि के चरणों में बैठकर पढ़ने का अवसर मिला। वहाँ से लौट कर फिर मैं मन्नत्तु पद्मनाभन की सेवा में गया और करुवाट्टा हाई स्कूल में हिन्दी अध्यापक नियुक्त किया गया।"

केरल से उत्तर भारत के प्रवास काल में जिन व्यक्तियों के सम्पर्क में वे आए उनमें प्रेमचन्द, जयशंकर प्रसाद, रामकुमार वर्मा तथा बाबू श्यामसुन्दर दास आदि शीर्षस्थ शलाका पुरुष रहे हैं। जिन व्यक्तियों के साथ इन्हें काम करने का अवसर मिला उनमें सर्वश्री ए. चन्द्रहासन, वी.डी. गोपालकृष्णन, के. राघवन नायर, नीलकंठन

नायर, पी.के. केशवन नायर, पी.के. नारायणन और के.एस. मणि जैसे समर्पित और दिग्गज पुरुष रहे हैं। केरल हिन्दी प्रचार सभा के संस्थापक श्री के. वासुदेवन पिल्लै जैसे व्यक्तियों से इन्हें शिक्षा प्राप्त करने का अवसर मिला। यह संस्था केरल में हिन्दी का केन्द्र बन गई है। इस समय श्री वेलायुधन नायर इसके सेक्रेटरी हैं।

इसी का परिणाम था कि इन्होंने हिन्दी प्रचार के रचनात्मक क्षेत्र में प्रशंसनीय कार्य किया। हिन्दी विद्यापीठ की स्थापना की, 'संग्रथन' पत्रिका के संस्थापक-सम्पादक रहे। बार-बार मुझसे इसमें लिखने के लिए कहा करते थे। सही अर्थों में वह रचनात्मक कार्यकर्त्ता थे। बाइबिल में लिखा है कि शान्ति के लिए कार्य करने वालों पर प्रभु की कृपा होती है। मैं इसे बदलकर इस प्रकार कह सकता हूँ, रचनात्मक कार्य करने वालों पर प्रभु की कृपा होती है। रचनात्मक कार्य करने वाला अपने लिए नहीं जीता, वह दूसरों के लिए जीता है। जो दूसरों के लिए जीता है वह सचमुच जीता है। उसे ही कर्मयोगी कहते हैं। डॉ. एन. रवीन्द्रनाथ के शब्दों में मैं कहना चाहूँगा'' 'संग्रथन' की सुन्दर-शीतल सुगन्धित छाया में आज समूचे भारत के साहित्य प्रेम थोड़ी देर के लिए ही सही, आराम लेना चाहते हैं। यह आपकी प्रयोगशीलता की सफलता का निशान है।''

ऐसे व्यक्तियों के लिए उनका सबसे बड़ा सम्मान उनका कार्य ही होता है क्योंकि कार्य ही दैवी शक्ति के प्रति शरीर की सर्वोत्तम प्रार्थना है। फिर भी सांसारिक दृष्टि से देखें तो श्री पी.जी. वासुदेव को अनेक पुरस्कार मिले और अनेक बार उन्हें सम्मानित किया गया। वह 'साहित्य विभूषण' जैसी हैदराबाद हिन्दी प्रचार सभा की मानद उपाधि से सम्मानित किए गए। 'पहल' इंस्टीट्यूट, नागरकोविल और दक्षिण भारत हिन्दी प्रचार सभा जैसी संस्थाओं ने उनको सम्मानित किया। वास्तव में इन सब संस्थाओं ने पी.जी. वासुदेव का सम्मान नहीं किया बल्कि अपना सम्मान किया, सम्पर्क भाषा हिन्दी का सम्मान किया। पी.जी. वासुदेव तो निमित्त बने। लेकिन यह निमित्त बनने का सौभाग्य कितने व्यक्तियों को प्राप्त होता है। गाँधीजी की उँगली पकड़कर हिन्दी के द्वारा राष्ट्र की सेवा करने वाले व्यक्ति ही सचमुच मनुष्य कहलाने के अधिकारी हैं। केरल में ऐसे महामानवों की कमी नहीं है।' उनमें भी पी.जी. वासुदेव का स्थान प्रथम श्रेणी में आता है। ऐसे आदर्श प्रचारक, पत्रकार, अध्यापक, अनुवादक और साहित्यकार को हम प्रणाम ही कर सकते हैं क्योंकि वे ही हमारी प्रेरणा के स्रोत हैं।

एक प्यारा इंसान, एक प्यारा उपन्यास

गुरुदयाल सिंह

सुदीर्घ दुबली-पतली नाजुक सी काया, आँखों में हल्की-हल्की मुस्कान, मुख पर बीच-बीच में उभरती वैसी ही हँसी—प्रथम दृष्टि में देखने में ऐसा नहीं लगता कि यह व्यक्ति कि जिसका नाम गुरुदयाल सिंह है वह अन्तर्राष्ट्रीय ख्यातिप्राप्त लेखक है। वह समाज में व्याप्त पाखण्ड और शोषण पर इतनी शक्ति से प्रहार कर सकता है कि आप दर्द से कराह उठें।

पर जैसे-जैसे आप उनके पास जाते हैं तो लगता है कि वही काया, वही आँखें ऐसे आलोक से प्रकाशित हैं, ऐसी आत्मीयता से ओतप्रोत हैं कि जो क्षणभर में आपको अपना बना लेती है—जैसे आप युग-युग से उनके मीत हैं।

हम जिसे इंसान कहते हैं वह ऐसा ही होता है, जो अपने इन्हीं गुणों से वह ऊर्जा प्राप्त करता है और मनुष्य और समाज के अन्तर में उसे गहरे पैठने और उसमें व्याप्त पाखण्ड और शोषण पर इतनी शक्ति से प्रहार करने की क्षमता प्रदान करती है कि आप कराह उठे।

फिर भी उनके हर शब्द में अपनत्व की सुगन्ध है क्योंकि मूलतः 'प्रेम' ही तो उनकी मान्यताओं की आधार भूमि है। उनके उपन्यास का एक पात्र कहता है न, "प्रेम बिना कैसी दुनिया, काहे का जीवन।"

संयम एक ऐसा गुण है जो किसी की प्रशंसा करते समय नितान्त आवश्यक है, परन्तु साथ ही यह कि असंयम की भाँति अति संयम भी उतना ही अवांछनीय है। इसलिए मैं अब व्यक्ति गुरुदयाल सिंह के बारे में और कुछ नहीं कहूँगा। मेरा प्रतिपाद्य विषय तो उनके उपन्यास 'मढ़ी का दीवा' की पड़ताल करना है। वह अन्तर्मुखी है, अन्तर्मुखी होकर ही रचनाकार गहरी डुबकी लगाकर यथार्थ के पीछे सच की खोज करता है। यही सच उसकी रचना का आधार बनता है।

सन् 1975 में अर्थात् आज से 25 वर्ष पूर्व हमें एक प्रवास में दो सप्ताह तक एक साथ रहने का अवसर मिला था। बातों-बातों में एक दिन मैंने अनायास ही पूछ लिया कि क्या आपकी किसी रचना का हिन्दी में अनुवाद हुआ है।

उन्होंने उत्तर दिया, "मेरे दो उपन्यास राजकमल प्रकाशन से हिन्दी में अनूदित होकर प्रकाशित हुए हैं।"

और यह बात मात्र सूचना देने तक ही समाप्त नहीं हुई, उन्होंने ये दोनों पुस्तकें भिजवा भी दीं, इस अनुरोध के साथ कि मैं कम-से-कम 'मढ़ी का दीवा' जरूर पढ़ूँ।

और 'मढ़ी का दीवा' पढ़ने के बाद उसमें वर्णित कहानी के दर्द के अहसास को मैं आज तक भुला नहीं पाया हूँ। एक गाँव की इस कहानी में गाँव की आत्मा जिस तरह कराह उठी है उसने मुझे अभी तक व्याकुल कर रखा है। मैंने अनुभव किया कि जिस तरह डिकेन्स या तोल्स्ताय या शरतचन्द्र अपने पात्रों के साथ एकाकार होकर उनकी वेदना-व्यथा को जीते थे, उसी प्रकार गुरुदयाल सिंह भी अपने पात्रों के साथ एक रूप हो उठे हैं। इस तरह एक रूप हो उठे कि वे पीड़ित पात्र तो आँखों में ओझल हो जाते हैं, रह जाते हैं बस गुरुदयाल सिंह, जैसे वह पात्र उनका अपना ही रूप हो। क्रूर की क्रूरता भी व्यक्ति के अन्तरमन को इतना व्यक्त नहीं करती जितना बदलती सामाजिक व्यंवस्था और बदलते मूल्यों की विरूपता को प्रेमचन्द ने पहली बार इंसान को उसके सुख-दुख व्यथा वेदना गुण-अवगुणों के साथ जैसा वह है, वैसा चित्रित किया है। उसे मर्यादा दी है। शरतचन्द्र ने पहली बार समाज में जो सबसे छोटे समझे जाते रहे हैं उन वैद, वाडल, जोला, चासी आदि लोगों को समाज में सम्मान का स्थान दिया। गुरुदयाल सिंह ने भी उसी तरह सहसियों और चूहड़ों के जीवन को मानवीय संवेदना और पीड़ा की स्पष्ट भूमि में साकार किया है। युग के बदलते मूल्यों ने जो संकट पैदा कर दिया है, यह उपन्यास उसी संकट का दस्तावेज है।

इसका नायक जगसीर जाति का चूहड़ा है, उसकी माँ सहसियों की बेटी है। माँ-बाप से नाता तोड़कर उसने जगसीर के पिता से प्रेम विवाह किया परन्तु उसके उस साहस का जो परिणाम हो सकता था वह यही था कि उसे अपनी चार बेटियों के लिए उसके मन की इच्छानुसार घर-वर नहीं दिला सके। पुत्र को बहू भी नहीं मिली क्योंकि उसकी माँ का कोई मायका नहीं रह गया था। वह अपने माँ-बाप से नाता तोड़ चुकी थी।

उसका पिता था धर्मात्मा और चरित्रवान। इसलिए वह अपने उस पुत्र का भी विवाह नहीं कर सका जिसके गदराये सुन्दर शरीर को गाँव की लड़कियाँ देख लेतीं तो देखती रह जातीं। अन्त में पौत्र का मुँह देखने को तरसती नन्दी उससे यही पूछती है, "मुझे ये तो बता, तेरे धर्म ने मुझे दिया क्या है?"

उसका बेटा जगसीर अपने बाप पर ही गया है। उसने उसे जो वचन दिया

था उसे निभाकर दिखा दिया। गाँव की सभी नारियाँ लड़कियाँ 'बहू बेटियाँ' हैं, यह बात वह कभी नहीं भूल पाया। और इसीलिए वह भानि के प्यार के निमन्त्रण को स्वीकार नहीं कर पाया। स्वीकार कर पाया तो केवल उसकी पीड़ा को जो तिल-तिल करके तोड़ती और कमजोर करती रही। एक दिन निक्के की बहू यानी भानि के आधे चेहरे को देखकर उसके प्रति जो उसके हृदय में उमड़ आया था उसे वह कभी स्वर नहीं दे सका। उसे हमेशा ऐसा लगता रहा कि बूढ़ा ही पैदा हुआ था, जवानी उस पर कभी आई ही नहीं।

किस तरह सामाजिक कुरीतियों और वर्जनाओं ने एक धड़कते जीवन को तबाह कर दिया, किस तरह धर्म के प्रभाव से दूर रहकर अफीम के नशे में अपनी वेदना को भूलने की कोशिश की और किस तरह धीरे-धीरे मौत उसे अपनी गोद में समेटती रही—यह सब कुछ पढ़कर ही अनुभव किया जा सकता है। लोकगीतों का गायक मानो इसी स्थिति की ओर संकेत करते हुए गाता है, "जब आदमी का मन मर जाता है तो उसे अपनी देह इस तरह घसीटनी पड़ती है जैसे उसने अपनी पीठ पर लाश उठा रखी हो।"

जगसीर का प्यार बेशक सफल नहीं हो पाया परन्तु उसकी व्यथा और वेदना के मार्मिक चित्र उपन्यास में इस तरह उकेरे गए हैं कि दर्द साकार हो उठता है। अन्तिम समय में उसे भानि याद आती है तो पहली बार वह अपनी मोहब्बत को जबान पर लाता है, "रोणक यदि एक दिन...निक्के की बहू को बुलाकर..."

परन्तु वह तो मायके गई हुई है। वह उसके आने की बाट जोहते-जोहते ही चला जाता है परन्तु अन्तिम समय में यह कहना नहीं भूलता, "निक्के की बहू को कहना रोणक मेरी मढ़ी जरूर पोत दिया करे। बना तो तू देगा ही।"

यह निपट भावुकता ही नहीं है, वह दर्द है जो रौणकी के दिल को ही नहीं चीरता, पाठक को भी व्याकुल कर देता है। और जब उसकी मौत के तीसरे दिन, अपनी बनाई टेढ़ी-मेढ़ी मढ़ी को न केवल पुती हुई देखता है बल्कि उस पर दीवा भी जलता देखता है, तो वह सहसा चौंक उठता है, "दीवे की लौ हवा से काँपती फटकर दो हो जाती और फिर स्थिर होकर, अचल ज्योति बनकर, और भी अधिक ऊँची हो जाती है।"

"इस क्षण वह दीवे को ही नहीं, दीवा जलाने वाली को भी देखता है। उसी तरह मढ़ी के दीवे की लौ की भाँति काँप कर, दो होती और फिर एक लौ बनकर ऊँची होती ऐसा..."

मूक पीड़ा के दर्द को महिमान्वित करने का इससे अधिक मार्मिक चित्र और क्या होगा ! उसका प्यार सचमुच भीतर बिलखता है, बाहर दर्द देता है। इसीलिए तो जगसीर अपनी प्रेमिका के सम्मान के साथ कह सका, "अपने दरमियान रब है भानों, ऐसा गन्द हमने तब नहीं गन्धाला जब गन्धालने के दिन थे। अब कालिख

का टीका काहे को माथे पर लगाएँ। कहने दो जो कहते हैं। ऊपर थूकने पर वह अपने ही मुँह पर पड़ता है।"

प्रेम की इस पीड़ा के बीच में छलकते हास्य, धड़कता उछाह, उमंगती सहानुभूति, संवदेना, हँसी-मजाक, वात्सल्य, प्यार और करुणा के दृश्य भी कम नहीं हैं। जगसीर मजाक भी कर सकता है, "बस चलते हैं यार, घर में न्याने-निक्के इन्तजार कर रहे होंगे।"

परन्तु इसका अर्थ क्या है यह वही जानता है और सुनने वाली भी। भानि का प्यार जगह-जगह झरने की भाँति फूट पड़ता है। सीमाओं के घेरे तोड़ने को मचल उठता है। परन्तु हर बार समुन्दर की लहरों की भाँति किनारों से टकराकर लौट जाता है। समुन्दर कैसे-कैसे अपने भीतर उमड़ता-घुमड़ता रहता है परन्तु मर्यादा का उल्लंघन कभी नहीं करता। इसलिए तो वह समुन्दर है।

'मढ़ी का दीवा' में इस समन्दर जैसे प्यार की कहानी ही नहीं है, मानवीय संवदेना और अन्तर् की पीड़ा को भी एक और स्तर पर लेखक पूरी शक्ति के साथ चित्रित करता है। जाति-पाँति और आर्थिक संकट के चित्र भी उतने ही मार्मिक हैं। धर्मसिंह जाट किसान है, सच्चा और प्यार करने वाला। वह जगसीर के बाप को कुछ जमीन देता है, परन्तु वह उसे उसके नाम नहीं लिखवा सकता क्योंकि कानून दीवार बनकर बीच में आ खड़ा होता है। उस समय वह क्रोध से उबलते हुए कहता है, "यह भी क्या कानून हुआ कि मैं अपनी जमीन अपनी मर्जी से अपने भाई के नाम नहीं करवा सकता। सौ जूते ऐसे कानून के सिर पर, सौ ऐसे कानून बनाने वालों के सिर पर।"

परन्तु यह क्रोध किसी काम नहीं आ सकता—हंसों की जोड़ी टूट गई। समय बदला, मूल्य बदले, प्यार की जगह स्वार्थ ने ले ली। जिस धर्मसिंह ने अपने मित्र की मढ़ी अपने खेत में बनवाई थी, उसी के बेटे ने वह टहनी कटवा दी जिसके नीचे वह मढ़ी बनवाई गई थी। अपनी टहनी के टुकड़े हुए देख जगसीर स्तब्ध रह गया। लाश की भाँति अकेला ठूँठ ही पड़ा था, बाकी सभी टहनियाँ और शाखाएँ वे उठाकर ले गए थे। पल भर जगसीर इस ओर के टीले पर खड़ा देखता रहा ऐसे जैसे उसका मन जड़ हो गया हो।

जगसीर की माँ के ये शब्द जैसे भ्रष्ट समाज की पोल खोल देते हैं, "तूने बेटा, मुझसे झूठ क्यों बोला, मुझे तो पता था कि इन कम्बख्तों को हमारे किए का यही बदला देना है...भला इन जाटों से जो हमें दूर बिठाकर कुत्तों की भाँति रोटी देते हैं, कभी किसी का भला हो सकता है। वे पुराने लोग ही थे जो अपना लहू बाँट देते थे अब तो..."

और पुराने युग की रीति निभाने वाला धर्मसिंह भी कितना सुखी है ? कितना उसे सताते हैं। उसकी पत्नी और उसका बेटा यहाँ तक कि वह घर छोड़कर इस

असीम दुनिया में खो जाता है, कभी भी न लौटने के लिए। जगसीर ने उससे कहा था, "तुझे तो एक ही दुःख है जगसिया कि तेरा कुछ बन नहीं पाया, परन्तु जिनके पास सभी कुछ है, घर-बार, बाल-बच्चे, जमीन-जायदाद, तेरा ख्याल है कि वे सभी सुखी हैं। तुम्हारी टहनी काटने के बाद ऐसा बखेड़ा उठ खड़ा हुआ कि सब कुछ छोड़-छाड़कर साधु-सन्तों की भाँति पशुओं के बाड़े के छप्पर में जाकर बैठ गया है। ऐसे लोगों के साथ रहने के लिए आदमी देह सात मन लोहा लगी बैलगाड़ी जैसी चाहिए। कीकर के तने जैसी देह हो और फौलाद की आत्मा, कमजोर आदमी का यहाँ कैसा बसर।"

कुछ देर चुप रहकर वह फिर बोला, "प्यार के बिना काहे की दुनिया और क्या जीना। जमीन-जायदाद को आग लगाएँ जब आदमियों के मन ही न मिलें। जमीन-जायदाद तो हाथों का मैल होती है, और जब आदमी मैल चाटने लगे तो धिक्कार ऐसी जिन्दगी को।"

इसी धिक्कार को न सह पाने के कारण वह मिट जाता है, लेकिन तब जब वह जगसीर की माँ की मौत को महिमा प्रदान करने के लिए कुछ पैसा दे चुका होता है। पीछे रह जाता है दोहरी मार में पिसता हुआ जगसीर जो अपने मित्र रौनकी से पूछता है, "रौनका यदि आदमी जन्म ही न ले तो क्या होगा ?"

ये प्रश्न कितना अर्थगर्भित है ! किस तरह समाज में प्रचलित वर्तमान मानवीय मूल्यों के आगे प्रश्न चिह्न लगा देता है !

उपन्यास में एक और कहानी है, रौनकी और उसकी घरवाली सन्तो की। कितना अनगढ़ अनाड़ी परन्तु कितना शक्तिशाली है उसका परम्परावादी प्यार। सन्तो के चले जाने के बाद रौनकी के ये शब्द इस प्यार की गहराई को और गहरा कर देते हैं। "दो वर्ष बीत गए उसे गए पर भीतर से अभी भी नहीं निकल पाई। रात को सपनों में भी पीछा नहीं छोड़ती। जागते हुए भी ऐसा भ्रम होता है कि बस अभी आई, अभी आई, साँड़ की तरह फुंकारती और आते ही सीगों पर उठा लेगी और ललकार कर कहेगी कि जादेखानियाँ जाइयाँ। आज ईंधन नहीं लाना। भट्टी में तेरा सिर जलाऊँगी... जगसिया, सौगन्ध गऊ की..."

यही रौनकी जगसीर के अन्तिम क्षणों तक उसका मित्र और उसका सहारा बना रहा है। और जब वह चला गया तो बिलख उठा :

तू तो तुर गया दिलासे देके
जग्गो साड़ा सीर मुक्क गया।

ये बोल रौनकी के नहीं भानि के भी हैं, और शायद धर्मसिंह के भी, भले ही उनको सुनने का कोई भी साधन हमारे पास नहीं है।

गाँव के जीवन के प्यार तथा प्रीत से भीगी अनुभूतियाँ, स्वार्थप्रेरित क्रूरताएँ,

दूषित सामाजिक विधान में दम तोड़ती इंसानियत, सब कुछ भीतर ही भीतर उमड़-घुमड़ रहा है। भले ही ऊँची लपटें नहीं निकलतीं, यह इसकी कमजोरी भी हो सकती है। परन्तु भीतर-ही-भीतर सुलगना कितना पीड़ादायक होता है। वही पीड़ा, वही टूटने का डर, वही विचारहीनता की हृदयभेदक जलन, यही तो हासिल है उस चित्रण का जो नए सबेरे की कल्पनाओं को साकार करता है, क्योंकि वह प्रश्नचिह्न लगाता है। जब प्रश्नचिह्न लगते हैं, सन्देह जागते हैं, तभी क्रान्ति फूटती है।

भाषा और शैली के सम्बन्ध में अनुवाद के सहारे इतना ही कहा जा सकता है कि इसमें रचना के अर्थों का वाहन बनने और इसका संचार करने की पूरी शक्ति है। वातावरण के अनुकूल मुहावरों और कहावतों का प्रयोग प्रभाव को और भी सघन करता है। पूरा उपन्यास गाँव की सौंधी-सौंधी गन्ध से ओत-प्रोत है। अपने सब गुण-अवगुणों के साथ इस कृति में ग्रामीण जीवन जैसे मुखर हो उठा है।

और पढ़ते हुए मुझे यही लगता रहा कि मानो मेरे सामने मेरे मित्र की ही मूर्ति है। रचनाकार जब अपनी रचना में एकरूप हो जाता है तब रचना की सफलता निश्चित हो जाती है। ऐसे मित्र के अभिनन्दन में और कुछ लिखना अपना ही सम्मान करना है। यही तो हम करते हैं।

गाँधी के तोल्स्तोय

"तरुण भारतीय गाँधी ने मृत्यु का आलिंगन कर रहे तोल्स्तोय के हाथ से वह दिव्य ज्योति सँभाल ली जिसे वृद्ध रूसी देवदूत ने अपने हृदय में प्रदीप्त किया था। उस दिव्य ज्योति को गाँधी ने अपने प्यार और दर्द से पोषित किया और एक मशाल का रूप दे दिया। उससे भारत आलोकित हो उठा और उस आलोक के प्रतिबिम्ब ने भू-मण्डल को जगमगा दिया।"

ये शब्द न किसी रूसी विद्वान के हैं, न भारतीय तत्त्ववेत्ता के। ये शब्द हैं फ्रांसीसी मनीषी रोमाँ रोलाँ के।

बावजूद विरोधों, विरोधाभासों और विनाशकारी युद्धों के, संसार कितना एकरूप है—भारतीय राष्ट्रीय मुक्ति आन्दोलन का एक भावी कर्णधार तीन समन्दर पार एक रूसी चिन्तक और साहित्यकार की ओर प्रेरणा के लिए देखता है, और सुदूर फ्रांस में बैठा एक मनीषी मुग्ध हो उठता है।

वर्तमान शताब्दी से पूर्व ही बहुत से भारतवासी रूसी साहित्यकारों की कृतियों से परिचित हो चुके थे। साहित्यकार या कलाकार की मूल संवेदना परिवेश की भिन्नता के बावजूद एक ही होती है। इसलिए देशों के धड़कते दिलों को जोड़ने में उसकी कृतियों का योगदान जितना सार्थक होता है उतना किसी तत्त्व का नहीं। समान नैतिक मूल्यों और आध्यात्मिक विचारों के कारण भारतवासियों ने विशेष रूप से तोल्स्तोय की रचनाओं में अपनी धड़कनों की आवाज़ सुनी थी।

गाँधीजी प्रचलित अर्थों में साहित्यकार नहीं थे। जिस समय वे तोल्स्तोय की ओर आकर्षित हुए उस समय तक भारतीय राष्ट्रीय मुक्ति आन्दोलन के कर्णधार भी नहीं बने थे। फिर भी यह आश्चर्यजनक सत्य है कि दक्षिण अफ्रीका में चल रहे भारतीयों के मुक्ति संघर्ष के दौरान, आत्मिक संकट में पड़े हुए बैरिस्टर गाँधी ने प्रेरणा के लिए इस रूसी चिन्तक की ओर देखा।

यह घटना सन् 1909 की है, परन्तु यह भी सत्य है कि इससे अनेक वर्ष

पूर्व अपनी तरुणाई में ही, एक प्रबुद्ध पाठक के रूप में, तोल्स्तोय की चार कहानियों का अनुवाद करके उन्होंने *इण्डियन ओपीनियन* में प्रकाशित किया था। विशेष रूप से 'ईश्वर का राज्य तुम्हारे अन्दर है', कहानी ने उन्हें झकझोर दिया; इतना कि 23 दिसम्बर, 1908 को, यानी तोल्स्तोय को पत्र लिखने से पूर्व ही, उन्होंने फोक्सरस्ट जेल के वार्डर जी. नेलसन को इसकी एक प्रति भेंट की थी। लेकिन प्रत्यक्ष रूप से उन दो महाप्राण व्यक्तियों के जुड़ने का तात्कालिक कारण बना तोलस्तोय का सन् 1908 में लिखा गया 'एक हिन्दू के नाम पत्र'।

वैंकोवर से गुप्त रूप से प्रकाशित *फ्री हिन्दुस्तान* के सम्पादकों ने (इसके प्रधान सम्पादक सुप्रसिद्ध देंशभक्त तारकनाथ दास थे) तोल्स्तोय को एक पत्र लिखते हुए मुक्ति संग्राम में भारतीयों का समर्थन करने की अपील की थी। इसी अपील के उत्तर में तोल्स्तोय ने अपना उक्त सुप्रसिद्ध पत्र लिखा था। उन्होंने भारतीय देशभक्तों को सलाह दी, "बुराई का प्रतिरोध मत करो, किन्तु स्वयं बुराई में साझीदार मत बनो; न्यायालय के कामों में, कर-संग्रह में तथा जो बात और भी महत्त्वपूर्ण है, सेना की हिंसा में भाग मत लो। फिर संसार में कोई ताकत आपको गुलाम नहीं बना सकेगी।"

ऐसा नहीं कि भारतीय इन साधनों से अपरिचित थे। बंग-भंग आन्दोलन के कर्णधारों ने बहुत कुछ इसी मार्ग को अपनाया था। तोल्स्तोय ने जिन नैतिक और आध्यात्मिक मूल्यों की वकालत की है, वे सभी भारतीय दर्शन में निहित थे। गाँधीजी उनसे परिचित हो चुके थे, परन्तु तोल्स्तोय के माध्यम से गाँधीजी ने उनको एक नए ही रूप में देखा। तोल्स्तोय उन मूल्यों को जी कर देख चुके थे। यह तथ्य उनके लिए वरदान बनकर आया। विशेषकर इसलिए कि वे उन दिनों एक तरह के आत्मिक संकट के दौर से गुज़र रहे थे। ऐसे समय में तोल्स्तोय के अनुभूत विचार उनके सामने ताज़ा हवा के झोंकों की तरह आए और उन्होंने गाँधीजी को नई अन्तर्दृष्टि प्रदान की।

18 अगस्त, 1909 को अपने एक रिश्तेदार की गिरफ़्तारी पर तोल्स्तोय ने जो मार्मिक वक्तव्य दिया था, उसे पढ़कर गाँधीजी अत्यन्त प्रसन्न हुए। उन्होंने कहा, "जो व्यक्ति इस प्रकार लिख सकता है, सोच सकता है और उसके अनुसार व्यवहार कर सकता है, उसने तो जगत जीत लिया है, दुख पर विजय प्राप्त कर ली है और अपना जीवन सार्थक बना लिया है।"

इस पृष्ठभूमि में गाँधीजी ने तोल्स्तोय को पहला पत्र 1 अक्तूबर, 1909 को लिखा। तब वे दक्षिण अफ्रीका में रंगभेद के विरुद्ध संघर्ष कर रहे थे। पत्र लिखने के समय वे लन्दन आए हुए थे। वे चाहते थे कि बरतानिया की सरकार भारतीयों को ओर से दक्षिण अफ्रीका की सरकार पर दबाव डाले।

गाँधीजी ने इस चिट्ठी में दक्षिण अफ्रीका में काम करने वाले तेरह हज़ार भारतीयों की दयनीय दशा का वर्णन करते हुए बताया कि वे कैसे रंगभेद के विरुद्ध संघर्ष कर रहे हैं। "उन पर नाना प्रकार की पाबंदियाँ लगी हुई हैं। उनके ख़िलाफ़ एक विशेष कानून पास हुआ है। उसका उद्देश्य उनके साथ भेदभावपूर्ण तथा अपमानजनक व्यवहार करना है, परन्तु उन्होंने काले कानून के आगे सिर झुकाने की बजाय जेल जाना पसन्द किया। सरकार ने उन्हें बर्बाद, बेरोज़गार और बेघरबार कर दिया और जेल में ठूँस दिया। परन्तु हिंसा या बल प्रयोग का जरा भी आश्रय लिये बिना, ये लोग अधिकारियों के आदेश स्वीकार करने से इनकार कर रहे हैं। संघर्ष अभी जारी है। कब ख़तम होगा, कहना कठिन है। परन्तु हममें से कुछ लोग अच्छी तरह समझ गए हैं कि जहाँ पशुबल की हार निश्चित हो, अनाक्रामक प्रतिरोध वहाँ भी विजयी होगा और हो सकता है...।" अन्त में लिखा, "मैं आपके निकट नितान्त अपरिचित हूँ, फिर भी मैंने सत्य के हित को दृष्टिगत करके आपको यह पत्र लिखने की धृष्टता की है और उन समस्याओं के बारे में आपका मार्गदर्शन चाहा है, जिन्हें हल करना आपने अपने जीवन का ध्येय माना है।"

एक अज्ञात व्यक्ति से ऐसी चिट्ठी पाकर तोल्स्तोय का उत्सुक हो उठना स्वाभाविक था। अनाक्रामक प्रतिरोध और सत्याग्रह-संघर्ष के तरीक़े ऐसे थे जिनकी वे निरन्तर वकालत करते आ रहे थे। श्री तारकनाथ दास के पत्र के उत्तर में उन्होंने यही तो लिखा था और यही सब पढ़कर गाँधी उन्हें पत्र लिखने को प्रेरित हुए थे। 'सामने-सामने होय प्रणयेर विनिमय' के अनुसार हज़ारों मील दूर बैठे इन दो महापुरुषों के अन्तर में प्रेम का अंकुर जैसे फूट निकला। तोल्स्तोय ने उस दिन अपनी डायरी में लिखा, "ट्रांसवाल के हिन्दू द्वारा भेजा गया सुन्दर पत्र मिला।"

उन्होंने 7 अक्तूबर को इस पत्र का उत्तर देते हुए लिखा, "आपका अत्यन्त रोचक पत्र पाकर मुझे अपार आनन्द हुआ। मेरी कामना है कि भगवान ट्रांसवाल के हमारे प्यारे भाइयों और उनके सहयोगियों की सहायता करें...कठोरता से कोमलता का, दर्प तथा हिंसा से विनम्रता और प्रेम का, ठीक वैसा ही संघर्ष यहाँ हमारे बीच में प्रतिवर्ष अधिकाधिक ज़ोर पकड़ता जा रहा है। यह ज़ोर धार्मिक आदेश और दुनियावी क़ानून में चलने वाले एक तीव्रतम विरोध के रूप में, अर्थात् सैनिक सेवा से इनकार करने के रूप में विशेष रूप से दिखलाई पड़ता है। ऐसे इनकार दिन-प्रतिदिन तेजी से बढ़ते जा रहे हैं।"

उन्होंने गाँधीजी को यह अनुमति भी दे दी कि वे 'एक हिन्दू के नाम पत्र' के अनुवाद का वितरण कर सकते हैं। अनुवाद को उन्होंने बहुत ही सुन्दर बताया।

गाँधीजी को तोल्स्तोय का यह पत्र उस दिन मिला जिस दिन वे बरतानिया की सरकार से निराश हो चुके थे। उसने भारतीय प्रवासियों के लिए दक्षिण अफ्रीका

की सरकार से अपने सम्बन्ध बिगाड़ने से स्पष्ट इनकार कर दिया था। तब 10 नवम्बर, 1909 को उन्होंने तोल्स्तोय को दूसरा पत्र लिखा, "मेरी राय में ट्रांसवाल के भारतीयों का यह संघर्ष आधुनिक युग का सबसे महान् संघर्ष है। वह साध्य और साधन दोनों दृष्टियों से आदर्श है।...मैं किसी ऐसे संघर्ष के बारे में नहीं जानता जिसमें लोगों ने, मात्र किसी सिद्धान्त की सफलता के उद्देश्य से, किसी व्यक्तिगत लाभ की चिन्ता किए बिना, हँसते-हँसते इतने कठिन कष्ट और संकट झेले हों। आपने जो रास्ता सुझाया है उसमें आपके प्रोत्साहन से हमारे अपने निश्चय को और अधिक बल मिलेगा। लन्दन में मुझे सफलता नहीं मिली। मैं जोहानिसबर्ग लौट रहा हूँ, जहाँ जेल के दरवाज़े मेरी प्रतीक्षा कर रहे हैं।"

गाँधीजी ने इस पत्र के साथ ब्रिटिश पादरी जोसेफ़ आई. डोक की लिखी एक पुस्तक *मोहनदास करमचन्द गाँधी, दक्षिण अफ्रीका में भारतीय देशभक्त* भी भेजी। इस 'धृष्टता' के लिए क्षमा माँगते हुए लिखा, "यह पुस्तक मेरे जीवन और उस संघर्ष पर प्रकाश डालती है जिसके लिए मैंने अपना जीवन अर्पित कर दिया है।"

तोल्स्तोय ने यह पुस्तक और भी उत्सुकता से पढ़ी। हाशिए पर टिप्पणियाँ लिखीं और पत्र को इस इरादे से कि कल उत्तर देंगे, एक पत्रिका में रख दिया, पर दुर्भाग्य से अगले दिन वे बीमार पड़ गए। वह पत्रिका वहाँ से हटा दी गई। पत्र उसी में रह गया। 47 वर्ष बीत जाने पर सन् 1956 में ही उसका पता लग सका।

लेकिन बावजूद इस दुर्घटना के पत्र-व्यवहार चलता रहा। पाँच महीने बाद 4 अप्रैल, 1910 को गाँधीजी तोल्स्तोय को तीसरा पत्र लिखते हैं। उसके साथ वे अपनी पुस्तक *हिन्द स्वराज* का अंग्रेज़ी अनुवाद भी भेजते हैं, इस प्रार्थना के साथ कि तोल्स्तोय उसे पढ़ें और अपने विचार लिखें। वे इस पत्र के साथ एक 'हिन्दू के नाम पत्र' के अंग्रेज़ी और गुजराती अनुवाद की कुछ प्रतियाँ भी भेजते हैं। तोल्स्तोय की बेटी अलेक्सेन्दरा अपने पिता की जीवनी में इसकी चर्चा करती हुई लिखती हैं, "बाद में गाँधी ने पिताजी को अपनी पुस्तक *हिन्द स्वराज* भेजी। उस पर टिप्पणी करते हुए पिताजी ने चैरेत्कोव को लिखा, 'गाँधी तो बहुत कुछ हमारे जैसा है, मेरे जैसा... ।' डी.पी. मकोवित्स्की की टिप्पणियाँ भी पिताजी की, गाँधी और उनकी पुस्तक में, गहरी रुचि का प्रमाण है, 'यूरोप की सम्पूर्ण सभ्यता की एक धार्मिक हिन्दी की दृष्टि से गहरी भर्त्सना।' "

अलेक्सान्देर शिफमान लिखते हैं, "गाँधीजी की नई चिट्ठी और ख़ासतौर पर उनकी पुस्तक *हिन्द स्वराज* के कारण भारतीय जनता के भविष्य पर तोल्स्तोय का ध्यान और केन्द्रित हो गया। बीमारी के दिनों में भी वह कई दिन तक गाँधीजी

की नई पुस्तक तथा उन पर अंग्रेज़ पादरी डोक द्वारा लिखी हुई पुस्तक पढ़ते रहे। उन्होंने डायरी में अपने विचार अंकित किए, जिनमें से कुछ इस प्रकार हैं, ''आज मैंने गाँधी की पुस्तक पढ़ी, बहुत सुन्दर।'' ''गाँधी के बारे में पुस्तक पढ़ी, बहुत महत्त्वपूर्ण। उन्हें चिट्ठी लिखनी चाहिए।'' इन पुस्तकों ने तोल्स्तोय को इतना प्रभावित किया कि उन्होंने अपने मित्र पी.ए. बुलागेर से जो उस समय भारतीय दर्शन पर एक पुस्तक लिख रहे थे, बातचीत करते हुए गाँधीजी की बहुत प्रशंसा की। कहा, ''गाँधी ने पश्चिम के बुद्धिजीवियों की उस धारणा को निर्मूल साबित कर दिया कि बुर्जुआई सभ्यता अपने आप में बुरी नहीं है, बुरे हैं वे लोग जो ज़ोर-जबर्दस्ती से उसका प्रचार करते हैं।''

इधर दक्षिण अफ्रीका में स्थिति बिगड़ती जा रही थी। सत्याग्रही बेघरबार होकर भूख से तड़प रहे थे। गाँधीजी ने उनकी सहायता के लिए अपने मित्र हर्मन कैलेनबाख की सहायता से 'तोल्स्तोय आश्रम' की स्थापना की। इसे एक छोटे से कम्यून की संज्ञा दी जा सकती है। सब लोग स्वयं काम करते थे और अपने परिश्रम का फल बाँटकर खाते थे। तोल्स्तोय और रस्किन की शिक्षा को व्यावहारिक रूप देने के लिए ही तो इसकी स्थापना की गई थी, यह सूचना देते हुए गाँधीजी ने 15 अगस्त, 1910 को तोल्स्तोय को एक और पत्र लिखा। 7 सितम्बर, 1910 को इसका विस्तृत उत्तर देते हुए उन्होंने 'प्यार के द्वारा शिक्षा' के अपने प्रिय सिद्धान्त का प्रतिपादन किया। लिखा, ''मनुष्य जाति के दुख-दर्द का कारण यही है कि वे प्रेम के कानून को अस्वीकार करके ज़बर्दस्ती के क़ानून को मानते हैं। उनके जीवन का संचालन करने वाले इस विधान में जो अन्याय गर्भित है उसका अहसास सारी दुनिया को होने लगा है और अत्याचारियों के विरुद्ध अनेक संघर्षों के रूप में वह प्रकट हो रहा है।''

उन्होंने इस अन्तर्विरोध की चर्चा भी की कि सत्ताधारी एक ओर तो करुणा के ख़ीस्ती सिद्धान्त का प्रचार करते हैं, दूसरी ओर महाविनाश के लिए सेना और शस्त्रों की वकालत करते हैं। इसके ढाई माह बाद तोल्स्तोय का देहावसान हो गया और उसी के साथ यह पत्र-व्यवहार भी समाप्त हो गया। यह आत्मिक सम्बन्ध अवधि की दृष्टि से अत्यन्त अल्पकालिक था, परन्तु परिणाम की दृष्टि से अत्यन्त महत्त्वपूर्ण। क्या यह अनोखी बात नहीं है कि समुन्दर पार से आने वाले अंग्रेज़ों के शोषण के विरुद्ध संघर्ष कर रहे हमारे स्वाधीनता संग्राम के सेनानियों ने समुन्दर पार के ही एक रूसी देवदूत से मार्गदर्शन की अपेक्षा की ! उस देवदूत ने कहा, ''गाँधी तो मेरे जैसा है।''

गाँधीजी बार-बार अपने आश्रम के विद्यार्थियों से उनकी पुस्तकें पढ़ने का आग्रह करते रहे। स्वयं भी जेल में उनके ग्रन्थों का अध्ययन करते रहे। क्यों ? क्योंकि वे मानते थे, ''तोल्स्तोय की रचनाएँ बहुत सरल और सरस हैं और किसी भी धर्म

को मानने वाला उन्हें पढ़कर उनसे लाभ उठा सकता है। इसके सिवा वे उन व्यक्तियों में से हैं जो जैसा कहते हैं वैसा करते भी हैं। इसलिए वे जो कुछ लिखते हैं या कहते हैं, उस पर हम साधारणतः ज़्यादा भरोसा कर सकते हैं।''

अपनी *आत्मकथा* में उनकी पुस्तकों की चर्चा करते हुए वे लिखते हैं, ''तोल्स्तोय की, *ईश्वर का राज्य तुम्हारे हृदय में है* नामक पुस्तक ने मुझे मोह लिया। उसका मुझ पर गहरा प्रभाव पड़ा। इस पुस्तक में मैंने जिस स्वतन्त्र चिन्तन, गहन नैतिकता और सच्चाई के दर्शन किए उसके सामने मि. कोट्स (एक ईसाई पादरी) की दी हुई सब पुस्तकें फीकी लगीं।'' उन्होंने तोल्स्तोय का अध्ययन बढ़ा लिया। ''उनके *गॉस्पेल्स इन ब्रीफ़* (मत-विधान का सार), *ह्वाट टु डू* (क्या करें) आदि पुस्तकों ने मेरे हृदय पर गहरा असर डाला। विश्व प्रेम मनुष्य को कहाँ तक ले जा सकता है, इसे मैं अधिकाधिक समझने लगा।''

गाँधीजी ने ईसा के उपदेशों के सम्बन्ध में उनके पेशेवर पैरोकारों की बनिस्बत तोल्स्तोय से, जिन्हें चर्च ने बहिष्कृत कर दिया था, अधिक शिक्षा प्राप्त की। तोल्स्तोय ने कहा था, ''संगठित चर्च ईसा का सबसे बड़ा शत्रु है।''

तोल्स्तोय जन्म शताब्दी के अवसर पर गाँधीजी ने सत्याग्रह आश्रम में जो लम्बा व्याख्यान (*हिन्दी नवजीवन,* 20 सितम्बर, 1928) दिया था, उसमें उन्होंने अपना दिल खोलकर रख दिया। समय-समय पर अब तक जो वे कहते आ रहे थे, उस सबका सार इसमें समाहित है। उसके कुछ अंश इन दो महाप्राण व्यक्तियों के सम्बन्धों की गहराई को समझने में सहायक हो सकते हैं, ''तीन पुरुषों ने मेरे जीवन पर गहरा प्रभाव डाला है। उसमें पहला स्थान कवि रायचन्द्र को देता हूँ, दूसरा तोल्स्तोय को और तीसरा रस्किन को।''

तोल्स्तोय के जीवन में जो अन्तर्विरोध थे उनसे गाँधीजी खूब परिचित थे। उनकी चर्चा करते हुए वे उसी भाषण में कहते हैं, ''तोल्स्तोय के जीवन में जो विरोधाभास दीखता है वह तोल्स्तोय का कलंक या कमज़ोरी नहीं है, किन्तु देखने वालों की त्रुटि है...सीधा मार्ग यह है कि जिस वक़्त जो सत्य प्रतीत हो उसका आचरण करना चाहिए। यदि हमारी उत्तरोत्तर वृद्धि हो रही है तो हमारे कार्यों में दूसरों को विरोध दीखे भी तो उसकी चिन्ता हम क्यों करें ! तोल्स्तोय के जीवन में जो विरोध दिखाई देता है वह विरोध नहीं है, हमारे मन का विरोधाभास है।''

अन्त में वे युवकों से कहते हैं कि वे तोल्स्तोय के जीवन से तीन बातें सीख लें–(1) संयम का मार्ग, (2) सत्य की आराधना, और (3) ब्रेड लेबर। ब्रेड लेबर का उदाहरण तोल्स्तोय उसे अपने जीवन में ओतप्रोत करके उपस्थित करते हैं। इसका अर्थ है, ''शरीर को कष्ट देकर, मेहनत करके खाने का अधिकार।'' यही तो वैदिक यज्ञ है।

गाँधीजी ने सत्याग्रह के माध्यम से भारतीय मुक्ति संग्राम का संचालन किया। इस सत्याग्रह का विचार उनके मन में कैसे उत्पन्न हुआ, इसकी चर्चा करते हुए उन्होंने कहा था, "सत्याग्रह के महत्त्व और उपयोग का अहसास पहले-पहल मुझे, *न्यू टैस्टामेंट* से हुआ, *भगवद्गीता* ने मेरे इस विचार को अधिक दृढ़ कर दिया, और तोल्स्तोय के *ईश्वर का राज्य तुम्हारे हृदय में ही* है ने विचार को स्थायी रूप दे दिया।"

इसी प्रकार 'अनाक्रामक प्रतिरोध' शब्द को नापसन्द करते हुए भी उन्होंने इसे इसलिए स्वीकार किया कि "बहुत दिनों से इस शब्द से प्रकट होने वाले विचार को कार्यरूप में परिणत करने वाले लोग इसी का व्यवहार करते हैं। 'आत्मबल' शब्द से यह विचार पूर्णतया और अधिक उत्तम रूप से व्यक्त होता है। ईसा मसीह, डैनियल और सुकरात ने अनाक्रामक प्रतिरोध या आत्मबल को शुद्धतम रूप में प्रकट किया था। ये सभी गुरु अपनी आत्मा की तुलना में अपने शरीर को तुच्छ समझते थे। तोल्स्तोय इस सिद्धान्त के सर्वश्रेष्ठ व्याख्याकार थे। उन्होंने न केवल इसकी व्याख्या की बल्कि तदनुसार अपना जीवनक्रम भी ढाला।"

अहिंसा के सन्दर्भ में भी वे तोल्स्तोय को युग-पुरुषों की श्रेणी में रखते हैं, "अहिंसा दूसरे गुणों का नाश नहीं करती बल्कि उन्हें कार्यरूप में परिणत करने के लिए एकदम अनिवार्य बना देती है। महावीर, बुद्ध और तोल्स्तोय सब योद्धा थे। इन लोगों ने अपने काम का बहुत ही गहन और सच्चा स्वरूप देख लिया था और एक सच्चे, प्रसन्न, प्रतिष्ठित और दैवी-जीवन का रहस्य जान लिया था।"

तोल्स्तोय 20 नवम्बर, 1910 को स्वर्गवासी हुए। 26 नवम्बर को गाँधीजी ने लिखा, "तोल्स्तोय की आत्मा का मरण तो हो ही नहीं सकता। केवल उनका शरीर जो मिट्टी से पैदा हुआ था, मिट्टी में जा मिला है।" यही आत्मा आगामी 38 वर्षों तक गाँधीजी की प्रेरणा का स्रोत बनी रही। 7 सितम्बर, 1910 के उनके अन्तिम पत्र के ये वाक्य सदा उनके अन्तर् की आवाज़ बनकर गूँजते रहे, "जिसे बुराई का प्रतिकार न करने का सिद्धान्त कहा जाता है, वह वास्तव में प्रेम के अनुशासन का ही दूसरा नाम है जो मिथ्या व्याख्या की विकृति से अछूता है। दूसरों के साथ तादात्म्य स्थापित करने और एकात्म होने की अभिलाषा ही प्रेम है। प्रेम के साथ-साथ प्रतिकार की भावना की गुंजाइश स्वीकार करते ही प्रेम का अस्तित्व मिट जाता है।"

हमने देखा कि गाँधीजी जब भी तोल्स्तोय के सम्बन्ध में विचार करते थे तो सहमति के क्षेत्र ही उनकी दृष्टि में रहते थे। और वह क्षेत्र इतना व्यापक और सर्वग्राही था कि बिना किसी अतिशयोक्ति के यह कहा जा सकता है कि दोनों ही अपनी-अपनी जनता की मुक्ति की आकांक्षाओं का साकार रूप बन गए थे। दोनों मानते थे कि दूसरे के श्रम का उपयोग करना अनुचित है। दोनों जनता की खुशहाली के समर्थक थे। दोनों ने धर्म के वास्तविक अर्थ को समझ लिया था—मनुष्य में विश्वास, उसकी

साधुता में विश्वास, उसकी आत्मा की शक्ति, उसके प्रेम और बलिदान करने की उसकी तत्परता में विश्वास—दोनों इसी भावना को धर्म मानते थे। दोनों की आवाज़ सारे संसार में सुनी जाती थी। दोनों के विचारों पर उन गुणों की छाप थी, जो उनके समय की प्रगतिशील जनवादी प्रवृत्तियों को प्रतिबिम्बित करते थे। वे गुण थे मानवतावाद, स्वतन्त्रता से प्रेम, और अत्याचार से घृणा। इसीलिए वे दोनों सत्ता तथा सम्पत्ति वालों के द्वारा दूसरे लोगों के उत्पीड़न के कटुतम आलोचक थे और साम्राज्यवाद तथा उपनिवेशवाद के प्रबल विरोधी। शान्ति, न्याय और सामाजिक प्रगति दोनों का समान ध्येय था।

भारत की मिट्टी में सोया एक चैक हिन्दी साधक

डॉ. मिल्तनेर

पूर्वी यूरोप में एक देश है चैक गणतन्त्र। कुछ समय पहले तक चैक गणतन्त्र और स्लोवाकिया ये दो देश मिलकर चैकोस्लोवाकिया कहलाते थे, लेकिन अब दोनों दो अलग देश बन गए हैं। उनमें चैक गणतन्त्र बड़ा है, और वहाँ के लोगों का हिन्दी भाषा के प्रति बड़ा लगाव है। भाषा ही नहीं, भारतीय संस्कृति से भी बड़ा प्रेम है उन्हें।

कुछ समय पूर्व वहाँ एक चैक बन्धु थे, डॉ. पोरिज्का। वह हिन्दी के प्रसिद्ध विद्वान थे और गीता के पण्डित थे। उन्होंने अपने देश में हिन्दी सिखाने के लिए 'हिन्दी भाषा का पाठ्यक्रम' तैयार किया था। जब वह यह ग्रन्थ तैयार कर रहे थे, उसी समय मेरा उनसे परिचय हुआ। इस ग्रन्थ की तैयारी में जो कठिनाइयाँ आती थीं उनके सम्बन्ध में वे भारत के प्रसिद्ध भाषा वैज्ञानिक डॉ. सुनीति कुमार चटर्जी और डॉ. जगदीश चन्द्र जैन के अलावा मुझसे भी अपनी शंकाओं का समाधान करने का प्रयत्न करते थे। मैंने उनसे जानना चाहा कि "मैं तो भाषा विज्ञान से अपरिचित हूँ। आप मुझसे क्यों प्रश्न करते हैं ?" उनका उत्तर था, "आप उसी प्रदेश में पैदा हुए हैं, जहाँ हिन्दी का जन्म हुआ, इसलिए आप स्वाभाविक रूप से उसके व्याकरण से परिचित हैं।"

इनकी कहानी मैं कई बार लिख चुका हूँ, आज मैं उनके एक शिष्य के भारत और हिन्दी प्रेम की कहानी बताना चाहता हूँ। मैं चेकोस्लोवाकिया अप्रैल सन् 1989 में गया था। तब तक डॉ. पोरिज्का का देहावसान हो चुका था, लेकिन उनसे मेरा परिचय बहुत पहले सन् 1953 में हो चुका था। वह दो बार भारत आकर मुझसे मिल चुके थे। उनके शिष्यों में डॉ. स्मैकल भी थे जो बाद में चैक गणतन्त्र के भारत में राजदूत बने। पर मैं यहाँ डॉ. पोरिज्का के एक दूसरे शिष्य की चर्चा करना चाहता

हूँ, उनका नाम था 'श्री व्लादिमीर मिल्तनेर'। डॉ. पोरिञ्का की मृत्यु पर मैंने कई लेख लिखे थे। एक लेख त्रैमासिक 'गगनांचल' में प्रकाशित हुआ। उस लेख को पढ़कर डॉ. मिल्तनेर ने मुझे ता. 9-10-1983 को एक पत्र लिखा। उससे पता लगता है कि उनकी भाषा और विचार कैसे थे।

"माननीय श्री प्रभाकर जी,

सादर नमस्कार। पिछले सप्ताह मुझे त्रैमासिक 'गगनांचल' का दूसरा अंक मिला है। इसमें आपका लेख देखकर और पढ़कर मुझे हर्ष बहुत हुआ कि सुदूर पवित्र देश भारत में मेरे पूज्य स्वर्गीय अध्यापक डॉ. पोरिञ्का और उनके कार्य का यथोचित सम्मान रहता है। इसके लिए मेरा धन्यवाद और कृतज्ञता स्वीकार कीजिए। डॉ. पोरिञ्का के मार्गदर्शन से मैं सन् 1953 से लेकर 1958 तक प्राग विश्वविद्यालय के दार्शनिक संकाय में भारत तत्त्व का अध्ययन करता था और उसी समय से मैं उन्हें न केवल अध्यापक बल्कि अपना गुरु जैसा मानता था। अध्ययन समाप्त करके (मेरा शोधप्रबन्ध बिहारीलाल कृत सतसई) मैं प्राच्य विद्या संस्थान में अनुसंधान करता था, फिर मैंने पेरिस में तीन वर्ष बिताए और अब चैकोस्लोवाक रेडियो में प्रलेखन केन्द्र में काम करता हूँ। जो भी मैंने समय-समय पर प्रकाशित किया, यथा—लेख, अनुवाद या पुस्तक-पुस्तिका, सब कुछ की प्रथम प्रति उन्हीं को भेजता था। तथा सदा उन्होंने मुझे कृपापूर्वक पत्र या कार्ड लिखकर और प्रोत्साहन दिया।

जो बातें उन्होंने आपको अपने पत्रों में लिख दीं, ये सब उस समय हम विद्यार्थियों को ज्ञात नहीं थीं। केवल कुछ-कुछ अशुभ आशंकाएँ थीं हमें। हाँ, वे नियमनिष्ठ और कभी-कभी व्यंग्यपूर्ण थे परन्तु इसका कारण यह था कि वे असावधानता, आलस्य और पल्लवग्राहिता सह नहीं सकते थे। साथ ही वे दूसरे लोगों के तर्कसंगत विचारों के प्रति बहुत उदार थे। आपने अपने लेख में ठीक लिखा है कि वे दुर्लभ व्यक्तित्व थे। ऐसे मनुष्य इस संसार में कम मिलते हैं। उन्हीं से मैंने बहुत सीखा और उनकी याद सदा के लिए सुरक्षित रखूँगा।

बोले मेरे गुरु।
स्वकर्तव्य कुरु।।

माननीय श्री प्रभाकर जी, मेरा हार्दिक प्रणाम स्वीकार करें।

आपका कृतज्ञ,
व्लादिमीर मिल्तनेर

यह पत्र पाकर मेरी क्या दशा हुई मैं बता नहीं सकता। जितने सुन्दर भाव उतने ही सुन्दर अक्षर। उसके बाद हम लोगों के बीच पत्र व्यवहार आरम्भ हो गया।

उनके सात पत्र मेरे पास हैं। उनसे उनके कार्य और उनकी भावना का पता लगता है। अपने पत्रों में उन्होंने वहाँ के पर्वतों, वहाँ की प्रकृति का बड़ा सुन्दर वर्णन किया है। उस सबको यहाँ देना बहुत कठिन होगा। उनके पत्रों में वहाँ की राजनीति और साम्यवादियों तथा जो साम्यवादी नहीं थे उनके बीच द्वेष भाव का भी पता लगता है। लेकिन अपने गुरु डॉ. पोरिज्का की तरह वह 'भारततत्त्व' का अध्ययन करते थे। आयुर्वेद का अध्ययन भी करते थे। इनके सम्बन्ध में लेख लिखते थे और भाषण भी देते थे। अपने एक भाषण की चर्चा करते हुए वह लिखते हैं, "आपको विश्वास न होगा परन्तु सच यह है कि लोगों को ये इतना अच्छा लगा कि इस वर्ष मैं दूसरे शहरों में भी सम्भाषण करने वाला हूँ।"

उनके पास चरक, सुश्रुत की संहिताएँ थीं, और भी ग्रन्थ थे। फिर भी वह मुझे और पुस्तकें भेजने के लिए लिखते रहते थे।

जिस समय सन् 1984 में श्रीमती इन्दिरा गाँधी की हत्या हुई तब उन्होंने लिखा, "इससे मेरा दिल बिल्कुल स्तब्ध हुआ। अहिंसा का देश भारत—मैं अपने आप से पूछता हूँ, यह कैसे सम्भव है ! इसका क्या फायदा है। मेरे विचार में यह दुर्घटना सिख लोगों की बात नहीं है। हत्यारे तो सिख हुए लेकिन यह संयोग ही होगा। प्रत्येक जाति में हत्या होते हैं। फिर भी सारी जाति हत्यारी नहीं है। जबर्दस्ती और अत्याचार से कुछ न मिलेगा।

मैं उन दिनों अपना उपन्यास 'अर्धनारीश्वर' लिख रहा था। बलात्कार के सम्बन्ध में मैंने उनके विचार जानने चाहे। उन्होंने बड़े स्पष्ट शब्दों में वहाँ की स्थिति का वर्णन किया। लिखा, "यहाँ भी नीचे स्तर के पुरुष अपनी पत्नी को दोषी मानते हैं और विवाह विच्छेद चाहते हैं।" उन्होंने यह भी कहा, यहाँ अच्छे लोग भी हैं। साथ ही यह भी बताया कि अगर कोई पति अपनी निजी पत्नी के साथ बलात्कार करे उसे छः से आठ महीने तक का दण्डादेश मिलेगा।

इस पत्र के अन्त में वह अपने नाम का अर्थ बताते हैं, "व्लादिमीर का अर्थ 'जगन्नाथ' है।" इससे उनके भारत प्रेम की गहराई का पता लगता है। वे आयुर्वेद का अध्ययन बराबर करते रहे। कौटिल्य के *अर्थशास्त्र* का भी उन्होंने अध्ययन किया। उसके बाद जब मुझे प्राग जाने का अवसर मिला तो वह एक दिन तो बराबर मेरे साथ रहे। हर तरह से मेरी मदद करते रहे। हम लोगों ने उपहारों का आदान-प्रदान भी किया। वह छरहरे बदन और लम्बे कद के सुन्दर व्यक्ति थे। मेरे हर प्रश्न का उत्तर देने का प्रयत्न करते थे। इसी समय उनका देश दो भागों में बँट गया। इसका उन्हें बहुत दुःख हुआ था। उन्होंने विस्तार से सारी बातों का वर्णन अपने पत्रों में किया है। और मुझे यह सुझाव भी दिया कि इन दोनों देशों के बारे में कौन सी पुस्तक पढ़नी चाहिए। उनका अन्तिम पत्र 14 मई, 1989 का था जिसमें उन्होंने मेरे उपन्यास 'कोई तो' पर अपने विचार प्रकट किए।

"मैंने आपका उपन्यास 'कोई तो' पढ़ लिया है। यह मेरे लिए बहुत महत्त्वपूर्ण हुआ। पहले तो मुझे बोलचाल की भाषा सीखने का अवसर मिला और दूसरे, मेरी दृष्टि भारत की सामाजिक समस्याओं पर पड़ी है।

आगे अन्त में वह लिखते, "सच पूछिए, मेरी पहली शादी भी विच्छिन्न हुई थी। वह जब मैं फ्रांस (पेरिस) में था तब की बात है। मेरी पत्नी चैक तो थी, जवान और पेरिस के महाजगत में उसका सिर और हृदय चकराने लगा। बस क्या करूँ—विचार भिन्न-भिन्न हो सकते हैं पर सत्य है कहाँ। माननीय श्री प्रभाकरजी, आपके साथ एक दिन रहने की याद सदा रहेगी यथा मेरे गुरु जी की स्मृति।"

उसके बाद बहुत दिनों तक हम लोगों में पत्र व्यवहार नहीं हुआ। मैंने पत्र लिखा भी तो उत्तर नहीं मिला। अन्त में मेरे 30 अप्रैल, 1998 के पत्र का उत्तर तो मुझे मिला लेकिन वह पत्र व्लादिमीर मिल्तनेर का लिखा हुआ नहीं था। वह पत्र था वहाँ की सुप्रसिद्ध हिन्दी भाषा की विद्वान डॉ. दागमोर मारकोबा का। उनके पत्र में बड़ी दुःखद सूचना थी। उन्होंने लिखा था, "आपको यह जानकर दुःख होगा कि मिल्तनेरजी नहीं रहे। कोई चार साल पहले उनका ऑपरेशन हुआ था। वह कुछ बीमार थे लेकिन काम करते थे। कोई ढाई साल पहले डॉक्टरी जाँच करानी थी क्योंकि उनको तकलीफ रहती थी, शायद इसीलिए दिमाग में यह ख्याल बैठ गया कि कैंसर है। सन् 1996 का दिसम्बर था। वह चुपचाप घर से निकल गए। दो-एक दिन बाद पत्नी को उनकी चिट्ठी मिली कि क्षमा करो, मैं तुम लोगों के बीच मरना नहीं चाहता। फिर दो एक चिट्ठियाँ भारत से आईं। पहले राजस्थान से। फिर मथुरा से। ग्यारह जनवरी को लिखा कि मेरी भारत यात्रा समाप्त हुई। उसके बाद कोई चिट्ठी नहीं आई।

उनकी पत्नी ने पता लगा लिया था कि उन्हें कैंसर नहीं है। उसने उन्हें ढूँढ़ने का भी पूरा प्रयत्न किया। चैक एमबैसी ने भी कोशिश की पर सब व्यर्थ। वह इधर-उधर घूमते थे। पर अपना पता कहीं नहीं छोड़ते थे।

अन्त में कुछ महीने बाद समाचार मिला कि मथुरा के पास सुरीर नामक गाँव में उनका देहान्त हुआ और वे मथुरा में बैपटिस्ट गिरजे में दफ़न हैं। डॉ. मारकोबा लिखती हैं कि पढ़ने के दिनों में वह कहा करते थे कि मैं तो भारत में मर जाऊँगा।

यह सब जानकर मुझे बहुत दुःख हुआ। उनके भारत प्रेम की झलक तो मुझे मिल चुकी थी लेकिन वह भारत की मिट्टी में मिल जाना चाहते थे, यह मुझे नहीं मालूम था। उन्हें हिन्दी, उर्दू, संस्कृत, अंग्रेजी बहुत अच्छी तरह आती थी पर भारत की शेष भाषाएँ इतनी अच्छी तरह नहीं जानते थे। बंगाली, पंजाबी, मराठी, गुजराती, सिन्धी, उड़िया, असमिया का ज्ञान उनका साधारण था।

उन्होंने अंग्रेजी में अनेक पुस्तकों की रचना की। चैक भाषा में तो उनकी लगभग अठारह पुस्तकें हैं। प्राचीन भारतीय साहित्य का उन्हें बहुत अच्छा ज्ञान था।

प्राचीन काल की पाठ्य पुस्तकें और कथाएँ 'नल दमयन्ती की कथा', 'महाभारत की कथा', 'मिलिन्द के प्रश्न' के अतिरिक्त उन्होंने प्राचीन भारत की चिकित्सा पद्धति और 'बच्चों के लिए योग' जैसी पुस्तकें चैक भाषा में लिखी। भारत जानेवाले चैक लोगों के लिए दस भाषाओं में वार्तालाप कैसे किया जाए यह पुस्तक भी उन्होंने लिखी थी। अनेक प्राचीन साहित्य की पुस्तकों का अनुवाद भी किया। फ्रांस में प्रोफेसर रहे। अपने देश की फौज में भी काम किया। बड़ा व्यापक था उनका कार्यक्षेत्र।

उनके ज्ञान की कोई सीमा नहीं थी। जहाँ उन्होंने 'कृष्ण और अष्टछाप' का अनुवाद अपनी भाषा में किया वहीं बौद्धधर्म पर भी कई पुस्तकें लिखीं जो अभी तक प्रकाशित नहीं हुई हैं। हिन्दी भाषा को लेकर अंग्रेज़ी में भी कई पुस्तकें लिखीं– 'अरली हिन्दी मोरफालजी एण्ड सिंटेक्स', 'हिन्दी सिंटेक्स स्ट्रक्चर' 'हिन्दी वर्क्स आफ तुलसीदास', 'थ्यौरी आफ हिन्दी सिंटेक्स'। इससे पता लगता है कि उनमें ज्ञान की कितनी प्यास थी और भारत के प्रति कितना लगाव था। मूल हिन्दी में लिखी किसी पुस्तक का पता मुझे नहीं लग सका है। लेकिन उन्होंने लिखी अवश्य हैं। अपने इस व्यापक और विषय ज्ञान के लिए उन्हें 'चैक विज्ञान अकादमी' ने सन् 1953 में स्वर्ण पदक देकर सम्मानित किया था।

जैसा मैंने ऊपर लिखा है, वे रेडियो में काम करते थे, लेकिन सन् 1990 में वह आरियंटल इंस्टीट्यूट में वापस आ गए थे।

उन्होंने सन् 1948 में हिन्दी सीखना शुरू किया था और अन्त तक अध्ययन करते रहे। स्वभाव से बहुत सरल और हँसमुख थे। बड़ी आसानी में दोस्त बना लेते थे। लेकिन अपने अन्तर् में बहुत गम्भीर और शोध दृष्टि रखने वाले थे।

सन् 1996 में चैक रेडियो से उनकी एक भेंट वार्ता प्रसारित हुई थी। उनमें भी उन्होंने इस बात का संकेत किया कि उनकी इच्छा बल्कि कहेंगे, उनका इरादा भारत जाकर मरने का है।

और इस इरादे को उन्होंने सचमुच पूरा किया। भारत में घूमते समय उन्होंने अपनी शादी की अँगूठी, माला और रूमाल अपनी पत्नी को भेज दिए थे। उनकी मृत्यु कैसे हुई यह अभी तक रहस्य ही है, लेकिन इतना सच है कि भारत के प्रति उनके मन में जो गहरा आकर्षण था उसका प्रमाण उन्होंने भारत की मिट्टी में मिलकर दे दिया। मुझे खुशी है कि मैं उनसे मिल सका और पत्र व्यवहार कर सका। ऐसे व्यक्ति की स्मृति को हम प्रणाम ही कर सकते हैं।

जवाहर चौधरी सचमुच जवाहर थे

मुझे आज ठीक याद नहीं, वह कौन सा सन् और दिन था जब मैंने पहली बार जवाहर चौधरी को देखा था। राजनीति के चक्रव्यूह में फँसकर मैं अप्रैल 1944 में स्थायी रूप से दिल्ली आ बसा था। दिल्ली उस समय हिंदी साहित्य का कोई बहुत बड़ा केन्द्र न थी, पर धीरे-धीरे 1943 से लेकर 1947 तक अनेक प्रसिद्ध लेखक यहाँ आ चुके थे। पुराने प्रसिद्ध लेखकों में सर्वश्री चतुरसेन शास्त्री और जैनेन्द्र कुमार जी ही यहाँ रहते थे।

सम्भवतः 1947 या उसके कुछ बाद की बात है। मैं अपने कुछ मित्रों के साथ हौज काज़ी के चौराहे पर खड़ा था। उसी समय पुलिस स्टेशन के सामने की गली पीपल महादेव के अन्दर से आता हुआ एक व्यक्ति सहसा कोने पर आकर ठिठक गया, सुदीर्घ स्वस्थ कायां, गौर वर्ण और भेदक दृष्टि, स्नेह और जिज्ञासा से आवृत्त।

तभी मेरे मित्र अजान चतुर्वेदी ने हँसते हुए कहा, ''लो दर्शन कर लो, ये हैं हमारे जवाहर चौधरी। ये कुछ भी कर सकते हैं। आओ, मैं तुम्हारा परिचय करवा देता हूँ। वैसे बहुत ही लाजबाब आदमी हैं। बस, देना ही जानते हैं।''

पता नहीं, उस दिन क्या बातें हुईं लेकिन वह दिन और आज का दिन, कभी पता ही नहीं लगा कि हम कभी दो थे। कैसे हुआ, क्या हुआ, लेकिन बहुत शीघ्र हम दो शरीर और एक प्राण हो गए। इतना ही याद है कि उसका घर हमारा घर था, और हमारा घर उसका घर। उसका घर तो न जाने किस-किस का घर था !

बड़ी रोमांचक कहानी है उन दिनों की। कोई लिख सके तो पता लगे कि इन्सान कैसे बनता है। कभी-कभी गलियों में घूमते हुए उसकी कहानियाँ सुना करते थे। एक दिन बोला–'विष्णु जी, आपको पता है, मैं चाकू हाथ में लेकर घूमा करता था।...'

दूसरे विश्वयुद्ध का समय था। अमरीकी दिल्ली में छाए हुए थे। हम पाँच पैसे में तांगे में बैठकर हौज काज़ी से कनाट प्लेस जाते थे। लेकिन अमेरिकन सिपाही दो कदम चलने पर भी एक रुपया देता था। शराब बन्द थी लेकिन वे लोग उन

सब आयुर्वेदिक आसवों को पीते रहते थे, विशेषकर उन्हें जिनमें एलकोहल की मात्रा अधिक होती थी। जगह-जगह सरकारी क्वार्टरों में अपनी मौजमस्ती के लिए डेरे डाल रखे थे। शाम के बाद तो इन्डिया गेट उनका स्वर्ग बन जाता था। तब हमारी चण्डाल चौकड़ी खतरे उठाकर उन रास्तों पर जाती और लड़कियों और औरतों को आगे जाने के लिए मना करती। बहस होती। मुझे याद है—एम.बी.बी.एस. में पढ़ने वाली एक लड़की ने कहा था, 'वहाँ जाने पर 100 रुपए मिलते हैं।'

हमारी पार्टी में भी चौधरी जैसा और एक मनचला युवक था। जेब से 100 रुपए निकाले और कहा, "ले और भाग जा यहाँ से, आज के बाद दिखाई नहीं देना।" लेकिन वह लड़की अगले दिन भी वहीं जा रही थी। बोली, "तुमने तो एक दिन 100 रुपए दे दिए, वे तो रोज 100 रुपए देते हैं।"

लेकिन मैं तो जवाहर की बात कर रहा था। प्रकृति ने शरीर में शक्ति दी थी तो भूख भी उसकी वैसी ही थी। मुझे याद है, सम्भवतः 1956 की बात है। मेरी बहन की शादी थी। खाना चल रहा था। धीरे-धीरे सब उठकर चले गए थे पर चौधरी थे कि खाते रहे और हमारी चण्डाल चौकड़ी खिलखिलाती रही। एक बार तो वह झिझका। मैंने कहा, "चौधरी साहब, आप उनकी तरफ देखते ही क्यों हो। वह तो हमारी ही चण्डाल चौकड़ी के सदस्य हैं।"

न जाने ऐसे कितने दृश्य आँखों में उभरते हैं। लेकिन उससे गहरी सघनता तो तब हुई जब वह हमारे पास वाली गली में आनन्द भाई के घर के पड़ौस में कुछ दिन आकर रहा। वहीं उसकी नवजात कन्या की मृत्यु हुई। वह बैठा देखता रहा और हम उस नवजात को यमुना के सुपुर्द कर आए। उसके बाद वह वहाँ नहीं रहा। तुर्कमान गेट के पास मुसलमानों की एक गली में जाकर रहने लगा। वर्षों वहाँ रहा। कैसे थे वे दिन ! वह कम्यूनिस्ट पार्टी का सदस्य था और पक्का सदस्य था, लेकिन मैं नहीं जानता कि एक दिन भी हम लोगों का इस सम्बन्ध में कभी कोई विवाद हुआ हो। बल्कि कम्यूनिस्ट कैसे रहते थे और कैसे काम करते थे, यह सब उसी से जाना। उसके लिए मित्रता का अर्थ था एक परिवार। वहीं डॉ. रामविलास शर्मा के भाई 'मुंशी' रहते थे। डॉक्टर साहब के अतिरिक्त श्री नम्पूतरिपाद जैसे अनेक दिग्गजों से वहाँ भेंट हुई।

कुछ समय के लिए उसने बाराखम्बा रोड पर स्थित सोवियत केन्द्र में, जहाँ से उनकी पत्रिकाएँ निकलती थीं, काम किया लेकिन जैसा कि उसका स्वभाव था, अन्याय वह कभी नहीं सह सकता था। बहुत काम किया उसने कम्यूनिस्ट पार्टी में। कम्यूनिस्ट पार्टी छोड़ने पर भी वह कम्यूनिस्ट के अलावा कुछ नहीं बना। मैंने अभी अन्याय न सहने की बात कही। जब कुछ दिन के लिए पार्टी गैरकानूनी घोषित कर दी गई थी तब कितने कामरेड भेष बदल कर उसके घर में आकर रहते थे। कामरेड फारुखी और यज्ञदत्त शर्मा जैसे लोग। पार्टी से जुड़ी अनेक सांस्कृतिक संस्थाओं से

इनका गहरा लगाव था—जैसे प्रगतिशील लेखक संघ और इन्डियन पीपुल्स थियेटर एसोशियेशन।

मैं स्वयं गाँधीनिष्ठ होते हुए भी प्रगतिशील लेखक संघ का संस्थापक सदस्य था और 1957 में जब इष्टा का 'न भूतो न भविष्यति' समारोह दिल्ली के रामलीला मैदान में आयोजित किया गया, उसकी सारी व्यवस्था का केंद्र बिन्दु जवाहर था, और अपने साथ में उसने जिन दो व्यक्तियों को विशेष रूप से लिया था उनमें एक था मैं और दूसरे थे श्री नाथूराम पोद्दार। वे एक व्यापारी थे, पार्टी से उनका कोई सम्बन्ध नहीं था, सम्बन्ध था जवाहर से। यही स्थिति मेरी थी। इतना विश्वास था मुझ पर कि मुझे उस सम्मेलन का कोषाध्यक्ष बना दिया। ईमानदारी से काम करने वाले और भी अनेक सदस्य थे। बड़े-बड़े नाम थे, जैसे आनन्द भाई, श्रीमती सुजाता डेविस और देबू चक्रवर्ती। कितने नाम लूँ। सब सहस्त्र-शरीर और एक-प्राण हो गए थे। सम्मेलन और भी बहुत हुए पर रामलीला मैदान में नगर बसाकर हम लोगों ने जो सफलता प्राप्त की, वैसी फिर कभी देखने में नहीं आई। पैसे की दृष्टि से अन्ततः हमें काफी नुकसान उठाना पड़ा, लेकिन उन दिनों कम्यूनिस्ट पार्टी और दूसरी पार्टियों के लोग, यहाँ तक कि बिना पार्टी वाले भी, जिस समर्पण भावना से काम कर रहे थे, वह भावना अब इस देश के भाग्य में नहीं। निश्चय ही उसका श्रेय इप्टा की केन्द्रीय पार्टी को दिया जाना चाहिए। कामरेड निरजंन मजूमदार ने जिस लगन से काम किया, उसकी जितनी सराहना की जाए, कम है, और वही क्यों, इस सम्मेलन के स्वागताध्यक्ष थे दिल्ली विश्वविद्यालय के उपकुलपति डॉ. वी.के.आर.वी. राव। श्रीमती अरुणा आसफअली हर क्षण वहीं मौजूद रहती थीं। दिल्ली के पहले मुख्यमन्त्री चौधरी ब्रह्म प्रकाश, कार्यकारिणी परिषद के अध्यक्ष राधारमण, प्रसिद्ध कम्यूनिस्ट नेता पी.सी. जोशी, कवीन्द्र रवीन्द्र की वंशधर नन्दिता कृपलानी, मेरे सह-कोषाध्यक्ष आनन्द गुप्त और जिन्दल साहब, अतिरिक्त सचिव सुजाता डेविस, बंगाल, उत्तर प्रदेश, बिहार, लगभग पूरे देश के सांस्कृतिक कार्यकर्ता इसको सफल बनाने में लगे हुए थे। बलराज साहनी, मशहूर गायक मन्ना डे, महेन्द्र कपूर, फिल्म अभिनेत्री अचला और सभी प्रान्तों के लोक नाट्य और नृत्य थे, सभी ने इस नगर में अपना-अपना कौशल दिखाया था। मेरी ड्यूटी तो टिकट बेचने की थी, केवल एक दिन बंगाल के खुले मंच का नाटक देख सका था।

इससे पूर्व पैसा इकट्ठे करने के जो अनुभव हैं, उनकी चर्चा करना तो महाभारत लिखना है। एक दिन चौधरी साहब और मैं पहुँच गए सुप्रसिद्ध उद्योगपति भरत राम जी की पत्नी के पास। विश्वास कीजिए, चौधरी साहब बराबर एक घंटे तक उनका रोचक भाषण सुनते रहे और प्रोत्साहित करते रहे। अन्त में एक हजार रुपया लेकर ही हम वहाँ से उठे। इतना कुछ करने पर भी हमें 20-25 हजार रुपए की हानि हुई। बड़ी रोचक कहानी है यह।

नगर बनाने का सबसे बड़ा ठेका एक सरदार जी के पास था। वह जब उसे

उखाड़ रहे थे तो मुझसे बोले—"भाई साहब, आप पर मेरे 20 हजार रुपए शेष हैं।" मैंने उत्तर दिया, "जी हाँ, आपके 20 हजार रुपए देने हैं। अब यह काम खत्म करके चन्दा माँगने को निकलेंगे, जितना मिलेगा, आपको भेंट कर देंगे।"

सरदार जी बड़े जोर से हँसे, "काका, अब कोई पैसा देने वाला नहीं है। हाँ, कहीं से मिल जाए तो दे देना, नहीं तो भूल जाना। यह हरामजादी सरकार मेरे लाखों रुपए खा जाती है, यदि हमारे जवाहर चौधरी की कम्यूनिस्ट पार्टी 20 हजार रुपए नहीं दे सकी तो कोई बात नहीं। अरे बाबू साहब, असली मुनाफा तो मिल चुका, यह तो एकस्ट्रा था...."

मैं भौंचक-सा उन्हें देखता ही रह गया। यही बात हुई प्रसिद्ध कागज़ी, दिल्ली-इतिहास के मर्मज्ञ श्री महेश्वर दयाल के साथ। उन्होंने कहा, "अरे विष्णु जी, आपने तो कभी पैसा माँगा ही नहीं, इसलिए भूल जाइए इन पैसो को, मेरा भी तो कुछ योग होना चाहिए।" लेकिन इसके विपरीत एक बन्धु थे कि बाजार में मेरी टोपी उतारने को उतारू हो गए। मैं बोला, "भाई, मैं तो खंजाची हूँ, सैक्रेटरी के पास से भुगतान का आदेश ले आइए तो मैं आपको पैसा दे दूँ।"

लेकिन उसके बाद वह कभी लौट कर नहीं आया। कहाँ चौधरी का शरीर भीमसेन की तरह, कहाँ वे बेचारे सूखी लकड़ी से। अगर कहीं छू भी जाएँ तो दस गज़ दूर जाकर पड़ें।

लेकिन एक बात न कहूँ तो जवाहर का परिचय कैसे पूरा होगा। उसने मुझसे एक बात कही थी, "विष्णु जी, जो सबसे गरीब है उनका भुगतान जरूर करना।" मैंने वही किया। एक भी व्यक्ति पैसा माँगने नहीं आया। कितना खुश था चौधरी !

इस सम्मेलन के सम्बन्ध में एक और रोचक घटना है। हम लोगों ने प्रयत्न करके सरकार से सम्मेलन के कार्य के लिए शंकर मार्किट में एक फ्लैट इप्टा के नाम करवा लिया। हस्ताक्षर चौधरी के थे, मन्त्री के थे। बहुत वर्षों बाद एक सज्जन ने चुपचाप मुझे अध्यक्ष पद से हटा दिया और बिना सूचना दिए नया चुनाव करवा डाला। अब वह फ्लैट उनके कब्जे में था। वे यहीं नहीं रुके। उन्होंने पुलिस में रिपोर्ट की कि विष्णु प्रभाकर मेरी हत्या करने के लिए कमरे पर आए थे। वह सात फुटा पठान, वैसे ही उनके साथी। मैं कल्पना भी नहीं कर सकता था। जब मैं पुलिस स्टेशन पहुँचा तो इन्सपेक्टर मुझे देखकर घबरा गया। मेरे साथ कम्यूनिस्ट पार्टी के नेता प्रेमसागर गुप्ता भी थे। मैंने उसे सब बातें बताईं, तो उसने कहा, "आप अपनी ओर से सब बातें लिख दीजिए और जाइए। कुछ नहीं होने वाला।" लेकिन हुआ यह कि यह खबर हिन्दुस्तान के सारे अखबारों में प्रकाशित हुई और अन्ततः नए मन्त्री महोदय को माफी मांगनी पड़ी।

चौधरी साहब बहुत हँसे। जैसा मैंने कहा, वो दोस्तों का दोस्त, यारों का यार पर कर्त्तव्य का अर्थ समझने वाला था। वहाँ वह किसी तरह की चूक नहीं सह सकता

था चाहे कोई कितना बड़ा यार हो। लेकिन जब हम घर में बैठते, फिर वही कहकहे। मैं स्वभाव से अन्तर्मुखी, वैसे कहकहे नहीं लगा सकता। जवाहर की भेदक दृष्टि से यह तथ्य कैसे छिपा रह सकता था। एक दिन किसी प्रसंग में बोल ही उठे, ''रहने दो, रहने दो, विष्णु जी, तुम में एक बुरी बात है। तुम हमेशा एक दूरी रखकर बातें करते हो।''

मैं चौंका नहीं। शान्त भाव से उत्तर दिया, ''तुम ठीक कहते हो, चौधरी। पर मैं स्वभाव से अर्न्तमुखी हूँ और मेरे प्रारम्भिक जीवन की त्रासदी तुम्हारे जीवन की त्रासदी से बढ़कर है।...''

वह एकदम बोले, ''तुम्हारी पत्नी भी तो है। जाने कितनी बार अकेली चली आई है इस घर में। खुलकर बातें करती है। एक दिन मैंने कहा, 'भाभी जी, अब छोड़ो भी इन बातों को। चलो, हम दोनों सिनेमा देखने चलते हैं।' वह तनिक भी नहीं झिझकी, तुरन्त खड़ी हो गई। बोली, 'चलो।' मैंने कहा, 'विष्णु जी से पूछोगी नहीं ?' बोली, 'पूछा एक बार जाता है, बार-बार नहीं।''

फिर बोले, ''एक दिन मैंने उनसे बातों-बातों में कहा, 'भाभी जी, आपने भी किस भोले भंडारी को चुना है।'

''तुरन्त उत्तर दिया—'पार्वती को भोले भंडारी को पाने के लिए हजारों वर्ष तक तपस्या करनी पड़ी थी। मुझे तो घर बैठे हो मिल गए।' ''

एक क्षण रुककर चौधरी साहब ने कहा, ''मैं तो देखता ही रह गया भाभी जी की ओर। मेरी पत्नी रमा भी ऐसी ही है। तुम तो जानते ही हो, कौन-कौन आता है और कैसे रहता है। कभी भी यह बात समस्या नहीं बनी।''

उनकी पत्नी रमा ही नहीं, उनके घर का सबसे बड़ा मूलधन तो उनकी माँ थी। वैसी ही स्नेही, झिड़की भी दें तो प्यार झरता था उससे। सम्वेदना, सहानुभूति, अपनत्व, ये सब उन्हीं से तो विरासत में मिले थे। मैं तो उसके घर में बार-बार इसलिए जाता था कि माँ के हाथ से कुछ खाने को मिले। पड़ोसिनें अकसर कहतीं, ''आप मन्दिर नहीं चलतीं। सत्संग में भी नहीं आतीं। वह तुरन्त उत्तर देतीं, ''इतने लोग घर में आते हैं। उन्हें खाना खिलाकर जो आनन्द आता है वो सत्संग में कहाँ। वहाँ तो गप्पें लगाई जाती हैं।''

ये सब कहानियाँ लिखने लगूँ तो उपन्यास बन जाए और चौधरी की कहानी तो दिल दहला देगी। इतना निडर, इतना दुःसाहसी। किसी बात पर एक पठान को पीट दिया। दो-तीन दिन बाद उस पठान ने चौधरी को बुलवा भेजा। चौधरी नहीं गए। न जाने क्या हो जाए। जब कई बार बुलावा आया तो एक दिन पहुँच ही गए। पठान ने देखा तो दौड़ कर छाती से लगा लिया, पीठ ठोकी और कहा, ''ओए, तुम बहादुर बच्चे हो। शेर हो। ऐसे ही बने रहना।''

जब वह कम्यूनिस्ट पार्टी में थे तो बाराखम्बा रोड स्थित आफिस के सांस्कृतिक

विभाग में काम करते थे। बड़ी ईमानदारी से काम करते थे पर किसी प्रकार का अन्याय यहाँ भी नहीं सह सकते थे। एक दिन उन्होंने देखा कि एक सीनियर अफसर नशे में धुत एक जूनियर अफसर के कमरे में घुस गया और उसको बाहर निकाल दिया। अन्दर उसकी पत्नी थी।

जवाहर सब कुछ देख रहे थे। वह यह सब कैसे बरदाश्त कर सकते थे। उन्होंने तुरन्त कामरेड ख्रुश्चेव को एक लम्बा पत्र लिखा—लेकिन ऐसे पत्र ठिकाने पर कहाँ पहुँचते हैं। घूमता-घामता एक दिन वहीं वापस लौट आया। इस घटना को लेकर चौधरी की उन लोगों से कहा-सुनी भी हुई। इसका परिणाम वही हुआ जो होता है। अन्ततः उन्हें वहाँ से हटना पड़ा। लेकिन हमारी पार्टी में वह खत बहुत दिनों तक मजाक का विषय बना रहा।

यह भी सुना कि बाद में अमरीकी दूतावास से उन्हें एक आफर मिला, एक बड़ा आफर, लेकिन जवाहर तो जवाहर थे। भाई बृजमोहन ने लिखा है, "चौधरी ने उत्तर दिया—'माँ यदि चरित्रहीन भी हो जाए, माँ ही रहती है।' "

इस एक पंक्ति के पीछे कितना अदम्य विश्वास, कितना अद्‌भुत साहस, कितना जीवट है। जवाहर का जीवन ऐसी असंख्य घटनाओं से भरा पड़ा है। वहाँ से हटे तो एक पत्र निकाला—'मासिक आदर्श'। उसमें एक कविता भी लिखी थी—

"मैं पूंजीवादी नेता हूँ...
सिरफिरे मजदूरों का दल जब कहता है हड़ताल करेंगे,
मानो भूखे मर गए वो—जैसे मुझ पर एहसान करेंगे।
दुबले-पतले सींक सरीखे—कम्यूनिस्ट अपने को कहते,
मिल के हाते में अकसर—दंगा ऊधम मचाते रहते।
थक गया गालियाँ दे देकर—अब गोली तक आ पहुचा हूँ।
मैं पूजीवादी नेता हूँ।

वहाँ से हटे तो प्रकाशकों के यहाँ काम किया। मैं साक्षी हूँ, काम वे अवश्य वहाँ करते थे, पर मन वहाँ नहीं था। अब तक उनका साहित्यकारों से सघन परिचय हो चुका था। नई कहानी की त्रिमूर्ति मोहन राकेश, कमलेश्वर, राजेन्द्र यादव उनके गहरे दोस्त थे। उस समय के लगभग सभी जाने-माने साहित्यकारों से उसकी दोस्ती थी। राजेन्द्र यादव के साथ मिलकर उसने 'अक्षर प्रकाशन' का काम शुरू किया, लेकिन यहाँ भी उसका खरापन आड़े आया और अन्त में भाई नेमिचन्द जैन और मैं निर्णायक बने। चौधरी ने अपना नया प्रकाशन शुरू किया 'शब्दकार'। नाम रखने में चौधरी को कमाल हासिल था। देवेन्द्र सत्यार्थी ही उससे आगे निकल सकते थे। साहित्य की खूब समझ थी उसमें। बेलाग राय देते थे। अपने सबसे प्यारे मित्र मोहन राकेश के वे बड़े प्रशंसक थे पर उसकी आत्मकथा उसे पसन्द नहीं आई। यह बात

स्वयं मुझसे कही थी उसने।

प्रकाशन के क्षेत्र में चौधरी के स्वभाव में जरा भी अंतर नहीं आया। वही ईमानदारी, वही जिंदादिली। मेरी बहुत बार बहस होती लेकिन वह एक ही उत्तर देता कि जो काम अब तक नहीं किया, अब कैसे करूँ। किताबें नहीं बिकतीं, तो नहीं बिकतीं, जवाहर रिश्वत नहीं दे सकता।''

जैसा मैंने कहा—उसके मित्रों में नाना रूप विचार धारा के लोग थे। बृजमोहन जैसे कांग्रेसी, मेरे जैसे गांधीनिष्ठ और देवराज दिनेश जैसे अल्हड़ फकीर कवि जिसको कभी पता ही नहीं रहता था कि आज घर में खाना बनेगा या नहीं। बहुत बढ़िया एक्टर, वैसा ही लेखक, लेकिन शराब ने सब कुछ छीन लिया। उससे बड़ी बहस होती चौधरी की, चौधरी उसे डांट देता। लेकिन हर आदमी जवाहर थोड़े ही होता है। प्रतिभाशाली होकर भी इधर-उधर भागता रहा और अन्त में वैसी ही मौत मिली।

कितने पक्ष हैं उसके जीवन के और कितनी घटनाएँ हैं लेकिन उसकी दोस्ती में फर्क नहीं आया। उसकी दोस्ती का अर्थ था पूरे घर की दोस्ती। उसकी पत्नी रमा वैसी ही स्नेहमयी, ममतामयी, सदा स्वागत सत्कार को तत्पर। कभी-कभी जवाहर उसकी कहानियाँ सुनाया करता था—नारीमन की कहानियाँ।

मेरी पत्नी का असमय में केन्सर से देहान्त हो गया था लेकिन बीमारी के दिनों में भी वह अस्पताल से उठकर चौधरी के बेटे की शादी में गई थी। जब कैंसर के कारण उसकी मृत्यु हो गई तब जवाहर आए। हमने एक दूसरे को देखा .... मैं चुपचाप एक प्याला चाय ले आया। चौधरी चौंक पड़ा, ''यह क्या ?'' मैंने उत्तर दिया, ''तुम्हारी भाभी का आदेश है, मेरे देहावसान के बाद जो घर में आएगा, उसको सदा की तरह चाय पिलाई जाए।''

उसकी आँखें नम हो आईं, प्याला मेरे हाथ से ले लिया।

उसके बाद मेरी पत्नी की स्मृति में एक पुस्तक सम्पादित की—'शुचिस्मिता।' इसका नाम तो पांडिचेरी आश्रम की प्रसिद्ध साधिका अनुबेन ने दिया था, लेकिन उस पुस्तक को जिस तरह संपादित किया—मुझे याद है उसे हाथ में लिए एक महिला मेरे पास आई और बोली—''अगर मेरे ऊपर कोई ऐसी पुस्तक निकाल सकता है तो मैं अभी मरने को तैयार हूँ।''

मैंने तुरन्त उत्तर देना चाहा, ''बहन, ऐसी पुस्तक के लिए मरने की नहीं, जीने की जरूरत है।'' लेकिन शब्द होठों पर आकर रह गए। मैंने उन बहन की ओर देखा और आँखें झुका लीं।

शरद बाबू की जीवनी 'आवारा मसीहा' जब प्रकाशन के लिए तैयार हुई तो श्री नाथूराम प्रेमी के पौत्र उसे प्रकाशित करने की स्थिति में नहीं रह गए थे। मेरे पास दूसरे प्रकाशकों के अनेक प्रस्ताव आए। उनमें चौधरी साहब का भी एक प्रस्ताव था। मैं असमंजस में पड़ गया। फिर भी मैंने साहस करके कहा, ''चौधरी साहब,

आपको मैं मना नहीं कर सकता पर मैं श्री विश्वनाथ को वचन दे चुका हूँ।'' चौधरी साहब ने तुरन्त उत्तर दिया–''ठीक है, आप उन्हीं को दीजिए। मैं शायद उसे उस तरह प्रकाशित भी न कर पाऊँ।''

यह थी उसकी समझ और उसकी उदारता। लेकिन संयोग देखिए, मेरा उपन्यास 'अर्द्धनारीश्वर' उसने ही प्रकाशित किया और तुरन्त उसे 'साहित्य अकादमी' का पुरस्कार भी मिल गया।

इसके अनेक अर्थ लगाएंगे लोग लेकिन इसका कोई अर्थ नहीं है। अर्थ तो लोग इस बात का भी लगा सकते हैं कि जवाहर जैसा आदमी दस वर्ष तक पक्षाघात से क्यों पीड़ित रहा !

हाँ, उत्तर दिया जा सकता है। रामकृष्ण परमहंस जैसे सन्त को केंसर क्यों हुआ ? महर्षि अरविन्द जैसे साधक की मृत्यु इतनी जल्दी क्यों हो गई ? तो ये सब व्यर्थ की बातें हैं। निःसन्देह वह दस-वर्ष तक पक्षाघात से पीड़ित रहा पर उसकी वाणी पर इसका कोई असर नहीं था। वह उसी तरह बहस किया करता था। मुझे ऐसी स्थिति में बहस करने से डर लगता था इसलिए ऐसे व्यक्तियों के पास बहुत कम जाता था। इसमें इसके अतिरिक्त वह अब सुदूर गुरु अंगदनगर चला गया था। बहुत कम मिलना होता था पर होता अवश्य था क्योंकि वहाँ वैसा ही...वैसे ही मित्रों का आना-जाना और आतिथ्य था। जैसा मैंने कहा, उसका मित्र कोई एक व्यक्ति नहीं होता था, पूरा परिवार होता था, इसलिए और भी डर लगता था। फिर भी मन को बहुत दुःख होता था, स्वयं मेरे मन में बार-बार यह प्रश्न उभरता था कि ऐसे व्यक्ति के साथ ऐसा क्यों हुआ ?

कौन जवाब दे इन बातों का और जरूरत भी क्या है ? मार्क्सवादी होते हुए भी इतना भावुक था कि किसी का दर्द नहीं सह सकता था। हर क्षेत्र में वह एकदम निष्कलंक, खरा व्यक्ति था, सचमुच जवाहर। जवाहर ही तो इन्सान होता है। मृत्यु पीड़ा देती है, पीड़ा शक्ति बनती है और पवित्र भी करती है। जवाहर जैसे व्यक्ति की स्मृति सदा हमें पवित्र करती रहेगी और हमारे नयनों में वह मणि की तरह चमकती रहेगी।

अकसर एक आवाज सुनाई देती है, ''मैं गया कहाँ हूँ, यहीं तो हूँ। अब तो और पास आ गया हूँ। न कहीं आना न कहीं जाना। बस धीरे से पुकारो, मैं तुरन्त हाजिर हो जाऊँगा।''

लेकिन मन को कैसे समझाया जा सकता है, शायद फ़ैज़ के शब्दों में यह कहना ही पड़ता है–

कर रहा था ग़म-ए-जहाँ का हिसाब,
आज तुम याद बेहिसाब आए।

□□□

'आज के लोकप्रिय हिन्दी कवि' पुस्तकमाला

कवियों की चुनी हुई कविताएँ, उनका जीवन-परिचय एवं कविता की समीक्षा

जयशंकर प्रसाद सं. डॉ. दिनेश्वर प्रसाद 50.00, **सुमित्रानंदन पंत** सं. बच्चन 50.00, **महादेवी वर्मा** सं. गंगाप्रसाद पाण्डेय 50.00, **बच्चन** सं. चन्द्रगुप्त विद्यालंकार 50.00, **अज्ञेय** सं. विद्यानिवास मिश्र 50.00, **'दिनकर'** सं. मन्मथनाथ गुप्त 50.00, **नागार्जुन** सं. डॉ. प्रभाकर माचवे, सुरेश सलिल 125.00, **भगवतीचरण वर्मा** सं. अमृतलाल नागर 50.00, **माखनलाल चतुर्वेदी** सं. हरिकृष्ण 'प्रेमी' 50.00, **भवानीप्रसाद मिश्र** सं. डॉ. विजयबहादुर सिंह 50.00, **शिवमंगल सिंह 'सुमन'** सं. डॉ. आनन्दप्रकाश दीक्षित 50.00, **बालकृष्ण शर्मा 'नवीन'** सं. भवानीप्रसाद मिश्र 50.00, **श्रीकांत वर्मा** विनोद भारद्वाज 50.00, **रामावतार त्यागी** सं. क्षेमचन्द्र सुमन 50.00, **श्यामनंदन किशोर** डॉ. विजयपाल सिंह 50.00

प्रसिद्ध उर्दू शायर और उनकी शायरी

सं. प्रकाश पंडित : **ग़ालिब** 40.00, **इक़बाल** 40.00, **फ़िराक़ गोरखपुरी** 40.00, **जिगर मुरादाबादी** 40.00, **नज़ीर अकबराबादी** 40.00, **मजाज़** 40.00, **जोश मलीहाबादी** 40.00, **फ़ैज़ अहमद 'फ़ैज़'** 40.00, **साहिर लुधियानवी** 40.00, **ज़ौक़** 40.00, **शकील बदायूंनी** 40.00, **सरदार जाफ़री** 40.00, **उर्दू के चुने हुए शे'र** 60.00, **उर्दू की चुनी हुई ग़ज़लें** 45.00, **सरगम (पुरस्कृत)** फ़िराक़ गोरखपुरी 125.00, **मजरूह सुल्तानपुरी** सं. सरस्वती सरन 'कैफ़' 40.00

जीवनी : आत्मकथा : संस्मरण : डायरी

अन्तर्गाथा पी. वी. नरसिंह राव 450.00, **क्या भूलूं क्या याद करूं** (आत्मकथा-1) (पुरस्कृत) बच्चन 125.00, **नीड़ का निर्माण फिर** (आत्मकथा-2) (पुरस्कृत) बच्चन 150.00, **बसेरे से दूर** (आत्मकथा-3) (पुरस्कृत) बच्चन 125.00, **'दशद्वार' से 'सोपान' तक** (आत्मकथा-4) (पुरस्कृत) बच्चन 200.00, **टुकड़े-टुकड़े दास्तान** अमृतलाल नागर 175.00, **जिनके साथ जिया** अमृतलाल नागर 75.00, **आवारा मसीहा** (पुरस्कृत) विष्णु प्रभाकर 175.00, **आकाश एक है** विष्णु प्रभाकर 125.00, **हिमशिखरों की छाया में** विष्णु प्रभाकर 75.00, **समांतर रेखाएं** विष्णु प्रभाकर 35.00, **भारत-रत्न** विश्वमित्र शर्मा 125.00, **जो मैंने जिया** (आत्मकथा-1) कमलेश्वर 125.00, **यादों के चिराग़** (आत्मकथा-2) कमलेश्वर 100.00, **जलती हुई नदी** (आत्मकथा-3) कमलेश्वर 150.00, **नोबेल पुरस्कार-विजेता साहित्यकार** राजबहादुर सिंह 200.00, **युगद्रष्टा भगतसिंह** वीरेन्द्र सिन्धु 200.00, **भगतसिंह : पत्र और दस्तावेज़** वीरेन्द्र सिन्धु 80.00, **जीवन यात्रा** (पूर्व राष्ट्रपति ज्ञानी ज़ैलसिंह की जीवनी) डॉ. चंद्रशेखर 250.00, **मोहन राकेश की डायरी** 125.00, **दीवारों के साये में** अमृता प्रीतम 100.00, **अक्षरों के साये** अमृता प्रीतम 125.00, **ख़ामोशी के आंचल में** अमृता प्रीतम 100.00, **यह क़लम, यह काग़ज़, यह अक्षर** अमृता प्रीतम 80.00, **लाल धागे का रिश्ता** अमृता प्रीतम 90.00, **अमृता की डायरी** इमरोज़ 40.00

राजपाल एण्ड सन्ज़, कश्मीरी गेट, दिल्ली

नाटक : एकांकी

मोहन राकेश के सम्पूर्ण नाटक सं. नेमिचंद जैन 300.00, **आषाढ़ का एक दिन** (पुरस्कृत) मोहन राकेश 50.00, **पैर तले की ज़मीन** मोहन राकेश 50.00, **भूख आग है** कृष्ण बलदेव वैद 70.00, **गॉडो के इंतज़ार में** नोबेल पुरस्कार विजेता सैम्युअल बैकिट अनु. कृष्ण बलदेव वैद 125.00, **हत्यारे तथा अन्य नाटक** नरेन्द्र कोहली 125.00, **अग्निशिखा** डॉ. रामकुमार वर्मा 25.00, **सन्त तुलसीदास** (पुरस्कृत) डॉ. रामकुमार वर्मा 30.00, **मालवकुमार भोज** डॉ. रामकुमार वर्मा 20.00, **अजातशत्रु** जयशंकर प्रसाद 30.00, **चन्द्रगुप्त** जयशंकर प्रसाद 15.00, **एक सत्य हरिश्चंद्र** डॉ. लक्ष्मीनारायण लाल 15.00, **यक्ष प्रश्न** डॉ. लक्ष्मीनारायण लाल 20.00, **अशोक** चन्द्रगुप्त विद्यालंकार 30.00, **होरी** विष्णु प्रभाकर 50.00, **युगे-युगे क्रांति** विष्णु प्रभाकर 25.00, **बन्दिनी** विष्णु प्रभाकर 30.00, **उसके बाद** कमलेश्वर 25.00, **सूर्यास्त का भोर** राजेन्द्र मोहन भटनागर 50.00, **सिकन्दर** सुदर्शन 25.00, **रोशनी के सेतु-स्तंभ** डॉ. चन्द्रशेखर 30.00, **गैंडा** नोबेल पुरस्कार विजेता अजेन योनेस्को 30.00

शेक्सपियर के नाटक

अनु. रांगेय राघव : **ओथेलो** (Othello) 25.00, **जूलियस सीज़र** (Julius Ceasar) 25.00, **वेनिस का सौदागर** (Merchant of Venice) 25.00, **हैमलेट** (Hamlet) 25.00, **बारहवीं रात** (Twelfth Night) 25.00, **मैकबेथ** (Macbeth) 25.00, **तूफ़ान** (Tempest) 25.00, **जैसा तुम चाहो** (As You Like It) 25.00, **शेक्सपियर की कहानियां** (नाटकों के कथानक) 25.00

इतिहास : राजनीति

भारत में जातिवाद और हरिजन समस्या बाबू जगजीवन राम 70.00, **भारत : पतन की ओर** टी. एन. शेषन 125.00, **ग़दर के फूल** अमृतलाल नागर 100.00, **आंखों देखा ग़दर** अनु. अमृतलाल नागर 90.00, **स्वतन्त्रता आन्दोलन और उसके बाद** पं. कमलापति त्रिपाठी 100.00, **मॉरीशस : हिन्द महासागर में एक नवोदित राष्ट्र** प्रह्लाद रामशरण 70.00, **एवरेस्ट की कहानी** मेजर हरिपाल सिंह अहलूवालिया 70.00, **बृहत्तर भारत** डॉ. भगवतशरण उपाध्याय 100.00, **ज्योति बसु** (जीवनी) सुरभि बनर्जी 150.00, **हम हिन्दुस्तानी** नानी पालखीवाला 90.00, **कांग्रेस के सौ वर्ष** मन्मथनाथ गुप्त 80.00, **आज की राजनीति और भ्रष्टाचार** नरेन्द्र मोहन 150.00

'हिन्दी के साहित्य निर्माता' पुस्तकमाला

हज़ारी प्रसाद द्विवेदी डॉ. राजमल बोरा 40.00, **प्रेमचंद** मदन गोपाल 40.00, **जयशंकर प्रसाद** प्रभाकर माचवे 30.00, **मैथिलीशरण गुप्त** प्रभाकर माचवे 30.00, **राहुल सांकृत्यायन** प्रभाकर माचवे 30.00, **माखनलाल चतुर्वेदी** प्रभाकर माचवे 30.00, **बालकृष्ण शर्मा 'नवीन'** प्रभाकर माचवे 30.00, **वृन्दावनलाल वर्मा** प्रभाकर माचवे 30.00, **'अज्ञेय'** प्रभाकर माचवे 30.00

हमारे अन्य श्रेष्ठ प्रकाशन

चर्चित पुस्तकें

आवारा मसीहा, विष्णु प्रभाकर, **अदम्य साहस** डॉ. अब्दुल कलाम, **प्रेरणात्मक विचार** डॉ. अब्दुल कलाम, **मेरी आपबीती** बेनज़ीर भुट्टो, **मेरे सपनों का भारत** महात्मा गांधी, **सत्य के प्रयोग** महात्मा गांधी, **परिवर्तन और राजनीति** एन.के. सिंह, **भारतीय अर्थतंत्र, इतिहास और संस्कृति** अमर्त्य सेन, **आर्थिक विकास और स्वातन्त्र्य** अमर्त्य सेन, **आर्थिक विषमताएं** अमर्त्य सेन, **गरीबी और अकाल** अमर्त्य सेन, **भारत विकास की दिशाएं** अमर्त्य सेन, **भारतीय राज्यों का विकास** अमर्त्य सेन, **हिंसा और अस्मिता का संकट** अमर्त्य सेन, **भारतीय दर्शन** डॉ. राधाकृष्णन्, **जिन्ना : भारत-विभाजन के आइने में** जसवंत सिंह

शब्दकोश : कोश : शिक्षा

राजपाल बृहत् हिन्दी-अंग्रेजी शब्दकोश डॉ. हरदेव बाहरी, **राजपाल बृहत् अंग्रेजी-हिन्दी शब्दकोश** डॉ. हरदेव बाहरी, **राजपाल हिन्दी शब्दकोश** डॉ. हरदेव बाहरी, **शिक्षार्थी हिन्दी-अंग्रेज़ी शब्दकोश** डॉ. हरदेव बाहरी, **राजपाल अंग्रेज़ी-हिन्दी शब्दकोश** डॉ. हरदेव बाहरी, **राजपाल अंग्रेज़ी-हिन्दी पारिभाषिक शब्दकोश** डॉ. हरदेव बाहरी, **राजपाल हिन्दी-अंग्रेज़ी थेसॉरस** गोपीनाथ श्रीवास्तव, **राजपाल अंग्रेजी-हिन्दी राजभाषा प्रयोगकोश** गोपीनाथ श्रीवास्तव, **राजपाल लोकोक्ति कोश** हरिवंश राय शर्मा, **राजपाल साहित्यिक मुहावरा कोश** हरिवंश राय शर्मा, **राजपाल साहित्यिक सुभाषित कोश** हरिवंश राय शर्मा, **विद्यार्थी हिन्दी शब्दकोश** डॉ. ओमप्रकाश, **शब्दार्थ-विचार कोश** आचार्य रामचन्द्र वर्मा, **शब्द-परिवार कोश** डॉ. बदरीनाथ कपूर, **व्यावहारिक उर्दू-हिन्दी शब्दकोश** डॉ. सैयद असद अली, **कहावत कोश** समर सिंह

विश्वकोश : संदर्भ-ग्रंथ

विश्वकोश-I (पृथ्वी-आकाश-खनिज) डॉ. बालकृष्ण, **विश्वकोश-II (आविष्कार-खोज)** डॉ. बालकृष्ण, **विश्वकोश-III (जीव-जंतु : पेड़-पौधे)** डॉ. बालकृष्ण, **विश्वकोश-IV (विज्ञान-वैज्ञानिक)** डॉ. बालकृष्ण, **भारतीय संस्कृति कोश** लीलाधर शर्मा पर्वतीय, **भारतीय चरित कोश** लीलाधर शर्मा पर्वतीय, **अंतरराष्ट्रीय व्यक्ति कोश** विश्वमित्र शर्मा, **भारत रत्न** विश्वमित्र शर्मा, **20वीं सदी के सौ प्रसिद्ध भारतीय** विश्वमित्र शर्मा, **नोबेल पुरस्कार कोश** विश्वमित्र शर्मा, **नोबेल पुरस्कार सम्मानित भारतीय** विश्वमित्र शर्मा, **भारत के राष्ट्रपति** भगवतीशरण मिश्र, **भारत के प्रधानमंत्री** भगवतीशरण मिश्र, **नोबेल पुरस्कार विजेता साहित्यकार** राजबहादुर सिंह, **विश्व के महान वैज्ञानिक** फिलिप केन, **विश्व की महिला अंतरिक्ष यात्री** कालीशंकर, **भारतीय भाषाओं के पुरस्कृत साहित्यकार** डॉ. आरसू, **50 क्रांतिकारी** राजेन्द्र पटोरिया, **100 प्रसिद्ध भारतीय खिलाड़ी** चित्रा गर्ग

उपन्यास

मानस का हंस (पुरस्कृत) अमृतलाल नागर, **नाच्यौ बहुत गोपाल** अमृतलाल नागर, **खंजन नयन** अमृतलाल नागर, **बिखरे तिनके** अमृतलाल नागर, **पीढ़ियां** अमृतलाल नागर, **करवट** अमृतलाल नागर **सेठ बांकेमल** अमृतलाल नागर, **भूख** अमृतलाल नागर, **सात घूंघट वाला मुखड़ा**

अमृतलाल नागर, **सोमनाथ** आचार्य चतुरसेन, **वयं रक्षामः** आचार्य चतुरसेन, **वैशाली की नगरवधू** आचार्य चतुरसेन, **सोना और खून** (चार भागों में) आचार्य चतुरसेन, **कब तक पुकारूं** रांगेय राघव, **घरौंदा** रांगेय राघव, **धरती मेरा घर** रांगेय राघव, **न आने वाला कल** मोहन राकेश, **समग्र उपन्यास** कमलेश्वर, **कितने पाकिस्तान** कमलेश्वर, **एक सड़क सत्तावन गलियां** कमलेश्वर, **काली आँधी** कमलेश्वर, **सुबह दोपहर शाम** कमलेश्वर, **रेगिस्तान** कमलेश्वर, **अभिज्ञान** नरेन्द्र कोहली, **आतंक** नरेन्द्र कोहली, **साथ सहा गया दुख** नरेन्द्र कोहली, **जंगल** नरेन्द्र कोहली, **एक नौकरानी की डायरी** कृष्ण बलदेव वैद, **शिकस्त की आवाज़** कृष्ण बलदेव वैद, **नर नारी** कृष्ण बलदेव वैद, **एक इंच मुस्कान** राजेन्द्र यादव/मन्नू भंडारी, **जंगल के फूल** राजेन्द्र अवस्थी, **अकेली आवाज़** राजेन्द्र अवस्थी, **कुहरे में युद्ध** शिवप्रसाद सिंह, **औरत** शिवप्रसाद सिंह, **रात भारी है** अमृता प्रीतम, **कैली कामिनी और अनीता** अमृता प्रीतम, **जलते बुझते लोग** (एक ही जिल्द में तीन उपन्यास) अमृता प्रीतम, **यह कलम यह कागज़ यह अक्षर** अमृता प्रीतम, **ययाति** वि.स. खांडेकर, **कोणार्क** प्रतिभा राय, **उसका अपना आकाश** प्रतिभा राय, **चित्रप्रिया** अखिलन, **एक गधे की आत्मकथा** कृश्न चंदर, **तापसी** कुसुम अंसल, **पहाड़ चोर** सुभाष पंत, **गोदान** प्रेमचंद, **गबन** प्रेमचंद, **औरतें** खुशवंत सिंह, **समुद्र की लहरों में** खुशवंत सिंह, **मुजरिम हाज़िर** विमल मित्र, **अन्तर्गाथा** पी.वी. नरसिंह राव, **कुली** मुल्कराज आनंद, **अछूत** मुल्कराज आनंद, **सात साल** मुल्कराज आनंद, **दिशाएं बदल गईं** नरेश भारतीय, **सावित्री** व्योहार राजेन्द्रसिंह **कुली बैरिस्टर** राजेन्द्रमोहन भटनागर, **गाइड** आर.के. नारायण, **स्वामी और उसके दोस्त** आर.के. नारायण, **वध** मनहर चौहान।

कविता

मधुशाला बच्चन, **मधुबाला** बच्चन, **मधुकलश** बच्चन, **खैयाम की मधुशाला** बच्चन, **मेरी श्रेष्ठ कविताएं** बच्चन, **निशा निमंत्रण** बच्चन, **जाल समेटा** बच्चन, **दो चट्टानें** बच्चन, **सतरंगिनी** बच्चन, **मिलन यामिनी** बच्चन, **आत्मिका** महादेवी, **नीलांबरा** महादेवी, **दीपगीत** महादेवी, **चुनी हुई कविताएं** अज्ञेय, **गीतांजलि** रवीन्द्रनाथ टैगोर, **साधना** रवीन्द्रनाथ टैगोर, **पथ का गीत** रवीन्द्रनाथ टैगोर, **आखिर यह मौसम भी आया** रमानाथ अवस्थी, **क्या खोया क्या पाया** अटलबिहारी वाजपेयी, **अंग्रेजी के श्रेष्ठ कवि और उनकी श्रेष्ठ कविताएं** कुलदीप सलिल, **अन्तरा** विश्वनाथ।

कहानियाँ

मोहन राकेश की संपूर्ण कहानियां मोहन राकेश, **अज्ञेय की संपूर्ण कहानियां** अज्ञेय, **एक दिल हज़ार अफ़साने** अमृतलाल नागर, **मालगुड़ी की कहानियां** आर.के. नारायण, **सत्यजित राय की कहानियाँ** सत्यजित राय, **समग्र कहानियां** कमलेश्वर **मेरी प्रिय कहानियां** अज्ञेय, आचार्य चतुरसेन, भगवतीचरण वर्मा, रांगेय राघव, अमृतलाल नागर, मोहन राकेश, निर्मल वर्मा, राजेन्द्र यादव, कृश्न चन्दर, कमलेश्वर, मन्नू भंडारी, फणीश्वरनाथ रेणु, यशपाल, इलाचन्द्र जोशी, भीष्म साहनी,